中央法規

介護
福祉士
国家試験

よくでる問題
総まとめ
2025

中央法規介護福祉士受験対策研究会／編集

中央法規

はじめに

2019年度（令和元年度）より「介護福祉士養成課程における教育内容の見直し」が行われました。そこでは，

① チームマネジメント能力を養うための教育内容の拡充
② 対象者の生活を地域で支えるための実践力の向上
③ 介護過程の実践力の向上
④ 認知症ケアの実践力の向上
⑤ 介護と医療の連携を踏まえた実践力の向上

があげられました。これを受け，介護福祉士国家試験の出題基準においても，例えば，【人間関係とコミュニケーション】の科目の大項目に「チームマネジメント」が加わりました。新しい出題基準に基づく試験は2023年（令和5年）の第35回から実施され，第35回では【人間関係とコミュニケーション】の問題が2問から4問となりました。ただし，同じ科目群である【コミュニケーション技術】は8問から6問に減り，科目群としての出題数は変わりありません。第36回の出題傾向をみると，「実践力の向上」に視点を当てた出題となっています。

さて，受験勉強は，養成講座などのテキストを一通り勉強すれば，国家試験受験者の平均点は取ることができるでしょう。しかし，近年は問題の両極化といいますか，かなり難しい問題も出題され，介護福祉の現場で働きながら学ぶ人々にとっては時に驚くような問題も出題されています。1人で受験勉強をする場合，こうした難しい問題をみると，つい勉強をあきらめたくなります。

このように，戸惑うことも多いのが最近の傾向ですが，合格への早道は，介護福祉職に必要な基本的知識を身につけることです。そのために必要なのは，第一に過去問の研究です。第27回国家試験以降，図やイラストを用いた問題が出題されるなど多少の出題形式の違いはありましたが，過去問さえきちんとやっておけば，合格点を取ることができる内容でした。

国家試験では，介護福祉士として必要な基本的技術・知識，さらには介護の理念などが問われますが，これらは少しずつ形を変えながら，毎年繰り返して問われるものです。しかし，働きながら学ぶ場合，なかなか過去問を網羅的に解くまでの時間がないというのが実情でしょう。

本書は過去問の出題頻度を研究し，よく出題されているテーマと今後出題が予想されるテーマをピックアップしました。そして，ホップ・ステップ・

ジャンプの3段階で合格に至るように構成しました。ホップでは「ワーク」により基本的知識を身につけ、ステップの「ここがでる!!」でよくでる問題を解き、よくでる問題の選択肢はどんなところがポイントとなっているか、解説を加えました。そして、ジャンプの「要点整理」で合格に必要な受験のコツを得ることができるように配列しました。科目によって出題傾向に差はありますが、合格するために重要な知識は押さえて編集しています。

　また、本書は『介護福祉士国家試験受験ワークブック』の姉妹編でもあります。ワークブックで基礎をみっちり勉強した後、本書で過去問を解き、ポイントを押さえることによって合格に十分な実力が養成されるものと確信しています。「でる問でわかる、受かる」を合言葉に、合格の栄冠を勝ち取ってくださることを願ってやみません。

　最後に、本書の編集において、永井真介先生、加藤友野先生、朴眞さん、中央法規出版第1編集部、第2編集部の方々に大変お世話になったことを、心より感謝いたします。

2024年6月

中央法規介護福祉士受験対策研究会

本書の使い方

❶「ワーク」
国家試験によくでるテーマからさらに出題傾向を分析し，出題基準を中心に簡潔に解説。
解説の内容は確実に押さえておこう。

ホップ！

これまでの国家試験によくでたテーマのうち，今後も出題される可能性が高いテーマをピックアップ。

ノーマライゼーション

ワーク1 ▶ ノーマライゼーション

デンマークのバンク‐ミケルセン（Bank-Mikkelsen, N.）によって提唱された理念。1959 年デンマークの法にも導入されたが，当初は知的障害児のような自己防御力の弱い人々の基本的権利とノーマルな生活環境の確立を目指していた。障害のある人もない人もともに地域で生活することが当たり前であるとする。

ここがでる!! 🖐 **一問一答 ○×チェック**

☐ **1** ノーマライゼーションは，知的障害者のためにできるだ　　　○
常に近い生活を提供しようとする〔　〕から始まっ

❷「ここがでる!!」
「ワーク」に関連する過去の国家試験問題の選択肢を中心に掲載。
右の解答欄は赤シートで隠しておき，問題を解いてみよう。

ステップ！

ライゼーションは，もともと老人福祉の領域から　✕ 知的障害の領域から始まった。
た理念である。

ライゼーションとは，障害のある人たちが一人の　　　○
して普通に生活できるように，社会のしくみを変えていくことである。

☐ **4** ノーマライゼーションとは，障害のある人たちを治療や　✕ 障害のある人の生活条件をノーマルにしていく環境を提供。
訓練によって可能な限りノーマルな状態にすることである。

☐ **5** 1981 年の国際障害者年のメインテーマであった「完全　　　○
参加と平等」は，ノーマライゼーションの理念に基づくものである。

☐ **6** ノーマライゼーションの目標は，障害者の施設への入所　✕ 地域での生活。
を進めることである。

❸「チェックボックス」
解けなかったところは□にチェック印を付けて，後でもう一度挑戦。
何度も繰り返すことで実力をつけよう。

ノーマ　　　○
た。

本書は，国家試験受験に必要な 12 科目をすべて網羅しています。
❶〜❻の順に学習を進め，確実に実力をつけてください。

ジャンプ！

❹「要点整理」
そのテーマを学習するにあたっ
て，必ず押さえておくべきポイン
ト，受験テクニック，出題傾向に
ついての一口情報など。
問題を解いたら，そのつどポイント
を押さえておこう。

要点整理

● ノーマライゼーションは，第二次世界大戦後に始まった考え方であ
　知的障害者から始まり，ほかの障害者分野にも広がったこと，「私た
　に私たちのことを決めるな」という考え方が広まり，障害者の権利に
　条約に反映されたことなど，基本的理念についてしっかり押さえてま

10点UP!

ノーマライゼーション（normalization）に関して，○×を付し　　　い
（第 24 回問題 88，第 27 回問題 88，第 29 回問題 2，第 33 回問題 12 改変）

☐ 大規模入所施設を増加させた。

☐ スウェーデンで初めて提唱された。

☐ 昭和 40 年代の日本の障害者施策に強い影響を与え
　た。

☐ 障害者基本計画を支える理念の 1 つである。

☐ 高齢者，障害者等の移動等の円滑化の促進に関する
　法律（バリアフリー新法）の制定は，ノーマライゼー
　ションの理念に通じる。

☐ 障害の原因となる疾病の完治を目指して治療するこ
　とである。

☐ 障害があっても地域社会の一員として生活が送れる
　ように条件整備をすることである。

✗ 脱施設化
　与えた。

✗ デンマー

✗ 1981 年
　56 年）の国際障
　害者年以降の障害
　者施策に影響を与
　えた。

○

○

✗　　　　の生活環境に
　　　近　　　る　　　い
　　　きる　　　む。

○

❺「重要語句」
ぜひとも記憶しておきたい重要語
句を色文字で強調。
赤シートを活用して，隠された語句
を考えてみよう。

❻「10 点 UP！」
関連する問題・知識などについて
掲載。
「ワーク」「ここがでる !!」「要点整理」
の基本事項を押さえたら，ここで確
実に得点アップする知識を身につけ
よう。

目次

認知症の理解

1 認知症の診断基準 / 120

2 認知症のさまざまな症状 / 121

3 認知症と間違えられやすい症状・疾患 / 125

4 認知症の原因疾患と症状 / 127

5 認知症ケアの実際 / 133

6 連携と協働 / 138

障害の理解

1 ノーマライゼーション / 140

2 リハビリテーション / 142

3 障害のある人の心理 / 147

4 身体障害 / 151

5 知的障害 / 156

押さえておこう

試験について

第 37 回試験については，公益財団法人社会福祉振興・試験センターのホームページ等でご確認ください。

＜公益財団法人社会福祉振興・試験センター＞

〒150-0002　東京都渋谷区渋谷 1 丁目 5 番 6 号　SEMPOS（センポス）ビル

電話番号：03-3486-7559（国家試験情報専用電話案内）

ホームページアドレス：https://www.sssc.or.jp/

筆記試験の概要

第 36 回試験は，次のとおりでした。

領域	試験科目	出題数	科目群	試験時間
人間と社会	①人間の尊厳と自立	18問	[1]	10:00 ～ 11:40 （100分）
	②人間関係とコミュニケーション		[2]	
	③社会の理解		[3]	
こころとからだのしくみ	④こころとからだのしくみ	40問	[6]	
	⑤発達と老化の理解		[7]	
	⑥認知症の理解		[8]	
	⑦障害の理解		[9]	
医療的ケア	⑧医療的ケア	5問	[10]	
介護	⑨介護の基本	50問	[1]	13:35 ～ 15:35 （120分）
	⑩コミュニケーション技術		[2]	
	⑪生活支援技術		[4]	
	⑫介護過程		[5]	
総合問題		12問	[11]	
合計		125問	11群	220分

（注）科目群については，次ページの「筆記試験の合格基準」を参照。

筆記試験の合格基準

　第 36 回試験の筆記試験の合格基準は，次のとおりでした。2 つの条件の両方を満たすことが必要となります。

（1）　問題の総得点の 60％程度を基準として，問題の難易度で補正した点数以上の得点の者。

（2）　（1）を満たした者のうち，以下の「11 科目群」すべてにおいて得点があった者（1 科目群でも「0 点」があったら不合格）。

【科目群】

［1］　人間の尊厳と自立，介護の基本　　［6］　こころとからだのしくみ

［2］　人間関係とコミュニケーション，　［7］　発達と老化の理解

　　　　コミュニケーション技術　　　　［8］　認知症の理解

［3］　社会の理解　　　　　　　　　　　［9］　障害の理解

［4］　生活支援技術　　　　　　　　　　［10］　医療的ケア

［5］　介護過程　　　　　　　　　　　　［11］　総合問題

（注）　配点は，1 問 1 点の 125 点満点。

申し込みから登録までの流れ（予定）

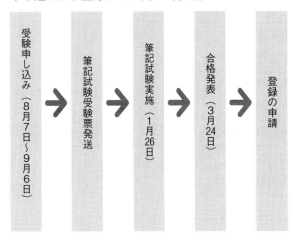

受験申し込み（8月7日〜9月6日）　→　筆記試験受験票発送　→　筆記試験実施（1月26日）　→　合格発表（3月24日）　→　登録の申請

人間の尊厳と自立

学習のポイント

　本科目は，第36回試験において2問出題された。この科目は，【介護の基本】と同じ科目群に属するので，「両方で合わせて0点」とならないことに注意を要する。

　学習する際にまず押さえておきたいのは，「自立」「自律」「権利擁護」「アドボカシー」「ノーマライゼーション」といった用語の内容である。第36回では，精神的自立など自立の考え方に関する問題が出題された。日本語のもつ言葉の意味を考えながら解くと正解に達しやすいであろう。人物問題に関しては，第33回のリッチモンド，フロイト，マルサス，ヘレン・ケラー，ダーウィン，第34回のメイヤロフとその著作は，介護福祉士の国家試験としては難しかったであろう。要はどんな問題でも基本的人権を尊重している選択肢と，人権や福祉の考え方に影響を与え，教科書などによく登場する人物を選ぶことである。

　次に，歴史的な理解として，ワイマール憲法，世界人権宣言，日本国憲法第25条の生存権の内容を押さえておこう。

　「人間の尊厳」に関する法律としては，先述の日本国憲法第25条，社会福祉法第3条の福祉サービスの基本的理念，介護保険法第1条，障害者総合支援法第1条・第1条の2，さらに高齢者虐待防止法，障害者虐待防止法に目を通しておくとよいであろう。

　また，介護場面における倫理的課題について，社会福祉士及び介護福祉士法の第4章に規定されている義務，日本介護福祉士会倫理綱領に目を通しておこう。

　近年，介護福祉職の対応といった事例形式の問題が出題されるようになった。介護福祉職としてどうかかわったらよいか，具体的事例で対応できる力を身につけておこう。

ワーク1 人間の多面的理解

> 人には，それぞれの生きてきた歴史がある。人間を理解することとは，その人の過去，現在，未来への生活の営みの歴史を理解することである。

ここがでる!! 一問一答 ○×チェック

- [ ] **1** 利用者の価値観や生活習慣に基づいた支援をするためには，利用者の生活歴を知ることが重要である。　　**○**

- [ ] **2** 入所時，利用者の生活歴を知るための聞き取りは，介護上必要な範囲に限定する。　　**○**

- [ ] **3** 介護福祉職は，利用者の価値観や介護の受け止め方を尊重する。　　**○**

- [ ] **4** 20歳の若者は，80歳の高齢者の気持ちを理解することができない。　　**✗** 共感と洞察によってわかり合える部分もある。

- [ ] **5** 介護福祉職は，利用者の価値観や行動様式に自分との違いがあった場合，批判や非難をしてもよい。　　**✗** 利用者をあるがままに受け入れ，批判・非難をしてはならない。

要点整理

- 利用者は，十人十色，百人百様であることを理解する。
- 固定観念（ステレオタイプ）で人を見てしまうのではなく，個人の生活歴，家族関係，地域社会関係など，さまざまな人間関係のなかで理解することが求められる。

ワーク2 ▶ 人間の尊厳

　人間の尊厳は，利用者の生活支援に対する基本的原理といえる。それは，社会的に承認された価値であり，利用者の多様性に配慮したり，意思を尊重したりすることによって，よりよい生活を目指すために必要な考え方である。

ここがでる!! ☜ 一問一答　○×チェック

☐ **1** 要介護者の尊厳の保持を重視して，日常生活を支援する。　**○**

☐ **2** 夏の暑い日に利用者が入浴できないのは，人間の尊厳を損なっているといえる。　**○**

☐ **3** 車いすから立ち上がることが多い利用者の場合，Ｙ字帯を使用しても尊厳の保持を奪うことにはならない。　**✗** 身体拘束によって精神面にまで影響し，尊厳を損なうことにつながる。

☐ **4** 福祉サービスは，個人の尊厳の保持を旨とすることが社会福祉法に規定されている。　**○**

要点整理

● 福祉サービスを提供する場合には利用者の人間としての尊厳が保持され，よりよい生活が保障されるか否かの**判断基準**をもつことが必要である。

人権とは，基本的人権とも表現され，人間が生まれながらにしてもっている生命・自由などに関する権利をいう。なお，2016年（平成28年）5月，本邦外出身者に対する不当な差別的言動の解消に向けた取組の推進に関する法律（ヘイトスピーチ解消法）が成立した。特定の人種や民族に対して差別的言動を街頭などで繰り返すヘイトスピーチへの対策である。

ここがでる!! 一問一答 ○×チェック

☐ **1** 世界人権宣言では，すべての人間は，生まれながらにして自由であるが，その尊厳と権利においては時代的，国家的制約を受けることがある，と明記している。
✖ 「尊厳と権利とについて平等である」と明記している。

☐ **2** 障害者差別解消法では，差別について具体的に定義し，その解消に向けた措置等を定めている。
✖ 差別について具体的に定義されていない。

☐ **3** 介護福祉職は，利用者の人権を重んじ，いつも利用者に望ましい最善の方法を追求することが求められる。
○

☐ **4** 介護福祉職は，利用者の安全である権利，知る権利，選ぶ権利，意見を言う権利などを尊重して援助する。
○

☐ **5** 介護福祉士は，専門的な知識や利用者の人権を尊重することよりも，優しさのほうが求められる。
✖ 知識・技術・人権尊重も求められる。

☐ **6** 車いすでの外出に対し，利用者に障害者としての「気おくれ」があると判断し，人権意識を改めるよう説得した。
✖ 説得よりも利用者が納得できる対応が重要。

☐ **7** 差別的意識を助長する目的で，公然と生命や身体などに危害を加えると告げる差別的言動は許されない。
○ ヘイトスピーチを指すものである。

要点整理

● 世界人権宣言は，人間の尊厳と権利を掲げ，自由権・生存権といった権利を世界の国々に示したもの。

● 1776年のアメリカの独立宣言，1789年のフランスの人権宣言，1919年のドイツのワイマール憲法（世界で最初に生存権を憲法に規定），1946年（昭和21年）の日本国憲法（特に，第13条の幸福追求権と第25条の生存権），1948年の世界人権宣言といった人権思想の流れを押さえておこう。

● ハンセン病やAIDS（後天性免疫不全症候群）などによって差別や偏見に苦しんだ人々の具体的な歴史的背景を理解しておこう。

10点UP!

人権や福祉の考え方に影響を与えた人物に関する記述について，○×を付けなさい。(第31回問題2，第33回問題1，第34回問題1改変)

☐ リッチモンド（Richmond, M.）は，『ソーシャル・ケース・ワークとは何か』をまとめ，現在の社会福祉，介護福祉に影響を及ぼした。　**O**

☐ フロイト（Freud, S.）がまとめた『種の起源』の考え方は，後の「優生思想」につながった。　**✗** フロイト『精神分析学入門』

☐ ヘレン・ケラー（Keller, H.）は，『看護覚え書』の中で「療養上の世話」を看護の役割として示した。　**✗** ヘレン・ケラー『わたしの生涯』『楽天主義』

☐ ナイチンゲール（Nightingale, F.）は，クリミア戦争で敵，味方を問わず，傷病兵を看護。著作に『看護覚え書』がある。　**O**

☐ メイヤロフ（Mayeroff, M.）は『ケアの本質』の中で，「一人の人格をケアするとは，最も深い意味で，その人が成長すること，自己実現をたすけることである」と述べた。　**O**

☐ フランクル（Frankl, V.）は，生命が制限される状況でいかなる態度をとるべきかについて，その価値を説いた。　**O**

1956年（昭和31年）当時，肺結核（pulmonary tuberculosis）で国立療養所に入所していた朝日茂氏は，単身で無収入だったために生活扶助（月額600円支給）と医療扶助を受けていた。長年，音信不通だった兄を福祉事務所が見つけ，兄から月1,500円の仕送りが行われることになった。これにより福祉事務所は支給していた月額600円の生活扶助を停止し，医療費の一部自己負担額として月900円の負担を求めた。このことが日本国憲法第25条に反するものとして朝日茂氏は，1957年（昭和32年），厚生大臣の決定を取り消すことを求める訴訟を起こした。

この訴訟で焦点となった日本国憲法第25条が規定する権利として，正しいものを1つ選びなさい。（第27回問題1改変）

1　参政権

2　自由権

3　請求権

4　生存権

5　平等権

4
いわゆる「朝日訴訟」についての問題。生活保護法は，日本国憲法第25条に規定する「健康で文化的な最低限度の生活」を保障する社会保障の理念を実現するものか否かで争われた。

2 自立の概念

ワーク1 ▶ 自立の考え方

自立とは，自分の力で独立すること，独り立ちの意味で用いられる。これに対して自律とは，ほかにしばられず，自分で自分を管理するという意味で用いられる。

ここがでる!! ☞ 一問一答 ○×チェック

☐ **1** 自立のための支援とは，身体的な自立に限定した援助のことである。

✗ 生活全体に対する援助のこと。

☐ **2** 介護は，利用者の日常生活の自立に注目する。

○

☐ **3** 全面的な介護に至った利用者は，自立生活を送っているとはいえない。

✗ 身体的自立だけでなく，社会的・精神的自立なども含めて考える。

☐ **4** 介護福祉職は，利用者の日常生活の自立可能な動作を把握して，セルフケアを尊重した支援を行う。

○

☐ **5** 介護福祉職は，重度の障害を有している要介護者に対しても，社会参加を促す支援を行う。

○

☐ **6** 利用者の尊厳を保持し，自立支援を行うために，介護福祉士の主導による方針決定が求められている。

✗ 自己決定を最大限に尊重して，自立に向けたサービスを提供することが求められる。

☐ **7** 精神的自立は，生活の目標をもち，自らが主体となって物事を進めていくことである。

○

要点整理

● 自立への支援とは，利用者を中心に考えることである。

● 家族との関係が問われることもあるが，たとえ認知症や知的障害があってもまずは利用者の意向を尊重することが重要である。

アドボカシーは，権利擁護や代弁の意味で用いられる。権利は，一定の利益を主張し，また受けることのできる能力とされる。擁護は，かばい守ることである。代弁は，認知症などによって自分の権利を主張できない人々のために，介護福祉職が代わって権利などを表明することである。

ここがでる!! 📣 **一問一答 ○×チェック**

☐ **1** 利用者が自分で訴えたり，ニーズを表現できない場合は，介護福祉職が利用者の立場になってニーズに応える方法を模索し，実施する。　**○**

☐ **2** 代弁者としての役割とは，利用者の権利が守られていなかったり，利用者がニーズの表明を十分にできない場合に，利用者の立場を擁護することである。　**○**

☐ **3** 利用者側に立った利用者の権利などの擁護活動を，アドボカシーという。　**○**

☐ **4** 援助におけるアドボカシーとは，利用者本人の問題よりも，家族の問題を優先させて解決していくことである。　**✕** 利用者が優先。

要点整理

● 自己の権利や利益を自分の力だけでは守ることができない人は多い。

● 介護福祉職は，利用者の「声なき声」を聴き，それを援助に結びつけていくことが求められている。

ワーク3 ▶ 自立支援

　自立支援とは，「利用者が自らの意思に基づき，自立した質の高い生活を送ることができるように支援すること」を意味する。

ここがでる!! 🖝 一問一答 ○×チェック

☐ **1** 自立への適切な支援は，利用者の QOL（生活の質）を高め，日常生活を快適にする。 　○

☐ **2** 介護において，自立した生活の支援とは身体的な自立を目的とすることで，ADL（Activities of Daily Living：日常生活動作）を重視するものである。 　✗ 「自立」は，身体的・精神的・社会的な自立のみならず，自分の生活を自分自身で選択し，決定できることも意味する。

☐ **3** 介護福祉職は，要介護者の身体的機能の維持・改善にとどめ，精神活動の向上に関する支援は行わない。 　✗ 精神的な援助も行う。

☐ **4** 介護福祉職は，利用者の身辺自立や精神的な自立の支援は行うが，社会的な自立，住環境の整備等への支援は行わない。 　✗ 利用者を取り巻く生活環境についても支援する。

☐ **5** 心身の活動の一部分が不自由な人には，生活のすべての介護が必要である。 　✗ 介護福祉職は，自立的に機能している部分をできるだけ活かして支援する。

☐ **6** 利用者一人ひとりの生き方を尊重し，自立した生活の実現を積極的に支援する。 　○

☐ **7** 利用者の QOL を高めるためには，福祉用具の活用は，利用者と相談しながら進める。 　○

要点整理

● **利用者が認知症や寝たきり状態になっても，介護福祉職は，生活を自分の意思でコントロールできるように援助する。**

自宅で生活しているＡさん（87歳，男性，要介護３）は，７年前に脳梗塞（cerebral infarction）で左片麻痺となり，訪問介護（ホームヘルプサービス）を利用していた。Ａさんは食べることを楽しみにしていたが，最近，食事中にむせることが多くなり，誤嚥を繰り返していた。誤嚥による緊急搬送の後，医師は妻に，「今後も自宅で生活を続けるならば，胃ろうを勧める」と話した。妻は仕方がないと諦めていたが，別に暮らしている長男は胃ろうの造設について納得していなかった。長男が実家を訪れるたびに，Ａさんの今後の生活をめぐって口論が繰り返されていた。妻は訪問介護員（ホームヘルパー）にどうしたらよいか相談した。

介護福祉職の職業倫理に基づく対応として，最も適切なものを１つ選びなさい。(第33回問題2より)

1 「医療的なことについては発言できません」

2 「医師の判断なら，それに従うのが良いと思います」

3 「Ａさん自身は，どのようにお考えなのでしょうか」

4 「息子さんの気持ちより，一緒に暮らす奥さんの気持ちが優先されますよ」

5 「息子さんと一緒に，医師の話を聞きに行ってみてください」

3

人間関係とコミュニケーション

学習のポイント

本科目は, 第36回試験において4問出題され, 第34回から2問増えた。これは, 新しい出題基準で大項目に「チームマネジメント」が加わったことによる。その代わりに,【コミュニケーション技術】が8問から6問に減った。こうした傾向のため, 本科目は【コミュニケーション技術】と併せて学習すると合理的である。

ここでは特に,「自己開示」「自己覚知」「他者理解」「ラポール(信頼関係)」「対人距離」「言語的コミュニケーション」「非言語的コミュニケーション」「受容」「共感」「傾聴」の各用語の意味を理解することが求められる。それとともに, バイステックの7原則の内容やその応用力を身につけ, 実際の現場において, 利用者や家族などと対応する場合に, コミュニケーションでどう配慮すべきか, 介護福祉職自身の援助姿勢がどうあるべきかをまとめておくとよいであろう。

また, 第33回で出題された「役割葛藤」や第36回で出題された「集団凝集性」のような社会学で用いられる内容, 第35回で出題された「問題焦点型コーピング」といった心理学的な内容も含めて学んでおくと理解しやすいであろう。

新しい出題基準では,「チームマネジメント」として, 介護実践をマネジメントするために必要な組織の運営管理, 人材の育成や活用などの人材管理, それらに必要なリーダーシップ・フォロワーシップ, OJT, ティーチング, スーパービジョン等が追加された。第35回では, PDCAサイクルのアクション, OJTについて, 第36回では, 指揮命令系統把握のための組織図について出題されている。今後も出題される可能性が高いので, 自分の職場などに引きつけて学んでおこう。

1 人間関係と心理

自己覚知と他者理解

　自己覚知とは，介護福祉職が自分の能力，性格などを知り，感情や態度を意識的にコントロールして援助できるようにすることである。他者理解とは，他者すなわち利用者の気持ちを理解することである。いずれも利用者とよい人間関係を形成するために必要である。

ここがでる!! 一問一答 ○×チェック

☐ **1** 自己覚知とは，利用者自身がおかれている状況を，本人に理解させることである。

✗ 介護福祉職自身のものの見方や考え方について，自ら理解することである。

☐ **2** 介護福祉職が利用者を理解するためには，介護福祉職自身の自己覚知が前提となる。

○

☐ **3** 自分の用いているコミュニケーションの方法が，利用者に不安を与えるような表現になっていないかどうかを振り返ることは，自己覚知の1つである。

○

☐ **4** 自己覚知のためには，自分を肯定的にとらえることが重要である。

✗ 自己覚知の過程では，総合的にとらえることが必要。

☐ **5** 利用者とのコミュニケーションにおいて，介護福祉職は利用者に同情する。

✗ 同情は対等な関係とはいえない。

☐ **6** 介護福祉職の個人的な見方や考え方が，利用者をありのままに理解することを妨げる場合もある。

○

☐ **7** 自己開示は，良好な人間関係を築くために行われる。

○

☐ **8** 自己覚知は，自分の感情の動きとその背景を洞察する。

○

要点整理

● 他者理解では，自己の価値観によって，利用者をありのままに理解することを妨げ（さまた）ないように，自分自身について理解しておくことが重要である。

● 利用者との信頼関係を形成するために自分自身が打ち明けることに重きをおく自己開示と，自分にとって望ましい印象を相手に与えようとして自分の長所を見せるなど意図的にふるまう自己呈示とを区別しておこう。

ワーク2 ▶ ラポール（信頼関係）

ラポールとは，相談援助や心理学の用語で，一般的には信頼関係と訳される。利用者と介護福祉職との間の和（なご）やかで親密な関係をいう。

ここがでる!! 一問一答 ○×チェック

☐ **1** 介護福祉職が主導的に決定できる援助関係を，ラポールという。

✗ ラポールは信頼関係のこと。

☐ **2** 利用者との信頼関係を築くためには，まず傾聴（けいちょう）することが必要である。

○

☐ **3** 利用者との信頼関係を形成する際は，利用者の緊張を和（やわ）らげ，親近感をもってもらうために「です，ます調」の会話を避け，友人と話すような口調にする。

✗ 敬語で会話をする。

☐ **4** ラポール形成の初期段階においては，介護福祉職は，利用者の感情に関心をもつことが大切である。

○

要点整理

● 利用者の主体性の尊重，ラポール（信頼関係）の構築，利用者の立場の理解といった基本的な視点が大切である。

● 互いが気楽で親密な関係を築くことは，介護の基本である。ただし，それは「馴（な）れ合いの関係」や介護福祉職の独断の押しつけを意味しないことに注意しよう。

2 対人関係とコミュニケーション

ワーク1 ▶ 対人関係とコミュニケーション

コミュニケーションは，通信，伝達などと訳される。人が意思や感情などを相手に伝えることで，人間関係形成の手段となる。

ここがでる!! 一問一答 ○×チェック

☐ **1** 対人援助関係におけるコミュニケーションは，一方的な意思表示ではない。

○ 介護福祉職と利用者の双方向による意思表示である。

☐ **2** コミュニケーションにおいて，介護福祉職は，家族や利用者から，事実を聞き出すことを優先する。

✕ まず信頼関係を構築することが基本。

☐ **3** 介護福祉職は，言葉かけやスキンシップなどのコミュニケーションにより，よい人間関係づくりに努力する。

○

☐ **4** 利用者が沈黙状態になったとき，介護福祉職は沈黙を避けて，次々と話しかけるとよい。

✕ 沈黙も重要なコミュニケーションの方法として尊重する。

☐ **5** 利用者の声が小さく，言葉が聞き取れないときでも，失礼になるので聞き返さない。

✕ あいまいな返事をするよりは，きちんと聞き返すことが誠実である。

要点整理

- 専門用語を用いるとき，介護福祉職はそれがふだん利用者が使っている言葉とは異なることを意識する。
- 同じ言葉でも受け取る相手によって反応は違い，受け取った側は五感や六感をはたらかせて受け取ろうとする。
- 利用者は，介護福祉職の口から自分が期待した言葉が発せられることを望んでいる。こうした他者の期待のことを「役割期待」ともいう。
- 人が同時に両立しない2つの異なった役割を引き受けることにより，心理的緊張を感じる「役割葛藤」に悩むこともあるので注意しよう。

ワーク2 ▶ コミュニケーションを促す環境

　利用者とコミュニケーションをとる際は，座る位置や距離のとり方，相手との視線の合わせ方など，利用者が安心して話せるような環境を整えることが必要である。また，利用者に威圧感や嫌悪感を与えないような姿勢をとることも重要である。

ここがでる!! 　一問一答　〇×チェック

☐ **1** 面接の場所は，面接室で行うのが適切であり，利用者の生活の場での面接は適切でない。

　✘ 利用者が安心できるよう利用者の生活の場での面接を行うこともある。

☐ **2** 相手との親密度に関係なく，パーソナル・スペースは一定である。

　✘ 親密度によってパーソナル・スペースは変化する。

☐ **3** コミュニケーションを妨げるものとしては，まぶしい光の刺激など，物理的な環境が要因となることもある。

　〇

☐ **4** 家族への助言の基本は，介護の大変さからくる感情に共感し，そのことを伝えることである。

　〇

要点整理

● 家族に対しては，苦労をねぎらい，介護は大変であるという家族の思いに共感し，受容することが求められる。

● 相手の言葉を否定しないことも重要である。

10点UP!

介護福祉職と利用者のコミュニケーションを促す場面づくりに関する次の記述のうち，最も適切なものを1つ選びなさい。(第25回問題3より)

1　利用者との関係性をつくる座り方として，直角法より対面法の方が有効である。

2
視線をそらすことができるような工夫が必要である。

2　対面法で座る場合，視線を向けることのできる花瓶などを机の上に置くとよい。

3　利用者に近づけば近づくほど，親密な雰囲気になって利用者は話しやすくなる。

4　利用者が座っているときも，介護福祉職は立ったままで話しかけてよい。

5　介護福祉職が腕や足を組んだ姿勢をとると，利用者はより話しやすくなる。

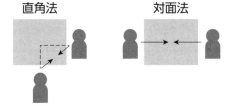

直角法　　　　　対面法

3 コミュニケーション技法の基礎

ワーク1 ▶ 言語的コミュニケーションと非言語的コミュニケーション

- ●言語的コミュニケーション：言語を用いるコミュニケーション。
- ●非言語的コミュニケーション：表情・身ぶり手ぶり・視線など言語以外を用いるコミュニケーション。

ここがでる!! ☜ 一問一答 ○×チェック

言語的コミュニケーション

☐ **1** 聞き取りにくい話し方をする脳性麻痺(のうせいまひ)の人の場合は，介護福祉職が一方的に話を進めるほうがよい。

✕ 「一方的」に注意。利用者の言葉に耳を傾けること。

☐ **2** 構音障害のある人は，返事をすることに負担を感じるので，あまり話しかけないほうがよい。

✕ 障害があってもコミュニケーションは大切である。

☐ **3** コミュニケーション方法として，利用者の発する言葉がすべてであり，言葉を正確にとらえる必要がある。

✕ 非言語的コミュニケーションも大切である。

要点整理

- 何度も聞くのは利用者に迷惑ではないかと遠慮(えんりょ)がちになるが，たとえ言葉が聞き取りにくくても，**言語的コミュニケーションは基本中の基本**。

非言語的コミュニケーション

☐ **4** 利用者と介護福祉職との間にある距離や，両者の社会的背景などが会話に影響を与える。

O

☐ **5** 利用者の表情や視線は，利用者のメッセージであり，コミュニケーションでの重要な要素である。

O

☐ **6** 利用者とのかかわり方として，言葉だけでなく笑顔やうなずきを交える。

O

● コミュニケーションでは，言語だけでなく，表情や身ぶり手ぶりなどの準言語，非言語も重要である。

● 例えば，言語メッセージと矛盾する内容を非言語メッセージで伝える利用者の表情など，言葉の背後にあるものを理解することも必要である。

ワーク2 ▶ 共感

共感とは，利用者の心情等を自分のことのように感じ理解しようとする態度のことであり，対人援助の基本である。

ここがでる!! 一問一答 ○×チェック

☐ **1** 共感とは，相手に対する同情である。

✘ 同情は自分の立場が基準となる。共感は相手の立場が基準。

☐ **2** その人の心身の状態や生活の状況を知ることによって，より深い共感が得られる。

○

☐ **3** その人の生きていく努力に対して尊敬の念を感じるのは共感ではない。

✘ 共感は，尊敬の念によっても生じる。

☐ **4** 介護福祉職は，共感の態度を示すために，「ああそうですか」とか「なるほど」などの短い応答を用いてはならない。

✘ あいづちは，かかわり技法の１つである。

☐ **5** 利用者の感情をその人の立場になって理解してかかわる。

○

● 利用者と目線を合わせることも大切だが，共感は，利用者への関心，尊敬の念によっても生じる。

● 真の意味で他者を理解することは困難であるという視点も大切である。

ワーク3 傾聴

利用者の話を介護福祉職がじっくり聴くということを指す。そして利用者の言葉を額面どおりに受け取ることではなく，利用者の言葉の奥にある言葉にまで耳を傾けて聴くことである。また，利用者の抱えている問題に対する気づきを促していくことも求められる。

ここがでる!! 一問一答 ○×チェック

☐ **1** よい傾聴技法（けいちょうぎほう）とは，相手の言うことを黙って聴く態度である。

✘ 積極的に関心，共感の態度を示すことも必要。

☐ **2** 利用者に話し相手を求められた場合には，生活援助に支障を生じない程度に，短時間でも傾聴（けいちょう）する。

○

☐ **3** 利用者の不安や不満が強いとき，介護福祉職がまず，利用者の話を傾聴（けいちょう）し，問題に対する気づきを促していくことが大切である。

○

☐ **4** 利用者は一般に，悲しみや苦しみ，願望などを過度に訴える傾向があるので，介護福祉職は自分の価値観で聴き取るほうがよい。

✘ まず受け止める（受容する）ことが大切。

☐ **5** 認知症の高齢者の話を聴くことは，相互のなじみの関係をつくることにあり，こころの安定を図ることにあるのではない。

✘ 傾聴によってこころの安定を図ることもできる。

☐ **6** 積極的に聴いている印象を伝えるには，腕組みをするとよい。

✘ 防衛的な態度ととらえられたり，威圧感を与える。

☐ **7** 時々うなずいたりあいづちを打ちながら聴くと，話を傾聴（けいちょう）していることが利用者に伝わりやすい。

○

- 聞き上手とは，専門用語では，傾聴力（けいちょうりょく）という。
- 安易な励ましはマイナスで，対人援助の世界で「頑張ろう」は用いないほうがよい。
- まず，利用者や家族の言葉に耳を傾け，苦しい気持ちをあるがままに受け止め，家族間の葛藤（かっとう）やストレス状況に配慮（はいりょ）することが大切となる。

押さえておこう

バイステックの7原則

　介護福祉職の基本姿勢として，バイステック（Biestek, F.）の7原則を理解しておくことが必要である。また，介護福祉職のかかわり方というような事例問題には，7原則の内容が含まれていることをもとに解答を導こう。

①個別化の原則	利用者を個人としてとらえる
②意図的な感情表出の原則	利用者の感情表現を大切にする
③統制された情緒的関与の原則	援助者は自分の感情を自覚して吟味する
④受容の原則	利用者を受け止める
⑤非審判的態度の原則	利用者を一方的に非難しない
⑥自己決定の原則	利用者の自己決定を促して尊重する
⑦秘密保持の原則	秘密を保持して信頼感をつくり上げる

4 チームマネジメント

ワーク1 チームマネジメント

チームとは，目的・目標を共有し，そのための活動をともに行う集団をいう。チームマネジメントとは，目的・目標を達成するために，メンバー（構成員）が活動しやすくなるようはたらきかけたり調整することで，メンバー一人ひとりが最大限の力を発揮できるように導くための方法をいう。

ここがでる!! 一問一答 ○×チェック

☐ **1** チームマネジメントとは，介護現場で起こる事故や危険をあらかじめ予測しておくことを意味する。

✖ リスクマネジメントである。

☐ **2** チームマネジメントとは，アセスメント，計画の作成，計画の実施，モニタリング，評価などのプロセスを通じて自立を支援する取り組みをいう。

✖ ケアマネジメントである。

☐ **3** チームマネジメントは，チームのメンバーがそれぞれ役割や責任をもち，介護のサービスなどの質を高めるために行う取り組みのことを指す。

○

☐ **4** 介護福祉職は，利用者から，入院しているほかの利用者の病状を聞かれたが話さなかった。

○ コンプライアンス（法令遵守）が求められる。

☐ **5** リーダーシップという言葉には，部下がリーダーについていこうと思わせるようにする役割もある。

○

☐ **6** チームの力が発揮されるためには，リーダーシップやリーダーを支えるフォロワー（随従者）がいることも必要となる。

○

☐ **7** 利用者の個別の介護目標を，介護福祉職のチーム全員で共有するためには，担当以外のチームメンバーもカンファレンスに参加して，集団凝集性を高めるとよい。

○ 集団凝集性とは集団のもつ魅力のこと。

☐ **8** チームマネジメントでは，チームや組織の目標とは無関係に，部下の個人的な目標を設定するのが原則である。

✖ 組織の目標を部下が理解し，組織と部下一人ひとりが目標を共有することが重要。

21

☐ **9** チームアプローチ（多職種連携）は，異なる専門性をも　○
つ多職種がそれぞれの専門職の能力を活かして，利用者
に対して総合的な援助を行うことをいう。

☐ **10** チームケアとは，介護福祉職・看護職・医師などの専門　✗ チームメンバーに
職がそれぞれの立場から自分の考えや意見を述べてケア　　本人や家族も含ま
の方針を導き出してケアを行うことであるが，チームメ　　れる。
ンバーには，本人や家族は含まれない。

要点整理

● **チームマネジメント**は，よりよい介護のために，チームで介護の質を高め，
利用者の個々の状態を把握しながらチームでケアを展開していく取り組みで
ある。

● そのためには，人材の育成・自己研鑽が求められ，さらに法人や施設の理念
を具体化し，実現することによる目標達成のための取り組みが求められてい
る。

● 個別に行われるのではなく，相互に補い合いながら，介護の質を高めていく
ことに意義がある。

ワーク2 ▶ 人材の育成と管理

●**スーパービジョン**：スーパーバイザーが，スーパーバイジー（部下や実習生
など）に対して，その能力を最大限に活かしてよりよい援助ができるよう，
援助する過程をいう。管理的機能，教育的機能，援助（支持）的機能の３つ
の機能がある。

●**コンサルテーション**：他分野・他領域といった，関連領域の専門家からの助
言・指導を受けることを指す。

●**コーチング**：スポーツの分野から生まれたもので，人の自発性にはたらきか
け，自主的な行動を引き出していくためのコミュニケーション技法をいう。

●**ティーチング**：リーダーが指示や助言を通して，スタッフに知識や技術・仕
事のやり方などを教える技法をいう。

●**職場研修**：OJT（職務を通じて行う研修），Off-JT（職務を離れて行う研修），
SDS（自己啓発援助制度，職場内外での自己啓発活動を職務として認知し，
経済的・時間的な援助などを行う）の３つの形態で行われる。

☐ **1** 教育的機能をもつスーパーバイザーは，スーパーバイジーの個人生活上の問題についてのカウンセリングを行わなければならない。

✖ スーパーバイザーは，スーパーバイジーの個人生活上の問題には立ち入らない。

☐ **2** スーパービジョンは，援助過程の途中でも，援助が終結してからでも，いずれも実施可能である。

○

☐ **3** スーパービジョンは，助言指導が主なので，必ず同一職場内の上司が行う必要がある。

✖ 職場外のスーパーバイザーでもよい。

☐ **4** スーパービジョンは，一対一で行われる場合に限定される。

✖ スーパーバイジーとスーパーバイザーとの間で個別的に，あるいは複数のスーパーバイジーとスーパーバイザーとの間でなされる。

☐ **5** スーパービジョンは，記録や録画媒体を用いるのではなく話し合いによって行われる。

✖ 利用者の同意が必要となるが，援助過程の理解のために用いてもよい。

☐ **6** コンサルテーションとは，関連機関や関連領域の専門家との相談等により，援助者が専門的助言や示唆を受けることである。

○

☐ **7** コンサルテーションは，業務について上司から指導，援助を受けることをいう。

✖ スーパービジョン

☐ **8** コーチングとは，上司からの指示・命令により，部下の労働意欲を向上させる方法のことである。

✖ 自発性や自主性を引き出すもの。

☐ **9** ティーチングでは，問いかけて引き出すアウトプットで教育効果が高められる。

✖ コーチング

☐ **10** ケースカンファレンス（事例検討会）は，運用の仕方によっては，グループ・スーパービジョンにおいても活用される方式の1つである。

○

☐ **11** グループ・スーパービジョンは，援助に関する職員間の意見対立が起こりやすいため，特別養護老人ホームなどでは望ましくない方法である。

✖ スーパーバイザーと複数のスーパーバイジーによるスーパービジョン。事例研究などの形で行うことは必要である。

☐ **12** スーパービジョンの主要な機能としては，管理的機能，個別的機能，援助（支持）的機能があげられる。

✖ 個別的機能ではなく，教育的機能。

☐ **13** スーパービジョンは，援助者として実際にかかわっている事例について，その過程などを検討することで，援助者の自己覚知を促す。

○

☐ **14** 援助者に対するスーパービジョンのためにも記録が重要な意味をもっている。

○

☐ **15** ピアスーパービジョンでは，スーパーバイジーが所属する職場内の上下関係を活用して行う。

✖ 仲間や同僚だけで行うスーパービジョンである。

☐ **16** OJTでは，職員の職務遂行能力は対象外である。

✖ OJTには，職務遂行能力も求められる。

☐ **17** Off-JTは，職務を通じて行う訓練方法のことである。

✖ Off-JTは，職務を離れて行う研修。

要点整理

● スーパービジョンについては頻出問題であり，管理的機能，教育的機能，援助（支持）的機能という言葉とその内容がよく問われる。

● 「個別的機能」などとひっかけ問題が出てくると混乱するので，「管教援（カンキョウエン）」もしくは「管教支援（カンキョウシエン）」と覚えておこう。

社会の理解

　本科目は，第 36 回試験において 12 問出題された。

　その内容は非常に広範かつ多岐にわたる。したがって，確実に得点するためには，思い切って「介護保険制度」と「障害者福祉と障害者保健福祉制度」を中心とした内容にしぼってもよいであろう。そしてそこから，利用者を取り巻く「家族」「地域」を押さえておこう。特に近年は「地域共生社会」の実現に向けた制度や施策も重要な視点となっている。次に，日常的にも身近な「社会保障制度」を病気時の「医療」や老後の所得保障としての「年金」と関連して学び，さらにセーフティネットの「生活保護制度」についても学んでおくとよい。また，第 36 回では【介護の基本】と重なる出題も多かったのでそちらも参照するとよいであろう。

　次に，個人情報保護に関する制度や成年後見制度，虐待防止に関する制度（高齢者虐待防止法，障害者虐待防止法）なども出題基準の小項目にあり，個人の権利を守る制度の基礎的内容を理解しておく必要もあろう。

　そのほか，障害者総合支援法，障害者差別解消法など，近年よく出題される法律の改正内容などを押さえておこう。

　こうした制度や政策にからむ内容は，難しいと感じる人もいるであろうが，地域社会で具体的に利用者を支援するために必要な知識であり，また自分自身も生活をしていくうえで，日頃から新聞などに目を通してこれらの知識を身につけておけばとても役に立つ内容である。育児・介護休業制度や労働者災害補償保険制度，「働き方改革」などは，自分の身近な知識として，楽しみながら学んでいけば，苦手意識も克服できるであろう。

ワーク1 ▶ 家族

　家族とは，夫婦関係を基礎にして，親子，兄弟姉妹の関係などによって構成される親族関係の小集団である。血縁関係のない養親子も家族であり，進学，就職などで別居していても家族に含まれる。また，拡大家族は，2つ以上の核家族によって構成され，両親と既婚の子1人からなる直系家族，両親と既婚の子2人以上からなる複合家族がある。

ここがでる!! 🢒 一問一答 ○×チェック

☐ **1** 「国民生活基礎調査」における家族とは，住居および生計をともにする者の集まりをいう。
　　✗ 住居および生計をともにするのは世帯。

☐ **2** 結婚を契機として自らがつくり出していく家族を，創設家族という。
　　○

☐ **3** 核家族とは，夫婦と未婚の子，ひとり親と未婚の子，または夫婦のみで構成される家族を指す。
　　○

☐ **4** 核家族のなかで，「ひとり親と未婚の子」の世帯が増加している。
　　○

☐ **5** 2022年（令和4年）の「国民生活基礎調査」によると，世帯類型別にみると「母子世帯」の割合は，5％を上回っている。
　　✗ 2022年（令和4年）では，1.0％。

☐ **6** 一世帯あたりの人数は，全国平均で3.5人を超えている。
　　✗ 2022年（令和4年）では，2.25人。

☐ **7** 世帯数で最も多いのは，2人世帯である。
　　✗ 1人世帯

☐ **8** 高齢世代を支える現役世代（生産年齢人口）は，増加傾向にある。
　　✗ 減少傾向

要点整理

● 家族と世帯の区別は誤りやすい。世帯は「住居と生計をともにする人々の集まり」と定義され，家計調査や住民登録などで用いられる行政上の概念である。

● 同居して寝食をともにする非家族員（使用人や里子）は世帯に含まれ，家族員であっても進学などで別居している場合は同一世帯ではないので注意。

ワーク2 ▶ 地域，地域社会

　地域とは，人々が居住し生活を営む空間をいう。地域社会とは，一定の地域的な広がりと，そこに居住する人々の帰属意識によって特徴づけられる社会をいい，コミュニティとも呼ばれる。地域包括ケアシステムとは，要介護状態になっても住み慣れた地域で自分らしい生活を最期（さいご）まで送れるように，地域でサポートし合うシステムをいう。また，地域共生社会の実現に向けた取り組みとして，他人事を「我が事」とし，「丸ごと」受け止める場の整備が目指されている。

ここがでる!! 🔈 **一問一答 ○×チェック**

☐ **1** 限界集落を定義するときの人口構成は，65歳以上の人口比率が14％以上である。
　✗ 50％以上。14％以上は高齢社会の定義。

☐ **2** 限界集落の出現は，大都市部に限定されている。
　✗ 主に山間地域や離島など。

☐ **3** 農村部における過疎化（かそか）は緩和（かんわ）された。
　✗ 緩和されていない。

☐ **4** 地域ケア会議は，地域課題の発見や地域づくり・資源開発の機能がある。
　○

☐ **5** 公助は，自助・互助・共助では対応できない生活困窮（せいかつこんきゅう）等に対応する。
　○

要点整理

- 日本では，山村などで過疎化と高齢化が進行している。高度経済成長による産業化・都市化によって産業経済が発展し，農山村，地方都市では過疎化が進んだ。

- これにより，教育や医療・保健・福祉など，地域社会で生活するための基礎的条件が整わなくなってきている。

- 家族が互助・共助機能や愛情などを発揮する基盤は弱くなり，過度な期待を寄せることはできないともいわれる。

ワーク3 ▶ 生活支援と福祉

　福祉三法は，1946年（昭和21年）の旧・生活保護法（1950年（昭和25年）の現・生活保護法），1947年（昭和22年）の児童福祉法，1949年（昭和24年）の身体障害者福祉法を指す。

　福祉六法は，上記三法に加え，1960年（昭和35年）の精神薄弱者福祉法（現・知的障害者福祉法），1963年（昭和38年）の老人福祉法，1964年（昭和39年）の母子福祉法（現・母子及び父子並びに寡婦福祉法）である。（「社会福祉年表」314頁参照）

ここがでる!! ➡ 一問一答　〇×チェック

☐ **1** 1960年代になり，老人福祉法，母子福祉法，精神保健福祉法の三法が制定され，福祉六法体制が確立した。

　✖ 精神保健福祉法ではなく，精神薄弱者福祉法。

☐ **2** 社会福祉法に，地域福祉の推進に関する規定がある。

　〇

☐ **3** 1990年（平成2年）に社会福祉事業法が社会福祉法に改正された。

　✖ 2000年（平成12年）

☐ **4** 福祉事務所は，都道府県，市および特別区に設置しなければならない。

　〇 町村は任意設置。

☐ **5** 民生委員は，都道府県知事の推薦によって厚生労働大臣が委嘱する。

　〇

- 福祉六法に加えて，1982年（昭和57年）の老人保健法，2005年（平成17年）の障害者自立支援法，2012年（平成24年）の障害者総合支援法も覚えておこう。
- 社会福祉法は福祉六法に含まれないので注意。

ワーク4 ▶ 社会福祉法人・特定非営利活動法人（NPO法人）

　社会福祉法人は，社会福祉法上で，「社会福祉事業を行うことを目的として，この法律の定めるところにより設立された法人」と規定されている。第一種社会福祉事業は，経営の安定を通じた利用者の保護が高い事業，第二種社会福祉事業は，公的規制が低い事業である。また，特定非営利活動法人（NPO法人）は，特定非営利活動を行うことを主たる目的として設立された法人をいう。現在20種類の分野の活動が認められているが，政治活動と宗教活動を主たる目的とする場合は，別の法律があるので除かれている。認定特定非営利活動法人は，NPO法人の活動を支援するために税制上の優遇措置として設けられた。

ここがでる!! 🖐 一問一答　○×チェック

☐ **1** 有料老人ホームは，社会福祉法の第一種社会福祉事業に位置づけられている。

✗ 社会福祉法第2条第2項の第一種社会福祉事業のなかに列記されていない。第一種でも第二種でもない。

☐ **2** 第一種社会福祉事業は，国，地方公共団体，社会福祉法人が経営することを原則としている。

○

☐ **3** 社会福祉法人は，収益事業を行うことは認められない。

✗ 経営する社会福祉事業に支障がない限り，公益事業，収益事業を行うことができる。

☐ **4** 社会福祉法人の理事は，その法人の職員を兼務することができる。

○

□ **5** 特定非営利活動促進法（NPO 法）の施行に伴い，特定　　✖ NPO 法人は認め
　非営利活動法人が第一種社会福祉事業の経営主体となっ　　　られていない。
　た。

□ **6** 社会福祉事業を行う NPO 法人は，社会福祉法人の名称　　✖ 社会福祉法人以外
　を使用できる。　　　　　　　　　　　　　　　　　　　　　　の者は，その名称
　　　　　　　　　　　　　　　　　　　　　　　　　　　　　　　中に社会福祉法人
　　　　　　　　　　　　　　　　　　　　　　　　　　　　　　　またはこれに紛ら
　　　　　　　　　　　　　　　　　　　　　　　　　　　　　　　わしい文字を用い
　　　　　　　　　　　　　　　　　　　　　　　　　　　　　　　てはならない。

□ **7** 認定特定非営利活動法人は，税制上の優遇措置を受ける　　○
　ことができる。

□ **8** 社会福祉法に基づき，都道府県や市町村で地域福祉の推　　○
　進を図ることを目的とする団体として，社会福祉協議会
　があげられる。

□ **9** NPO 法人は，保健，医療または福祉の増進を図る活動　　○
　が最も多い。

要点整理

● 2013 年（平成 25 年）4 月から，社会福祉法人関係の一部の事務の権限が
都道府県から**市**へ移譲された。また，2016 年（平成 28 年）の法改正で，
社会福祉法人は**評議員会**，**理事会**を設置することとなったので注意。

● **収益事業**は，その収益を社会福祉事業もしくは一定の公益事業にあてること
を目的とする。なお，2016 年（平成 28 年）の改正で，社会福祉事業およ
び公益事業を行うにあたって，無料または低額な料金で福祉サービスを提供
することが**責務**として規定されたので注意。

● **共同募金**は，例外として第一種社会福祉事業なので注意。

● 2020 年（令和 2 年）の社会福祉法の改正で，**社会福祉連携推進法人**制度が
創設された。これは，社会福祉事業に取り組む社会福祉法人や NPO 法人等
を社員として，相互の連携・協働を推進するためのもので，災害対応，社員
である社会福祉法人への資金の貸付，人材不足への対応，設備，物資の共同
購入などの業務を行う。

社会福祉法人に関して，○×を付けなさい。
(第22回問題3，第27回問題6，第31回問題16改変)

☐ 社会福祉法人の設立許可は，市長，都道府県知事または厚生労働大臣が行う。　**○**

☐ 社会福祉法人の監事は，その法人の理事や職員を兼ねることができる。　**✖** 兼ねてはならない。

☐ 社会福祉法人は，解散することや合併することが禁じられている。　**✖** 社会福祉法第46条には，解散事由について規定されている。

☐ 法人設立の認可があれば，登記がなくても法人は成立する。　**✖** 登記が必要。

☐ 法人は，必要に応じて監事を置くことができる。　**✖** 2人以上置かなければならない。

☐ 評議員会の設置は任意である。　**✖** 義務である。

☐ 事業運営の透明性を高めるために，計算書類を公表することとされている。　**○**

2 社会保障制度

ワーク1 **社会保障制度の基本的な考え方**

　社会保険には，年金保険，医療保険，介護保険，雇用保険，労働者災害補償保険などがある。社会扶助としては，生活保護に代表される公的扶助や児童扶養手当などの社会手当，保健・医療・福祉分野の社会サービスなどがある。

社会保障の範囲

ここがでる!! 一問一答 ○×チェック

社会保障の基本的理解

☐ **1** 社会保険制度は，保険料を支払った人に受給権を保障するしくみである。　　○

☐ **2** 社会保障の発展は，経済の安定や成長を損なう。　　✕ 経済の安定や成長に寄与している。

☐ **3** 社会保障制度には，社会保険は含まれない。　　✕ 社会保障制度は社会保険と社会扶助に大別される。

☐ **4** 社会手当制度は，サービスの現物給付を行う。　　✕ 原則，現金給付。

☐ **5** 1950年（昭和25年）の「社会保障制度に関する勧告」は，社会保障制度を，社会保険，国家扶助，公衆衛生および医療，社会福祉の4つに分類した。　　○

● 社会保障制度の基本的事項は必ず押さえておかなければならない。日本は，1961 年（昭和 36 年）から国民皆保険，国民皆年金となっている。

社会保障の財源

☐ **6** 国立社会保障・人口問題研究所によれば，2021 年度（令和 3 年度）の日本の社会保障給付費のなかで介護対策に要する給付費の占める割合は，2 割を超えている。

✖ 2021 年度（令和 3 年度）で 11 兆 2117 億円(8.1 %)と，1 割にも満たない。

☐ **7** 2021 年度（令和 3 年度）の社会保障給付費を「医療」「年金」「福祉その他」に分類すると，最も少ないのは「福祉その他」である。

○

☐ **8** 2023 年度（令和 5 年度）の国の一般会計予算に占める社会保障関係費の割合は，30 %を超えている。

○

● 社会保障の財源は，2021 年度（令和 3 年度）で，総額 163 兆 4389 億円，社会保険料 46.2 %，公費負担 40.4 %である。

年金

☐ **9** 日本の国民年金の加入は任意である。

✖ 強制加入となる国民皆年金である。

☐ **10** 公的年金制度には，厚生年金保険は含まれない。

✖ 含まれる。国民年金の上乗せとして厚生年金がある。

☐ **11** 国民年金では，20 歳以上でも学生である期間は，被保険者にはなれない。

✖ 国内に住所を有していれば 20 歳以上で被保険者になる。学生には学生納付特例制度という納付が猶予される制度がある。

☐ **12** 国民年金は，国籍にかかわらず，要件を満たせば被保険者となる。

○

☐ **13** 厚生年金の被保険者に扶養されている配偶者は，国民年金の被保険者にはなれない。

✖ 国民年金の第3号被保険者となる。

☐ **14** 国民年金の被保険者のなかで最も多い加入者は，第1号被保険者である。

✖ 第2号被保険者（民間被用者や公務員等）が最も多い。

☐ **15** 国民年金の給付の種類は，老齢基礎年金，障害基礎年金，遺族基礎年金，付加年金，寡婦年金，死亡一時金である。

◯

☐ **16** 国民年金は，国民の老齢，障害または死亡に関して必要な給付を行うもので，疾病は含まれていない。

◯

┌─ **要点整理** ────────────────────────────────

● **国民年金の被保険者を整理しておこう。**

第1号被保険者	20歳以上60歳未満の日本国内に住所を有する者で，第2号被保険者，第3号被保険者でない者 （例）自営業者，学生など
第2号被保険者	厚生年金保険の被保険者 （例）会社員，公務員など
第3号被保険者	第2号被保険者に扶養されている20歳以上60歳未満の配偶者※ （例）会社員や公務員などに扶養されている配偶者

※2020年（令和2年）4月からは，被扶養者は原則として国内に居住しているという要件が加えられたので注意。

───

医療保険

☐ **17** 日本の公的医療保険制度の加入は任意である。

✖ 強制加入の国民皆保険である。

☐ **18** 日本の公的医療保険は，現物給付が原則である。

◯

☐ **19** 国民健康保険の保険料は，世帯ごとに徴収される。

◯

☐ **20** 国民健康保険は，日本年金機構が所管し，指揮監督を行う。

✖ 都道府県・市町村または職業単位の国民健康保険組合が所管する。

☐ **21** 70歳以上75歳未満で現役並みの所得がある者の医療費の本人負担は，2割となる。

✖ 3割となる。

22 生活保護の受給者（停止中の者を除く）は，市町村国民健康保険の被保険者になることはない。　　○

23 日本の健康保険では，国庫負担（補助）は行われていない。　　✕ 行われている。

24 医療保険における高額療養費の支給は，低所得者に限られる。　　✕ 所得によって支給額に差はあるが，高額所得者にも支給される。

25 組合管掌健康保険とは，中小企業が組合をつくってできた健康保険制度である。　　✕ 原則として大企業の会社員をカバーする。

> **要点整理**
>
> - 医療保険は大きく職域保険と地域保険に分かれる。職域保険には健康保険や共済等（いわゆる会社員や公務員等），地域保険には国民健康保険（農業者，自営業者，外国人（短期滞在者を除く），無職者などその区域内に住所を有する者が被保険者）がある。
>
> - 2008年（平成20年）4月から75歳以上の後期高齢者については後期高齢者医療制度として独立した医療保険制度が創設された。また，退職者医療制度は廃止された。なお，市町村が行う国民健康保険は，2018年（平成30年）4月から都道府県が財政運営の責任主体となった（資格の管理（被保険者証等の発行）や保険料の賦課・徴収等は引き続き市町村の役割である）。
>
> - 2008年（平成20年）10月より，政府管掌健康保険の運営は全国健康保険協会が設立され，運営が引き継がれた。
>
> 　　○職域保険————健康保険，共済等
>
> 　　○地域保険————国民健康保険

労働者災害補償保険

26 休業補償給付は，労働者災害補償保険から支給される。　　○

27 労働者災害補償保険では，パートやアルバイトは保険給付の対象外である。　　✕ 労働者を使用する事業に適用される。

点UP!

社会保障制度の歩みに関する次の記述について、〇×を付けなさい。

(第26回問題11改変)

☐ 国民年金法が1950年代前半に制定され、すべての国民を対象とする皆年金制度が成立した。

✗ 国民皆年金の施行は1961年（昭和36年）4月。

☐ 国民健康保険法が1950年代後半に改正され、すべての国民を対象とする皆保険制度の基礎が作られた。

〇

☐ 1970年代前半には、高齢者の健康増進のために老人保健法が制定された。

✗ 1982年（昭和57年）制定。

☐ 1980年代後半から国民年金制度の見直しが始められ、1990年代に入って基礎年金制度が創設された。

✗ 1986年（昭和61年）4月より基礎年金制度が施行された。

押さえておこう

医療費の自己負担割合

年齢	負担割合
0～6歳*¹	2割
6*¹～69歳	3割
70～74歳	2割*²
75歳以上*³	1割*⁴

*1：6歳になった日以降の最初の3月31日を区切りとする。

*2：現役並み所得者は3割。

*3：一定の障害状態にある65～74歳を含む。

*4：現役並み所得者は3割。また、一定以上の所得者は2割（2022年（令和4年）10月より）。

3 介護保険制度

ワーク1 ▶ 介護保険制度の基本的枠組み

　介護保険は，福祉サービス，保健医療サービスが同様の利用手続き，利用者負担で，利用者の選択により総合的に利用できるしくみを構築したものである。

2017年（平成29年）の介護保険法の改正内容

地域包括ケアシステムの深化・推進	①保険者機能の強化等の取り組みの推進 　・介護保険事業計画（介護保険事業支援計画）策定の際，国から提供されたデータを分析したうえで，計画に介護予防・重度化防止等の取り組み内容と目標を記載 　・財政的インセンティブの付与の規定の整備 ②介護医療院の創設 ③共生型サービスの創設
介護保険制度の持続可能性の確保	④２割負担者のうち，特に所得の高い層の負担割合を３割に引き上げ ⑤介護納付金への総報酬割の導入　など

2020年（令和２年）の介護保険法の改正内容

地域の特性に応じた認知症施策や介護サービス提供体制の整備等の推進	①認知症施策の地域社会における総合的な推進に向けた国および地方公共団体の努力義務を規定 ②市町村の地域支援事業における関連データの活用の努力義務を規定 ③介護保険事業（支援）計画の見直し

2023年（令和５年）の介護保険法の改正内容

全世代対応型の持続可能な社会保障制度の構築	①介護情報基盤の整備 ②各事業所・施設の財務状況の報告の義務づけ ③看護小規模多機能型居宅介護サービスの「通い」「泊まり」に看護サービスが含まれることを明確化 ④要支援者に行う介護予防支援について，居宅介護支援事業所も市町村からの指定を受けて実施可能とする

社会の理解

保険者と被保険者

☐ **1** 介護保険法における保険者は，市町村および特別区である。　○

☐ **2** 介護保険では，65歳以上の者が第1号被保険者であり，40歳以上65歳未満の医療保険加入者が第2号被保険者である。　○

☐ **3** 63歳の末期がん患者の場合，65歳にならないと給付は受けられない。

✖ 末期がんは特定疾病であるため，40歳以上で保険給付が受けられる。

☐ **4** 介護保険制度の対象となる生活保護法の被保護者は，介護給付を受ける際の利用者負担分を介護扶助から支給される。　○

☐ **5** 介護保険の要支援認定・要介護認定の審査・判定は，都道府県介護保険審査会で行われる。

✖ 市町村に設置された介護認定審査会で行われる。介護保険審査会は，市町村の行政処分（認定）に対する不服などを受け付ける機関である。

☐ **6** 市町村は，転入してきた被保険者について，要介護認定が有効期間内であっても，改めて要介護認定を行わなければならない。

✖ 転入後の市町村の被保険者となってから14日以内に申請があった場合，移転前のまま認定される。

☐ **7** ほかの市町村に住所を変更した場合，年度中は転出前の市町村の被保険者の資格を継続する。

✖ 変更先の市町村に転入した日から，その市町村の被保険者となる。

費用など

☐ **8** 介護保険の保険給付によるサービスの利用には，原則1割の利用者負担があり，応能負担となる。

✗ 応益負担。なお，自己負担は原則1割だが，一定所得のある者は2割，特に所得が高い者は3割。

☐ **9** 介護保険の第1号被保険者の保険料については，一定以上の年金額の受給者の保険料は，年金から天引きされる<ruby>特別徴収<rt>とくべつちょうしゅう</rt></ruby>となっている。

○

☐ **10** 介護保険では総給付費の半分を公費で負担するが，この公費部分は国，都道府県，市町村の3者が均等に負担する。

✗ 介護給付の場合は，国25％，都道府県・市町村12.5％ずつ。施設等給付の場合は，国20％，都道府県17.5％，市町村12.5％。

居宅サービス・地域密着型サービス

☐ **11** 訪問介護（ホームヘルプサービス）とは，要介護者に対する入浴，排泄，食事等の日常生活上の世話を指す。　　○

☐ **12** 訪問介護員（ホームヘルパー）は，介護福祉士でなければならない。　　✖ 介護福祉士その他政令で定めるもの（介護職員初任者研修修了者等）である。

☐ **13** 短期入所療養介護（ショートステイ）とは，特別養護老人ホームにおけるショートステイのサービスを指している。　　✖ 介護老人保健施設等において行われるもの。

☐ **14** 居宅療養管理指導とは，介護保険の居宅サービスの1つで，訪問看護ステーションの管理者の業務を指している。　　✖ 病院等の医師等による療養上の管理指導。

☐ **15** 多様な介護サービスのなかから一人ひとりの高齢者のニーズにふさわしいサービスが提供されるよう，ケアマネジメントの考え方を取り入れている。　　○

☐ **16** 介護支援専門員（ケアマネジャー）による居宅サービス計画の作成費用は，全額が保険から給付されるしくみとなっている。　　○

☐ **17** 小規模多機能型居宅介護は，長期間の宿泊を目的としている。　　✖ 通いを中心に，短期間の宿泊を目的としている。

☐ **18** 介護保険法に基づく事業所のうち，市町村長がその事業者の指定を行うものとして，介護予防サービス事業所，介護予防支援事業所，地域密着型サービス事業所がある。　　✖ 介護予防サービス事業所は，都道府県知事が指定。

☐ **19** 共生型サービスの対象となるサービスに通所介護（デイサービス）がある。　　○

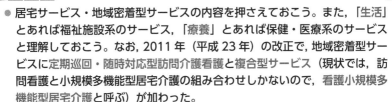

- 居宅サービス・地域密着型サービスの内容を押さえておこう。また，「生活」とあれば福祉施設系のサービス，「療養」とあれば保健・医療系のサービスと理解しておこう。なお，2011年（平成23年）の改正で，地域密着型サービスに定期巡回・随時対応型訪問介護看護と複合型サービス（現状では，訪問看護と小規模多機能型居宅介護の組み合わせしかないので，看護小規模多機能型居宅介護と呼ぶ）が加わった。
- 2017年（平成29年）の改正で共生型サービスが創設された。これは，介護保険優先原則が適用される介護保険と障害福祉両方の制度に相互に共通するサービスで，訪問介護，通所介護，短期入所生活介護などがあげられる。

施設サービス

☐ 20 施設サービスを提供できるのは，「指定介護老人福祉施設」「介護老人保健施設」「介護医療院」である。　　〇

☐ 21 ユニット型指定介護老人福祉施設では，ユニットごとに，常勤のユニットリーダーを配置する。　　〇 一定期間固定して配置する。

☐ 22 介護保険法における特定施設入居者生活介護の指定を受けるには，介護支援専門員（ケアマネジャー）である計画作成担当者を配置しなければならない。　　〇

☐ 23 介護保険施設には，身体拘束禁止の規定が設けられている。　　〇

- 介護老人保健施設に「指定」がつかないのは，介護保険法を根拠とする施設であるため。指定介護老人福祉施設（特別養護老人ホーム）は，老人福祉法上の施設でもあるので注意。
- 特別養護老人ホームの入所要件は要介護3以上であることに注意。
- 2017年（平成29年）の改正で，介護療養型医療施設の転換先として新たな介護保険施設である介護医療院が新設され，要介護者であって主として長期にわたり療養が必要である者を入所対象者とする。

地域支援事業

☐ **24** 第１号介護予防支援事業，総合相談支援業務，権利擁護_{けんりようご}業務および包括的・継続的ケアマネジメント支援業務を実施する施設として，地域包括支援センターが設置されている。 ○

☐ **25** 地域包括支援センターは，成年後見制度の活用促進や消費者被害の防止に取り組む。 ○ 虐待の防止およびその早期発見のための事業なども行う。

☐ **26** 地域包括支援センターは，保健・医療・福祉の総合的な情報提供および地域における関連機関のネットワークの拠点となる。 ○

☐ **27** 地域包括支援センターには，介護福祉士が配置されることになっている。 ✖ 保健師，社会福祉士，主任介護支援専門員（主任ケアマネジャー）の３職種が配置される。

☐ **28** 地域ケア会議の目的として，個別ケースの課題分析等を行うことによる地域課題の把握があげられる。 ○

要点整理

● 包括的支援事業として地域包括支援センターの４つの業務と，地域包括ケアシステム実現のために設けられた地域ケア会議（個別課題解決機能，ネットワーク構築機能，地域課題発見機能，地域づくり・資源開発機能，政策形成機能がある）の充実，指定介護予防支援事業者として介護予防サービス計画を作成することを押さえておこう。

在宅生活を支える各種の介護サービスに関する次の記述について，○×を付けなさい。(第 26 回問題 26 改変)

☐ 訪問介護において，通院介助は生活援助に位置づけられる。

✗ 身体介護に位置づけられる。

☐ 短期入所生活介護の利用者は，介護老人福祉施設への入所申込みをした者に限られる。

✗ 入所申込みとは関係なく利用できる。

☐ 認知症対応型共同生活介護（グループホーム）は，ADL（Activities of Daily Living：日常生活動作）の低下した認知症（dementia）の高齢者は利用できない。

✗ 要介護者で認知症であるものが利用することができる。ADL の低下に関する規定はない。

☐ 夜間対応型訪問介護は，介護福祉士が看護師と同行して支援を行わなければならない。

✗ そのような規定はない。

☐ 訪問看護と小規模多機能型居宅介護を組み合わせて一体的に提供される介護サービスは，複合型サービス（看護小規模多機能型居宅介護）である。

○

Cさん（78歳，男性，要支援1）は，公的年金（月額19万円）で公営住宅の3階で一人暮らしをしている。妻と死別後も通所型サービスを利用し，自炊を楽しみながら生活している。最近，膝の具合がよくないこともあり，階段の上り下りが負担になってきた。そこで，転居について，通所型サービスのD介護福祉士に相談をした。

次のうち，D介護福祉士がCさんに紹介する住まいの場として，最も適切なものを1つ選びなさい。(第34回問題9より)

1　認知症対応型共同生活介護（認知症高齢者グループホーム）

2　介護付有料老人ホーム

3　軽費老人ホームA型

4　サービス付き高齢者向け住宅

5　養護老人ホーム

4

ワーク2 ▶ 要介護認定

介護給付を受けようとする被保険者は，市町村の要介護認定を受け，市町村におかれる介護認定審査会で介護が必要と認定されなければならない。また，予防給付を受けようとする被保険者は，市町村の要支援認定を受けなければならない。

ここがでる!! ☞ 一問一答　○×チェック

☐ **1** 介護保険サービスの支給対象は，6段階に区分されている。

✘ 要支援1・2，要介護1〜5の7段階。

☐ **2** 要介護認定の対象は，65歳以上の者に限られる。

✘ 40歳以上65歳未満の医療保険加入者（第2号被保険者）も対象となる。

☐ **3** 市町村は，要介護認定の結果を当該被保険者に通知しなければならない。

〇

☐ **4** 市町村は，要介護認定の基準を定める。

✘ 全国一律で国が定める。

☐ **5** 要介護認定の取り消しが必要な場合は，都道府県が行わなければならない。

✘ 市町村が行う。

要点整理

● 予防給付を受けようとする者は，**要支援認定**を受ける。これは**要介護認定**とは区別されるので注意。

● 要介護と認定されるまでであっても緊急その他やむを得ない理由がある場合などには，介護給付を受けることができる。

Eさん（75歳，女性，要介護2）は，訪問介護（ホームヘルプサービス）を利用している。最近，Eさんの認知症（dementia）が進行して，家での介護が困難になり，介護老人福祉施設の申込みをすることにした。家族が訪問介護員（ホームヘルパー）に相談したところ，まだ要介護認定の有効期間が残っていたが，要介護状態区分の変更の申請ができることがわかった。
家族が区分変更するときの申請先として，正しいものを1つ選びなさい。
（第35回問題10より）

1 介護保険の保険者

2 後期高齢者医療広域連合

3 介護保険審査会

4 国民健康保険団体連合会

5 運営適正化委員会

1
保険者である市町村に「区分変更申請書」を提出して申請。

組織，団体，専門職の機能と役割

> 介護保険における市町村の役割は，保険料の徴収，要介護認定，保険給付，事業者の指定，地域支援事業・保健福祉事業等の実施，財源の負担，財政安定化基金への拠出，市町村介護保険事業計画の策定など多岐にわたる。

ここがでる!! 🖙 **一問一答 ○×チェック**

☐ **1** 市町村介護保険事業計画は，市町村地域福祉計画と一体のものとして策定する。

✖ 市町村地域福祉計画，市町村高齢者居住安定確保計画とは「調和が保たれたもの」として策定。市町村老人福祉計画とは「一体のもの」（介護保険法第117条）。

☐ **2** 市町村介護保険事業計画は，5年に一度見直す。

✖ 3年に一度。

☐ **3** 市町村長がその事業者の指定を行うものとして，介護予防支援事業所，認知症対応型共同生活介護（グループホーム）事業所があげられる。

○

☐ **4** 指定居宅サービス事業者の指定は，5年ごとにその更新を受けなければ，その効力が失われる。

✖ 6年ごと。

☐ **5** 都道府県は，市町村に対して，介護給付および予防給付に関する費用の一部を負担する。

○

☐ **6** 介護支援専門員（ケアマネジャー）の資格の有効期間は5年である。

○ 有効期間を更新するためには更新研修を受講しなければならない。

☐ **7** 介護支援専門員は，介護サービス計画（ケアプラン）を立案する国家資格者である。

✖ 公的資格

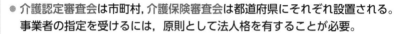

要点整理

- 介護認定審査会は市町村，介護保険審査会は都道府県にそれぞれ設置される。事業者の指定を受けるには，原則として法人格を有することが必要。

- 国民健康保険団体連合会は，介護給付費等の審査を行うため介護給付費等審査委員会をおくことに注意。

社会の理解

4 障害者福祉と障害者保健福祉制度

ワーク1 障害者の定義

　1993年（平成5年）に心身障害者対策基本法が改正され，障害者基本法として新たなスタートを切った。第2条では，「障害者」を「身体障害，知的障害，精神障害（発達障害を含む。）その他の心身の機能の障害がある者であって，障害及び社会的障壁により継続的に日常生活又は社会生活に相当な制限を受ける状態にあるもの」と定義している。

ここがでる!! ➡ 一問一答 ○×チェック

障害者基本法

☐ **1** 障害者基本法では，障害者とは身体障害，知的障害があり，障害および社会的障壁により，継続的に日常生活または社会生活に相当な制限を受ける者をいう。

✗「精神障害（発達障害を含む）その他の心身の機能の障害」が抜けている。

☐ **2** 障害者基本法では，精神障害者が障害者福祉施策の対象として位置づけられた。

○

☐ **3** 障害者基本法において，社会的障壁とは障害がある者にとって日常生活または社会生活を営むうえで障壁となるような社会における事物，制度，慣行，観念その他一切のものをいう。

○

要点整理

● 2011年（平成23年）8月の障害者基本法の改正により，法律の目的が見直され，すべての国民が障害の有無にかかわらず基本的人権を享有でき，共生社会を実現することとされた。また，障害者の定義に，身体障害，知的障害，精神障害のほかに発達障害とその他の心身の機能の障害が含まれるようになった。

● 障害者の権利に関する条約の批准のために，社会的障壁の定義についても新たに条文に明記された。そのほか，障害を理由とした差別の禁止，障害者も地域社会での生活を選べるようにすること，障害者も障害のない児童および生徒とともに教育を受けられるようにすることなども条文化された。

身体障害者福祉法

☐ **4** 身体障害者とは，身体上の障害がある 18 歳以上の者で ○
あって，都道府県知事から身体障害者手帳の交付を受け
た者をいう。

☐ **5** 身体障害者福祉法の目的である「自立と社会経済活動へ ○
の参加の促進」は，身体障害者の地域における自立した
生活と最大限の社会参加の実現を図ることを意味してい
る。

要点整理

● 身体障害者障害程度等級表の内容に目を通しておこう。

● 身体障害者については，法制度の分野だけでなく介護の分野でもよく出題さ
れている内容である。

精神保健福祉法

☐ **6** 精神保健福祉法において，知的障害を有する者は「精神 ✖ 51 頁の表を参照。
障害者」の定義に含まれない。

☐ **7** 精神保健福祉法に規定された応急入院とは，本人，保護 ✖ 応急入院とは，精
者の同意がなくても，都道府県知事が認めた場合に行う 神科病院の管理者
入院である。 により，医療およ
び保護のために
72 時間に限り行
われる入院のこと
である。設問は緊
急措置入院。

要点整理

● 精神保健福祉法第 5 条の精神障害者の定義には，知的障害を有する者が含ま
れている。ただし，精神障害者保健福祉手帳や精神障害者社会復帰促進セン
ターに関する事項は知的障害者は除かれるので注意。

● 2022 年（令和 4 年）12 月の改正で，精神障害者の定義は，「統合失調症，
精神作用物質による急性中毒又はその依存症，知的障害その他の精神疾患を
有する者」とされ，「精神病質」が削除された。

その他の法律

☐ **8** 知的障害についての定義は，知的障害者福祉法で明確にされている。

  ✖ 一般的な知的障害についての定義は，法律にはない。

☐ **9** 身体障害者補助犬法では，身体障害者補助犬を盲導犬および介助犬の2種類としている。

  ✖ 聴導犬を含む3種類。

☐ **10** 発達障害者支援法では，発達障害者を「発達障害がある者であって発達障害及び社会的障壁により日常生活又は社会生活に制限を受けるもの」と定義している。

  ○

☐ **11** 障害児は，障害者基本法に定義されている。

  ✖ 児童福祉法

要点整理

- 2002年（平成14年）5月に身体障害者補助犬法が成立。身体障害者補助犬の育成やこれを使用する身体障害者の施設や公共交通機関の利用の円滑化を図り，身体障害者の自立，社会参加の促進に寄与することを目的としている。身体障害者補助犬とは，盲導犬，介助犬，聴導犬をいう。

- 発達障害者支援法の改正により，発達障害者の定義が「発達障害を有するために日常生活又は社会生活に制限を受ける者」から「発達障害がある者であって発達障害及び社会的障壁により日常生活又は社会生活に制限を受けるもの」に変更された。

押さえておこう

定義規定の比較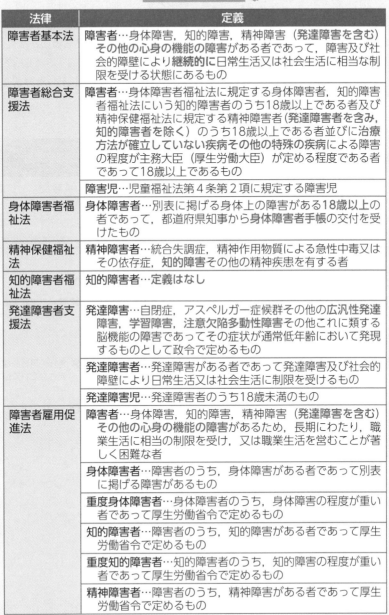

法律	定義
障害者基本法	障害者…身体障害，知的障害，精神障害（発達障害を含む）その他の心身の機能の障害がある者であって，障害及び社会的障壁により**継続的に**日常生活又は社会生活に相当な制限を受ける状態にあるもの
障害者総合支援法	障害者…身体障害者福祉法に規定する身体障害者，知的障害者福祉法にいう知的障害者のうち18歳以上である者及び精神保健福祉法に規定する精神障害者（発達障害者を含み，**知的障害者を除く**）のうち18歳以上である者並びに**治療方法が確立していない疾病その他の特殊の疾病による障害**の程度が主務大臣（厚生労働大臣）が定める程度である者であって18歳以上であるもの
	障害児…児童福祉法第4条第2項に規定する障害児
身体障害者福祉法	身体障害者…別表に掲げる身体上の障害がある18歳以上の者であって，都道府県知事から**身体障害者手帳**の交付を受けたもの
精神保健福祉法	精神障害者…統合失調症，精神作用物質による急性中毒又はその依存症，**知的障害**その他の精神疾患を有する者
知的障害者福祉法	知的障害者…定義はなし
発達障害者支援法	発達障害…自閉症，アスペルガー症候群その他の**広汎性発達障害**，学習障害，注意欠陥多動性障害その他これに類する脳機能の障害であってその症状が通常低年齢において発現するものとして政令で定めるもの
	発達障害者…発達障害がある者であって発達障害及び社会的障壁により日常生活又は社会生活に制限を受けるもの
	発達障害児…発達障害者のうち18歳未満のもの
障害者雇用促進法	障害者…身体障害，知的障害，精神障害（発達障害を含む）その他の心身の機能の障害があるため，長期にわたり，職業生活に相当の制限を受け，又は職業生活を営むことが著しく困難な者
	身体障害者…障害者のうち，身体障害がある者であって別表に掲げる障害があるもの
	重度身体障害者…身体障害者のうち，身体障害の程度が重い者であって厚生労働省令で定めるもの
	知的障害者…障害者のうち，知的障害がある者であって厚生労働省令で定めるもの
	重度知的障害者…知的障害者のうち，知的障害の程度が重い者であって厚生労働省令で定めるもの
	精神障害者…障害者のうち，精神障害がある者であって厚生労働省令で定めるもの

　2013年（平成25年）6月，障害を理由とする差別の解消の推進に関する法律（障害者差別解消法）が成立した。障害を理由とする差別の解消を推進することにより，すべての国民が障害の有無によって分け隔てられることなく，相互に人格と個性を尊重し合いながら共生する社会の実現を目指すことを目的とし，差別の解消の推進に関する基本方針，行政機関や事業者における障害を理由とする差別解消のための措置などを定めている。

障害を理由とする差別の禁止

	国の行政機関および地方公共団体など	民間事業者
不当な差別的取り扱い	禁止	禁止
社会的障壁の除去についての必要かつ合理的な配慮	義務	義務

ここがでる!!　　**一問一答　○×チェック**

☐ **1** 障害者差別解消法は，障害者総合支援法の基本的な理念のもと，障害者の差別の解消を具体的に実施するためのものである。　　✗ 障害者基本法の基本的な理念に則っている。

☐ **2** 障害者差別解消法では，差別について具体的に定義し，その解消に向けた措置等を定めている。　　✗ 差別の具体的な定義はなされていない。

☐ **3** 障害者差別解消法は，行政機関に対して，障害者に対する合理的配慮を法的義務としている。　　○

☐ **4** 聴覚障害のある大学生が定期試験実施に関する配慮を申し出て，試験監督者は，口頭で説明する内容を書面で渡した。これは合理的配慮となる。　　○

- 障害者差別解消法は，障害者基本法の基本的な理念に則っている。つまり，障害者基本法第4条に規定される「差別の禁止」を具体化したものであり，基本的な理念を具体的に実施するために障害者差別解消法が制定されたといえる。
- 障害者差別解消法が成立したことで，障害者の権利に関する条約に批准したということも覚えておこう。

10点UP!

「障害者差別解消法」に関して，○×を付けなさい。
(第29回問題12，第32回問題88，第36回問題56改変)

☐ 就労における具体的な差別を直接明示している。　　✖ 障害者の雇用の促進等に関する法律

☐ 個人による差別行為への罰則規定がある。　　✖ 国，都道府県，市町村，会社などの事業者で，個人ではない。

☐ 行政機関等と事業者に対して，不当な差別的取扱いを禁止している。　　○

☐ 市町村は，障害者差別解消支援地域協議会を組織することができる。　　○

☐ 障害者の差別に関する相談窓口として，相談支援事業所が指定されている。　　✖ 国，地方公共団体，障害者差別解消支援地域協議会。

☐ 共生社会の実現を目指している。　　○

☐ 障害の特性に応じた休憩時間の調整など，柔軟に対応することは，合理的配慮の考え方である。　　○

(注)「障害者差別解消法」とは，「障害を理由とする差別の解消の推進に関する法律」のことである。

　2013年（平成25年）4月から，「障害者自立支援法」は障害者の日常生活及び社会生活を総合的に支援するための法律（障害者総合支援法）に法律名が改正された。法の目的に「地域生活支援事業その他の支援を総合的に行う」ことが明記され，障害者の範囲に難病患者等が追加された。また，障害程度区分は，障害支援区分に改められ，「障害の程度」ではなく，「必要な支援の度合」を示す区分となり，審査および判定の際，対象となる障害者の家族に意見を聴くことができる。そして，知的障害者・精神障害者の特性に応じて適切に認定調査が行われるよう調査項目の見直しが行われ，80項目に整理された。

ここがでる!! 一問一答 ◯×チェック

☐ **1** 障害者総合支援法では，利用者負担が，応能負担から応益負担に変更された。

✕ 応能負担が原則（ただし，サービス利用量が少なく，1割負担のほうが低い場合は1割）。

☐ **2** 障害者総合支援法では，対象となる障害者の範囲に，難病患者等が加えられた。

◯

☐ **3** 施設入所支援とは，施設入所者を対象とした，主として夜間に行われる，入浴，排泄，食事の介護などである。

◯ 18歳未満は児童福祉法に基づく障害児入所支援。

☐ **4** 同行援護とは，重度の視覚障害者の移動を支援するサービスである。

◯

☐ **5** 地域生活支援事業の1つに，障害者等の日常生活上の便宜を図るため，日常生活用具の給付事業がある。

◯

☐ **6** 重度訪問介護は，重度障害者の外出支援も行う。

◯

☐ **7** 障害者総合支援法に規定される地域包括支援センターの設置は，市町村に義務づけられている。

✕ 地域包括支援センターは介護保険法に規定。障害者総合支援法に規定されるのは，地域活動支援センター。

8 障害者総合支援法では，障害福祉サービスに要した費用に対して，介護給付費または訓練等給付費が都道府県から支給される。

✖ 市町村から支給される。

9 障害支援区分の審査および判定を行う場合，市町村審査会は，その対象となる障害者の家族に意見を聴くことができる。

◯

10 指定障害者福祉サービス事業者の指定に有効期間は設定されていない。

✖ 6年ごとに更新しないと失効する。

11 障害者総合支援法では，障害者の年齢を 20 歳以上と規定している。

✖ 18 歳以上

12 「障害者のための国際シンボルマーク」は，障害者が利用できる建物・施設であることを明確に表すためのものである。

◯

13 一人暮らしを希望する障害者に対して，地域生活を支援する自立生活援助が創設された。

◯

14 障害者総合支援法の介護給付を利用するときに利用者が最初に市町村に行う手続きは，障害支援区分の認定である。

✖ 市町村に支給申請し，市町村は障害支援区分の認定および支給要否決定を行う。

要点整理

- 応能負担への第一歩として，低所得（市町村民税非課税世帯）の障害者等につき，障害福祉サービスおよび補装具費にかかる利用料負担は無料となった。
- 支給決定障害者等が指定障害福祉サービス等を利用した場合，家計の負担能力に応じた負担（応能負担）を原則とすることとなった。

10点UP!

次の事例を読んで，問題に答えなさい。(第32回問題124より)

〔事　例〕　　　　　　　　　　　　　　　　　　**2**

　Dさん（59歳，女性）は30年前に関節リウマチ（rheumatoid arthritis）を発症して，現在，障害者支援施設に入所している。

　Dさんは，朝は手の動きが悪く痛みがあるが，午後，痛みが少ないときは関節を動かす運動を行っている。足の痛みで歩くのが難しく車いすを使用しているが，最近は手の痛みが強くなり，自分で操作することが難しい。また，食欲がなく，この1か月間で体重が2kg減っている。夜中に目が覚めてしまうこともある。

問題　使っていた車いすを自分で操作することが困難になったDさんが，「障害者総合支援法」で電動車いすを購入するときに利用できるものとして，適切なものを1つ選びなさい。

1　介護給付費

2　補装具費

3　自立支援医療費

4　訓練等給付費

5　相談支援給付費

（注）「障害者総合支援法」とは，「障害者の日常生活及び社会生活を総合的に支援するための法律」のことである。

5 個人の権利を守る制度

ワーク1 ▶ 成年後見制度

　成年後見制度は，認知症の高齢者や知的障害者，精神障害者などの判断能力が不十分な成年者を保護するための制度。1999年（平成11年）に民法の改正が行われ，従来の禁治産・準禁治産制度を後見・保佐の制度に改め，新たに軽度の精神上の障害がある者を対象とする補助の制度が創設された。また，任意後見契約に関する法律が成立し，任意後見制度が新設された。本人が自らの判断能力が低下する前に任意後見人に代理権を与えて，自分の判断能力が不十分となった場合の財産管理等の事務を委任する。

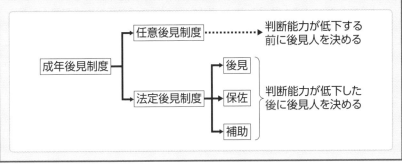

ここがでる!! 　一問一答　○×チェック

☐ **1** 法定後見制度は，「後見」と「保佐」の2類型で構成される。　　　✖ 後見，保佐，補助の3類型。

☐ **2** 法定後見人の職務は，財産管理と身上監護に関する契約等の法律行為である。　　　○

☐ **3** 任意後見制度は，本人の判断能力が低下する前に，任意後見契約を結ぶものである。　　　○

☐ **4** 任意後見契約は，家庭裁判所が任意後見監督人を選任したときから効力が生ずる。　　　○

☐ **5** 任意後見制度では，利用者本人による任意後見人の選定は認められていない。　　　✖ 認めている。

- [ ] **6** 法定後見制度では，地域包括支援センターの社会福祉士 ✗ 家庭裁判所
  が補助人，保佐人，後見人を選定する。

- [ ] **7** 補助，保佐，後見のうち，最も多い申立ては後見である。 **○**

要点整理

- ● 法定後見制度と任意後見制度のそれぞれの特色を押さえておこう。
- ● 成年後見制度では，後見登記の制度が創設された。任意後見は，公正証書によって締結され，公証人から登記所へ嘱託によって任意後見契約の登記がなされる。
- ● 任意後見は，誰を任意後見人に選任するかは，本人の自由な選択により，個人に限らず公益法人等でもよい。また，家庭裁判所が任意後見監督人を選任したときから契約の効力が発生する。

成年後見制度における法定後見に関して，○×を付けなさい。
(第24回問題78改変)

- [ ] 判断能力が低下する前に契約することができる。 | ✗ 判断能力が低下した後に利用する。

- [ ] 申立て人は本人か4親等以内の親族でなければならない。 | ✗ 本人と4親等内の親族のほか，配偶者，未成年後見人，検察官，市町村長などである。

- [ ] 申立て先は本人の住所地の都道府県である。 | ✗ 本人の住所地の家庭裁判所である。

- [ ] 後見人には法人が選ばれることもある。 | **○**

ワーク2 ▶ 個人情報保護・消費者保護に関する制度

　　個人の権利を守る制度には，介護実践に関連して，個人情報保護，消費者保護の各制度がある。個人情報保護に関しては，2015年（平成27年）に個人情報の保護に関する法律（個人情報保護法）が改正され，①個人情報保護委員会の新設，②個人情報の定義の明確化，③個人情報の有用性を確保するための整備，④いわゆる名簿業者対策等が定められた。また，消費者保護に関しては，消費者基本法，特定商取引に関する法律，家庭用品品質表示法，消費者契約法などがある。

ここがでる!! 一問一答 ○×チェック

個人情報保護

☐ **1** 個人情報保護法では，個人の同意のない個人情報の提供は例外なく禁止している。

✕ 例えば，人の生命，身体，財産の保護のためであって，本人の同意を得ることが困難な場合は可。

☐ **2** 要配慮個人情報の取得については，本人の同意を必要としない。

✕ 要配慮個人情報（人種, 信条, 病歴, 犯罪歴など）は，原則として本人の同意が必要。

☐ **3** 利用者が急病で意識消失となった際，医師に対し福祉関係事業者が状況を説明する場合，本人の同意は得なくてもよい。

○

☐ **4** 個人情報には映像や顔写真は含まれない。

✕ 特定の個人を識別することができるものは含まれる。

☐ **5** 個人情報に関する苦情対応体制について，施設の掲示板等で利用者に周知徹底する。

○

☐ **6** 施設利用者の個人情報を保護するために，研修会を定期的に開催し，意識の向上を図る。

○

- 個人情報とは，生存する個人の氏名，生年月日，電話番号，映像，画像，音声データ，個人の識別が可能なメールアドレスなど特定の個人を識別できるもののほか，顔認識データ，指紋認識データ，旅券番号，運転免許証番号，マイナンバーなど個人識別符号も含まれる。
- 2020 年（令和 2 年）の法改正で，イノベーションを促進する観点から氏名等を削除した「仮名加工情報」が創設された。ほかの情報と照合することで個人を識別できる状態にあるので，第三者への提供は原則禁止されている。
- 個人情報を第三者に提供するときは，原則として本人の同意が必要であることを押さえておこう。

消費者保護に関する制度など

☐ **7** クーリング・オフ制度では，訪問販売などの場合，一定期間内であれば，消費者が事業者に通知し無条件で解約することができる。　　○

☐ **8** クーリング・オフ制度では，訪問販売は 14 日，マルチ商法は 8 日以内であれば解約できる。　　✗ 訪問販売 8 日間。マルチ商法 20 日間。

☐ **9** 賞味期限は，消費期限に比べ，劣化しにくい食品に表示される。　　○

さまざまな悪質商法

商法	説明
SF 商法（催眠商法）	最初は安いものをタダ同然で与え，最終的に高級な商品を買わせる商法
ネガティブ・オプション（送りつけ商法）	勝手に商品を送り，消費者が受け取った以上支払い義務があると勘違いして代金を払うことをねらった商法
点検商法	「点検にきた」と言って来訪し，修理不能・危険な状態など事実と異なることを言って新品などを売りつける商法

● 悪質商法に対しては，一定期間内であれば消費者が事業者に対して書面によって契約の解除ができるクーリング・オフ制度がある。

● クーリング・オフとは，「頭を冷やして考える」という意味である。消費者契約法は，消費者が誤認していたり，事業者が事実と異なることを告げていた場合，契約の取り消しができることを規定している。

● 介護福祉職は，相談窓口として，国民生活センターや消費生活センターなどがあることを知り，被害を未然に防ぐために適切な対応方法を学んでおこう。

個人情報を使用するに当たり，本人や家族への説明と同意が不要となるケースとして，適切なものを1つ選びなさい。(第30回問題22より)

1 意識消失とけいれん発作を起こした利用者の個人情報を救急隊員に提供する場合

2 指定介護事業者が，サービス担当者会議に利用者の個人情報を提供する場合

3 行事で撮影した利用者の顔写真を，施設の広報誌に使用する場合

4 転居先の施設の求めに応じて，利用者の個人情報を提供する場合

5 実習生が，利用者の個人情報を閲覧する場合

1

人の生命・身体・財産の保護のために必要であって，本人の同意を得ることが困難な場合は，例外的に本人の同意を得ずに個人情報を第三者に提供することが可能なので，救急隊員に提供できる。2〜5は，あらかじめ本人や家族に説明し，同意を得なければならない。

Aさん（85歳，女性，要介護1）は，認知症（dementia）があり判断能力が不十分である。一人暮らしで，介護保険サービスを利用している。訪問介護員（ホームヘルパー）が訪問したときに，物品売買契約書を見つけた。Aさんは，「昨日，訪問販売の業者が来た」「契約書については覚えていない」と話した。

訪問介護員（ホームヘルパー）から連絡を受けたサービス提供責任者が，迅速にクーリング・オフの手続きを相談する相手として，最も適切なものを1つ選びなさい。(第32回問題55より)

1 行政書士

2 消費生活センター

3 家庭裁判所

4 保健所

5 相談支援事業所

2

ワーク3 ▶ 高齢者虐待防止法

2005年（平成17年）11月，高齢者虐待の防止，高齢者の養護者に対する支援等に関する法律（高齢者虐待防止法）が制定された。高齢者虐待が深刻な状況にあり，高齢者の尊厳保持にとって虐待防止はきわめて重要であることによる。

ここがでる!! ☞ 一問一答　○×チェック

☐ **1** 高齢者虐待防止法における高齢者とは，65歳以上の者をいう。

○

☐ **2** 高齢者虐待防止法は，養介護施設従事者等による高齢者虐待については規定していない。

✘ 高齢者虐待防止法第2条第5項で規定している。

☐ **3** 経済的虐待とは，高齢者の財産を不当に処分すること，その他高齢者から不当に財産上の利益を得ることをいう。

○

☐ **4** 高齢者虐待の定義には，身体的虐待，心理的虐待，性的虐待および経済的虐待に関する内容が明記されているが，介護等放棄は除かれている。

✘ 介護等放棄（ネグレクト）も明記されている。

☐ **5** 養護者による虐待を受けたと思われる高齢者を発見した者は，高齢者の生命または身体に重大な危険が生じている場合，速やかに市町村に通報しなければならない。

○

☐ **6** 市町村長は，立入調査にあたって必要がある場合であっても，当該高齢者の住所または居所の所在地を管轄する警察署長に対し援助を求めることができない。

✘ 必要がある場合は援助を求めることができる。

☐ **7** 虐待を発見した養介護施設従事者には，通報する義務がある。

○

☐ **8** 2022年度（令和4年度）の調査によると，養護者による高齢者虐待の種類では，身体的虐待が最も多く，次いで心理的虐待，介護等放棄，経済的虐待，性的虐待の順となっている。

○ 2022年度（令和4年度）の「『高齢者虐待の防止，高齢者の養護者に対する支援等に関する法律』に基づく対応状況等に関する調査結果」による。

□ **9** 2022 年度（令和 4 年度）の調査では，養護者による高齢者虐待での虐待者の続柄では，息子が最も多い。

○ 息子，夫，娘の順となっている。

要点整理

● 高齢者虐待防止法については，虐待そのものの問題ではなくても，【人間の尊厳と自立】の科目を理解するのにも十分に役立つので，「虐待とは何か」を意識しながら学んでおこう。

10点UP!

「高齢者虐待防止法」に関する次の記述のうち，適切なものを 1 つ選びなさい。
（第 33 回問題 16 より）

1　養護者及び養介護施設従事者等が行う行為が対象である。

1

2　虐待の類型は，身体的虐待，心理的虐待，経済的虐待の三つである。

3　虐待を発見した場合は，施設長に通報しなければならない。

4　立ち入り調査を行うときは，警察官の同行が義務づけられている。

5　通報には，虐待の事実確認が必要である。

（注）「高齢者虐待防止法」とは，「高齢者虐待の防止，高齢者の養護者に対する支援等に関する法律」のことである。

高齢者虐待に関するポイント

こうれいしゃぎゃくたいぼうしほう
高齢者虐待防止法の内容と虐待の調査結果について整理しておこう。

制定の背景		高齢者に対する虐待が深刻な状況にあり，高齢者の尊厳の保持にとって高齢者に対する虐待を防止することがきわめて重要であるため
高齢者虐待		65歳以上の者に対する，家庭で現に養護する者及び施設等の職員による虐待行為 ※②の同居人の部分を除き，施設等の職員による虐待にも適用
	①身体的虐待	高齢者の身体に外傷が生じ，又は生じるおそれのある暴行を加えること
	②介護等放棄 （ネグレクト）	高齢者を衰弱させるような著しい減食又は長時間の放置，養護者以外の同居人による①，③，④に掲げる行為と同様の行為の放置等養護を著しく怠ること
	③心理的虐待	高齢者に対する著しい暴言又は著しく拒絶的な対応その他の高齢者に著しい心理的外傷を与える言動を行うこと
	④性的虐待	高齢者にわいせつな行為をすること又は高齢者をしてわいせつな行為をさせること
	⑤経済的虐待	養護者又は高齢者の親族が当該高齢者の財産を不当に処分することその他当該高齢者から不当に財産上の利益を得ること
通報義務等		①市町村による相談・指導・助言 ②養護者による高齢者虐待を受けたと思われる高齢者を発見した者は，高齢者の**生命又は身体に重大な危険**が生じている場合は，速やかに市町村に**通報**しなければならない ③市町村による安全確認や事実確認の措置 ④高齢者の一時保護 ⑤地域包括支援センター職員による居所への立ち入り，調査，質問
高齢者虐待に関する調査結果		2022年度（令和4年度）の「『高齢者虐待の防止，高齢者の養護者に対する支援等に関する法律』に基づく対応状況等に関する調査結果」による
	養護者による虐待で多い順	①身体的虐待，②心理的虐待，③介護等放棄，④経済的虐待，⑤性的虐待
	被虐待高齢者	約8割が後期高齢者，男性＜女性
	虐待者で多い順	①息子，②夫，③娘，④妻
	虐待の要因で多い順	①被虐待者の「認知症の症状」，②虐待者の「介護疲れ・介護ストレス」，③虐待者の「理解力の不足や低下」

2011 年（平成 23 年）6 月，障害者虐待の防止，障害者の養護者に対する支援等に関する法律（障害者虐待防止法）が制定された。虐待が障害者の尊厳を害すること，自立や社会参加にとっても虐待を防止することが必要であることによる。

ここがでる!! 一問一答 〇×チェック

☐ **1** 家族による虐待に対しては，市町村が通報を受理して，身体障害者更生相談所または知的障害者更生相談所が対応することとされている。

✕ 市町村障害者虐待対応協力者と協議しなくてはならない。

☐ **2** 障害者虐待防止法において，市町村は，虐待に対応するために地域活動支援センターを設置することが義務づけられている。

✕ 市町村障害者虐待防止センターを設置する。

☐ **3** 障害者虐待防止法において，施設サービスでの従事者による虐待は対象となるが，障害者の雇用主による虐待は対象外とされている。

✕ 雇用主による虐待も対象となる。

☐ **4** 著しい暴言，または著しく拒絶的な対応を行うことは，心理的虐待となる。

〇

要点整理
- 障害者虐待防止法の対象となる虐待の範囲は，身体的虐待，心理的虐待，性的虐待，放棄・放任（ネグレクト），経済的虐待の 5 種類。
- 障害者虐待として，養護者による虐待，障害者福祉施設従事者等による虐待，使用者による虐待があげられている。

6 地域生活を支援する制度

ワーク1 ▶ 日常生活自立支援事業

日常生活自立支援事業は，社会福祉基礎構造改革により，地域福祉権利擁護事業として開始され，2007年（平成19年）に現在の名称に変更された。認知症高齢者，知的障害者，精神障害者などのうち，判断能力が不十分な者が地域において自立した生活を送れるよう支援するものである。ただし，本事業の契約の内容について判断し得る能力を有していると認められることが前提となるので注意。

ここがでる!! ━ 一問一答 ○×チェック

☐ **1** 利用者保護のための制度として，日常生活自立支援事業は，各福祉事務所が実施主体となっている。

✕ 実施主体は都道府県社会福祉協議会および指定都市社会福祉協議会。

☐ **2** 日常生活自立支援事業には，初期相談，利用援助契約などを行う「専門員」が配置される。

○

☐ **3** 日常生活自立支援事業では，公共料金の支払いの支援は対象から除かれている。

✕ 公共料金の支払い手続き，日常的金銭管理も含む。

☐ **4** 日常生活自立支援事業では，利用相談を受けると都道府県社会福祉協議会が生活支援員を派遣する。

✕ 窓口となる市町村社会福祉協議会が，まず専門員を派遣する。

☐ **5** 日常生活自立支援事業の契約締結審査会は，医療・法律・福祉の各分野の契約締結能力にかかる専門的知見を有する者によって構成される。

○

要点整理

● 日常生活自立支援事業は，都道府県社会福祉協議会および指定都市社会福祉協議会が実施主体。

● 福祉サービス利用援助事業は，社会福祉法第2条第3項において社会福祉事業として定義されている名称である。

日常生活自立支援事業に関して，○×を付けなさい。

(第23回問題5，第25回問題15，第28回問題85，第34回問題125改変)

☐ 生活支援員は家庭裁判所が選任する。

✖ 実施主体（委託先を含む）と雇用契約を結ぶ。

☐ 家族がいない場合は，市町村長が家庭裁判所への利用申立てを行うことができる。

✖ 本人と実施主体との契約。市町村長が家庭裁判所への申立てを行うことができるのは，成年後見制度の開始の審判。

☐ 本人に契約内容について判断できる能力がなくても，家族との契約により利用することができる。

✖ 判断能力が必要。

☐ 利用者の財産処分や契約は，利用者に代わって生活支援員が行う。

✖ 財産処分や契約締結はできない。

☐ 実施主体は，都道府県社会福祉協議会または指定都市社会福祉協議会である。

○ 事業の一部を市町村社会福祉協議会等に委託できる。

☐ 初期の認知症（dementia）で，家賃の支払を忘れて，家主から督促されることが多くなった人に対する支援者として，日常生活自立支援事業の専門員がある。

○

☐ 日常生活自立支援事業では，利用を開始する際に利用者の判断能力は審査しない。

✖ 契約締結能力を審査する。

☐ 日常生活自立支援事業には，初期相談，利用援助契約などを行う「専門員」が配置される。

○

☐ 社会福祉協議会が実施主体となり，日常的金銭管理を行う。

○

7 保健医療に関する制度

ワーク1 ## 医療法

- 病院：医師または歯科医師が，公衆または特定多数人のため医業または歯科医業を行う場所であって，20人以上の患者を入院させるための施設を有するものをいう。
- 診療所：医師または歯科医師が，公衆または特定多数人のため医業または歯科医業を行う場所であって，患者を入院させるための施設を有しないものまたは19人以下の患者を入院させるための施設を有するものをいう。

ここがでる!! 一問一答 ○×チェック

☐ **1** 病院は，20床以上の病床を有している。 **○**

☐ **2** 特定機能病院は，特定の感染症を対象としている。 **✗** 対象疾患を限定していない。

☐ **3** 地域医療支援病院は，各市町村に1か所の設置が義務づけられている。 **✗** 都道府県知事の承認によるが，各市町村1か所とは義務づけていない。

☐ **4** 無床診療所は，常勤の医師数が定められている。 **✗** 常勤の医師数については定められていない。

☐ **5** 調剤を実施する薬局は，医療法上の医療提供施設ではない。 **✗** 医療提供施設である。

☐ **6** 24時間対応可能な在宅療養支援診療所が制度化されている。 **○**

☐ **7** 有床診療所は，医師または歯科医師でない者は管理者になることはできない。 **○**

☐ **8** 特定健康診査には，糖尿病など生活習慣病の検査が含まれる。 **○**

- 特定機能病院は，高度な医療を提供し，医療技術を開発したり研修を行ったりすることができる機能をもつ病院。
- 地域医療支援病院は，病床数は 200 床以上で医療法に規定する人員，施設設備を配する病院。地域におけるかかりつけ医を支援し，紹介患者への医療提供，施設や設備の共同利用や開放化，24 時間の救急医療，生涯教育等その資質向上を図るため医療従事者の研修を行う能力を有する施設として制度化され，地域医療の確立を目指す。

ワーク2 ▶ 感染症法・地域保健法

- 2007 年（平成 19 年）に結核予防法が感染症法に統合され，結核が 2 類感染症となった。また，SARS（重症急性呼吸器症候群）が 2 類感染症となった。
- 2008 年（平成 20 年）に改正され，新型インフルエンザが新しい類型となった（1 類から 5 類，新型インフルエンザ等感染症，指定感染症，新型感染症となった）。鳥インフルエンザ（H5N1）は，2 類感染症となった。
- 2014 年（平成 26 年）の改正で，MERS（中東呼吸器症候群）は，2 類感染症となった。
- 2021 年（令和 3 年）に，新型コロナウイルス感染症は新型インフルエンザ等感染症となったが，2023 年（令和 5 年）5 月に 5 類感染症に移行された。
- 新型インフルエンザ等感染症では，都道府県知事が必要と認める場合の入院，消毒等の措置，政令による 1 類感染症相当の措置，感染したおそれのある者に対する健康状態報告要請，外出自粛などの措置が講じられる。
- 地域保健法は，保健所や市町村保健センターの設置など，地域保健対策の推進に関する事項を定めている。
- 感染症予防に関する業務は，保健所の必須業務である。

ここがでる‼ 🖢 一問一答 ○×チェック

☐ **1** 保健所は在宅で療養する患者の個別支援を行うことはない。

✗ 個別支援も行う。保健所は，都道府県，指定都市，中核市，保健所政令市，特別区に設置。

☐ **2** 保健所は，結核などの感染症の予防や対策を行う。

○

3 感染症法に基づいて，結核を発症した在宅の高齢者に，医療費の公費負担の申請業務や家庭訪問指導などを行う機関は，保健所である。 **○**

要点整理

● 感染症の予防対策は，保健所の必須業務の1つである。

● 保健所の役割については，地域保健法に規定されている。

● 保健所は，住民の健康や衛生を支える行政機関である。対人保健サービス分野としては生活習慣病の集団健診や予防接種，妊婦や乳児に対する健診や指導，肺結核などの感染症・難病に関することなどの業務を行っている。

ワーク1 生活保護の種類

①生活扶助，②教育扶助，③住宅扶助，④医療扶助，⑤介護扶助，⑥出産扶助，⑦生業扶助，⑧葬祭扶助の8種類である。原則，④医療扶助と⑤介護扶助は，医療券や介護券を介して，診療や介護のサービスが支給されるので，現物給付という扱いになる。

ここがでる!! 一問一答 ○×チェック

☐ **1** 生活保護の実施機関は，都道府県知事，市長，福祉事務所を設置する町村の長である。

○ 実際には福祉事務所が窓口となっている。

☐ **2** 生活保護における生活扶助の範囲は，衣食その他日常生活の需要を満たすために必要なものおよび移送である。

○ 生活保護法第12条に生活扶助の範囲を規定。

☐ **3** 生活扶助の方法は，原則として現物給付である。

✕ 原則，金銭給付。医療扶助と介護扶助は，現物給付。

☐ **4** 生活保護における教育扶助は，大学教育までを対象としている。

✕ 義務教育のみ。

☐ **5** 生活保護における医療扶助は，原則として指定医療機関で必要な医療の給付を現物給付という形で行う。

○ 生活保護法第34条に医療扶助の方法を規定。

☐ **6** 介護保険制度の対象となる被保護者は，介護給付を受ける際の利用料負担分を介護扶助から支給される。

○ 介護保険料は，生活扶助。

要点整理

● 申請保護の原則とその例外である職権主義を理解しておくこと。

● 保護費は，4分の3を国が負担，4分の1を実施主体（都道府県，市または福祉事務所を設置する町村）が負担。

ワーク2 ▶ 生活保護の原理・原則

● 無差別平等の原理：すべて国民は，要件を満たす限り，貧困に陥った理由に
　かかわらず生活保護を平等に受けることができる。

● 保護の補足性の原理：保護は生活に困窮する者が，自分の資産，能力などを
　生活の維持のために活用することを要件として行われる。

● 申請保護の原則：保護は，要保護者やその扶養義務者，同居の親族の申請に
　基づいて開始する。

● 基準および程度の原則：保護は，厚生労働大臣の定める保護基準により測定
　した要保護者の需要を基礎とし，その不足分を補う程度において保護が行わ
　れる。

ここがでる!! ━ 一問一答　○×チェック

☐ **1** すべての国民は，法に定める要件を満たす限り，無差別　**○**
　平等に保護を受けることができる。

☐ **2** 保護は，利用し得る資産，能力その他あらゆるものを活　**○**
　用した後に行われる。

☐ **3** 生活保護は，原則として職権による保護に基づいて給付　**✗** 申請保護
　される。

☐ **4** 生活保護法では，保護の請求権が認められている。　**○**

☐ **5** 生活保護における実施上の原則として，世帯単位の原則　**○**
　がある。

要点整理

● 生活保護の4原理：国家責任，無差別平等，最低生活保障，保護の補足性

● 生活保護の4原則：申請保護，基準および程度，必要即応，世帯単位

● 日本国憲法第25条の生存権の内容も理解しておこう。

● 生活困窮者自立支援法は，生活保護に至る前の段階の最低限度の生活が維持
　できなくなるおそれのある者に，自立相談支援事業や住居確保給付金の支給
　などを行っている。実施主体は，都道府県，市，福祉事務所を設置する町村
　である。

こころとからだのしくみ

学習のポイント

　本科目は，第 36 回試験において 12 問出題された。第 35 回では，第 31 回でも出題されたライチャードによる老齢期の性格類型に関する問題，第 36 回では，第 32 回でも出題されたマズローの欲求階層説に関する問題が出題された。過去の出題では，【医療的ケア】に関する問題などほかの科目で出題された内容もあった。また，近年あまり出題のなかった人体の構造・機能に関する内容も出題された。中耳にある耳小骨に関する問題は難しかったであろう。次に医療的な知識をもとにした介護実践の形での出題もあり，応用力の試される問題も多かった。

　介護にあたる者として，介護をする際にどのような医学的根拠や心理学的根拠に基づいて実践するのかということを常に考えながら学習することが，この科目のポイントでもある。ただ単に食事の介助をするのではなく，例えば利用者がむせた場合は誤嚥性肺炎の危険性はないか，脱水症状を起こさないようにするためには水分補給はどの程度必要かなど，常に自分の介護行為を頭に浮かべながら学習する習慣を身につければ，得点しやすい科目になるであろう。

1 こころのしくみの理解

ワーク1 ▶ **マズローの欲求階層説**

マズロー（Maslow, A.H.）は，人間のさまざまな欲求を5段階に分け，下位の欲求が達成されるごとに，より上位の欲求を充足させようとする心理がはたらくとした。

マズローの欲求階層説

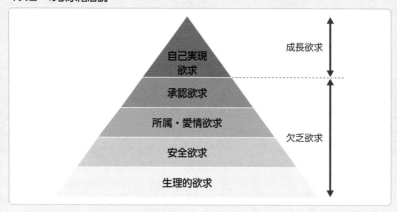

ここがでる!! 👉 一問一答 ○×チェック

☐ **1** マズローは，欲求を優先度により3段階に階層づけた。 ✖ 5段階に階層づけた。

☐ **2** マズローの欲求階層説の最高層は，所属・愛情欲求である。 ✖ 自己実現欲求である。

☐ **3** マズローの欲求階層説では，生理的欲求は上位に位置する。 ✖ 最下層に位置する。

☐ **4** マズローの欲求階層説では，下位4つの欲求は欠乏欲求となる。 ○

要点整理

- 欲求階層の5段階のうち，欠乏欲求と成長欲求を区別する。
- 下層部には人が生きていくために不可欠な欲求，上層部にいくほど社会に向けた目標となっている。

点UP!

マズロー（Maslow, A.H.）の欲求階層説に関する次の記述について，○×を付けなさい。

（第24回問題97，第28回問題98，第32回問題97，第36回問題19改変）

☐ 承認欲求は生理的欲求である。　　　　　　　　✖ 承認欲求は上から2段目，生理的欲求は最下層。

☐ 最下層にあるものは自己実現の欲求である。　　✖ 最下層は生理的欲求。

☐ 欲求を4段階に分類している。　　　　　　　　✖ 5段階

☐ 所属・愛情の欲求は最上層の欲求である。　　　✖ 最上層は自己実現欲求。

☐ 安全欲求は欠乏欲求である。　　　　　　　　　○

☐ 「おなかがすいたので食事をしたい」という欲求は，生理的欲求である。　　　　　　　　　　　　○

☐ 「会社で上司から認められたい」という欲求は，承認欲求である。　　　　　　　　　　　　　　　○

☐ 「平和な社会をつくりたい」という欲求は，安全欲求である。　　　　　　　　　　　　✖ 自己実現欲求。

☐ 好意がある他者との良好な関係は，所属・愛情の欲求に相当する。　　　　　　　　　　　　　　　○

☐ 成長欲求に該当するのは，自己実現欲求である。　　　　　　　　　　　　　　　　　　　　　　　○

記憶は，感覚記憶，短期記憶，長期記憶の３つに分けられる。

また，名称や日付などとその意味を結びつける作業により得られた記憶を意味記憶，過去の出来事などその人自身の経験といったストーリーに関する記憶をエピソード記憶，自転車の乗り方など動作に関する身体的反応の記憶を手続き記憶という。

ここがでる!! 一問一答 ○×チェック

☐ **1** 脳の中で記憶を司る部位は，海馬である。　　　　　　　　**○**

☐ **2** 体験したことを覚えておくことを保持という。　　　　　　**○**

☐ **3** かつて覚えたことを，見聞きしないで思い出すことを再　　**○**
　　 生という。

☐ **4** 意味記憶は，老年期になると急激に低下する。　　　　　　**✕** 比較的よく保たれる。

☐ **5** 老年期には，情報処理能力は低下しても，感覚記憶や短　　**✕** 感覚記憶，短期記憶も低下する。
　　 期記憶は低下しない。

☐ **6** 短い時間，あることを記憶にとどめておくのと同時に，　　**○**
　　 認知的作業を頭の中で行う記憶をワーキングメモリー
　　 （作業記憶）という。

☐ **7** 手続き記憶は，若いときに習得した技術などの記憶で，　　**○**
　　 高齢になっても長く保存されていることが多い。

要点整理

- 記憶能力は，老化によって低下するものと維持されるものを区別する。
- 復習を繰り返すうちに感覚記憶から短期記憶へ，さらに長期記憶へと変わる。
- 感覚記憶は，短期記憶に移されない限り１〜２秒，短期記憶も長期記憶に移されない限り，数秒しか保持されない。意味記憶と手続き記憶は加齢の影響を受けにくいが，エピソード記憶は，加齢による影響が大きい。

記憶に関する次の記述について，○×を付けなさい。(第 34 回問題 73 改変)

- ☐ エピソード記憶は，短期記憶に分類される。 　✖ 長期記憶

- ☐ 意味記憶は，言葉の意味などに関する記憶である。 　○

- ☐ 手続き記憶は，過去の出来事に関する記憶である。 　✖ 自転車の乗り方など技能の記憶

- ☐ エピソード記憶は，老化に影響されにくい。 　✖ 老化に影響される。

- ☐ 意味記憶は，老化に影響されやすい。 　✖ 老化に影響されにくい。

ワーク3 ▶ 適応機制

適応機制とは，欲求不満や不快な緊張感，不安などから自分を守り，心理的満足を得ようとするこころのなかの無意識な解決方法をいう。

ここがでる!! 一問一答 ○×チェック

- ☐ **1** 抑圧とは，受け入れがたい欲求や観念あるいは感情を意識的に抑えて安定を図ろうとすることである。 　✖ 本人が意識的に行う場合は，抑制もしくは禁止。

- ☐ **2** 合理化とは，物事を合理的に判断して現実の事態に対処しようとすることである。 　✖ 都合のよい理由で自分を正当化すること。

- ☐ **3** 投影とは，新しいことをなるべく避けようとすることである。 　✖ 自分の欲求を他者に見出し，非難や指摘をすること。

- ☐ **4** 同一化とは，不安，緊張，葛藤などから逃げ出してしまうことによって，自己の安定を求めることである。 　✖ 逃避の説明。

- ☐ **5** 退行とは，以前の未成熟な発達の段階に逆戻りして欲求の充足を求めようとすることである。 　○

□ **6** 代償とは，目指すものが得られないときに，代わりのもので欲求を満たそうとする機制である。 **O**

□ **7** 反動形成とは，自己の知られたくない欲求や感情と正反対の行動を取ることである。 **O**

□ **8** 昇華とは，直ちに実現できない欲求を，価値ある行為に置き換えようとすることである。 **O**

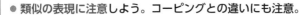

要点整理

● 類似の表現に注意しよう。コーピングとの違いにも注意。

● 適応機制＝無意識で自らを防衛，コーピング＝意識的にストレスを管理。

Ｇさん（84歳，女性）は，訪問介護（ホームヘルプサービス）を受けながら自宅で一人で生活していた。2か月前，在宅中に大雨による土砂崩れで自宅の半分が埋まってしまったので，介護老人保健施設に入所した。入所後のＧさんはイライラすることが多くなり，入眠障害が見られるようになった。また，夜間に突然覚醒し，大声で介護福祉職を呼ぶことがたびたびあった。

現在のＧさんの状態を表す用語として，最も適切なものを1つ選びなさい。

(第28回問題97より)

1 退行

2 見当識障害

3 フラストレーション（frustration）

4 アルツハイマー型認知症（dementia of the Alzheimer's type）

5 心的外傷後ストレス障害（posttraumatic stress disorder：PTSD）

5

2 からだのしくみの理解

ワーク1 ▶ 神経系

　自律神経は，内臓や血管の平滑筋，心筋，腺に分布し，これらのはたらきを調節する。交感神経と副交感神経からなり，交感神経は，危機状況では自らを防衛し，副交感神経は，拮抗的にはたらく。

　自律神経は，不随意筋の運動や，腺の分泌を受けもつ神経で，生命維持に必要な機能を自動的に調節する。内臓や心臓，血管に分布。交感神経系と副交感神経系が1つの臓器に二重に分布。

神経系，骨・筋肉系

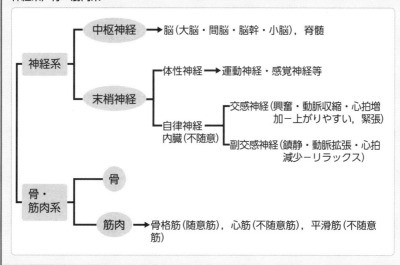

ここがでる!! 　一問一答　○×チェック

☐ **1** 交感神経の興奮によって心拍数は増加する。　　　　　　　　　**○**

☐ **2** 大脳や小脳は，中枢神経系に属する。　　　　　　　　　　　　**○**

☐ **3** 心臓の収縮は，自律神経によって支配される。　　　　　　　　**○**

☐ **4** 自律神経は，四肢の筋肉を動かし，歩く際の平衡を司る。　　　**✗** 自律神経は不随意に作用。筋肉を動かし，歩く際の平衡は随意による。

☐ **5** 交感神経は，皮膚の末梢血管を収縮させる。　　　　　○

☐ **6** 副交感神経が興奮すると，胃腸の蠕動運動が促進される。　○

☐ **7** 体温調節中枢は，視床下部にある。　　　　　　　　　　○

要点整理

● 自律神経は個人の意志に関係なく不随意に作用する。

● 交感神経は，心拍の増加，気管支の拡張，末梢血管の収縮，消化腺の分泌と尿の生成の抑制にはたらく。

● 副交感神経は，心拍や呼吸数を遅くし，消化活動は活発になるようにはたらき，リラックスする。

● 間脳に位置する視床下部は，ホルモンや自律神経を調節する。

● 延髄には，呼吸を司る呼吸中枢，血管運動に関する中枢がある。

● 下垂体は，内分泌系の器官であり，ホルモン分泌を主なはたらきとする。

● 脳幹は，中脳，橋，延髄からなる。

● 大脳は，判断・思考し，とるべき行動を決定する。

● 小脳は，大脳の後方にあり，運動を滑らかに行うために全身の筋の動きを調節する。

10点UP!

大脳の後頭葉にある機能局在として，適切なものを1つ選びなさい。

(第35回問題20より)

1　視覚野

2　聴覚野

3　運動野

4　体性感覚野

5　感覚性言語野（ウェルニッケ野）

1
大脳の機能局在
・前頭葉―感情・思考など
・頭頂葉―知覚の統合・分析など
・後頭葉―視覚など
・側頭葉―聴覚など

ワーク2 ▶ 骨・筋肉系

骨は，骨膜に包まれ，骨髄と骨質に区別できる。骨髄は，造血器官である。ここで赤血球，白血球，血小板がつくられる。骨質にはカルシウムが多く含まれる。また，たんぱく質は，軟骨細胞の原料となり，骨の栄養に欠かせない。

ここがでる!! ☞ 一問一答 ○×チェック

骨

☐ **1** 骨髄などでつくられるリンパ球は，高齢になるに従って増加する。　　✖ 減少する。

☐ **2** 骨格は，約 200 個の骨からできている。　　○

☐ **3** 骨髄は，造血器官としての役割を果たす。　　○ 血球をつくる作用がある。

☐ **4** 腓骨とは，下肢を形づくる骨である。　　○

☐ **5** 骨にはたんぱく質が含まれている。　　○

要点整理

● 老化とともに造血機能は衰え，寝たきりになるとカルシウムが血液中に放出される。

● 骨粗鬆症の進行を予防するためには，日光浴を日課に取り入れるとよい。

関節運動と主動作筋

☐ **6** 肘関節の伸展は，上腕三頭筋の収縮によって起こる。　　○

☐ **7** 膝関節の伸展は，大腿二頭筋の収縮によって起こる。　　✖ 大腿四頭筋

☐ **8** 肩関節の外転は，上腕二頭筋によって起こる。　　✖ 三角筋

☐ **9** 立位姿勢を維持するための筋肉として三角筋がある。　　✖ 大腿四頭筋

☐ **10** 股関節屈曲の主動作筋は，腸腰筋である。　　○

要点整理

主な関節運動と骨格筋（主動作筋）の関係

肩関節	肘関節	手関節
内転：大胸筋，広背筋 外転：三角筋	屈曲：上腕二頭筋 伸展：上腕三頭筋	掌屈：橈側手根屈筋，尺側手根屈筋 背屈：橈側手根伸筋，尺側手根伸筋

股関節	膝関節	足関節
屈曲：腸腰筋 伸展：大臀筋	屈曲：大腿二頭筋 伸展：大腿四頭筋	屈曲：下腿三頭筋 伸展：前脛骨筋

● よく問われるのは大腿四頭筋（だいたいしとうきん）で，からだのなかで最も大きい筋肉で太ももの前面にある。体重を支えたり立位姿勢を維持する役割がある。

ワーク3 皮膚

人体の表面を覆（おお）い，体内の臓器を保護する。表皮，真皮，皮下組織からなる。
●表皮：汗腺（かんせん），皮脂腺（ひしせん）の出口。
●真皮：汗腺（かんせん），皮脂腺（ひしせん），感覚受容器，血管などからなる。クッション性がある。
●皮下組織：脂肪層。真皮と筋膜の間にある。

ここがでる!! 一問一答 ○×チェック

□ **1** 皮膚（ひふ）の表面は，弱アルカリ性に保たれている。 ✗ 弱酸性

□ **2** 皮膚（ひふ）から1日に約500〜600ml の不感蒸泄（ふかんじょうせつ）がある。 ○

□ **3** 高齢になると皮脂（ひし）の分泌（ぶんぴつ）が増加する。 ✗ 減少

□ **4** 感染を起こしていない皮膚の創傷治癒（ひふそうしょうちゆ）を促す方法として湿潤（しつじゅん）がある。 ○

□ **5** 白癬（はくせん）のある利用者の日常生活上の留意点は，足を乾燥させることである。 ○

要点整理

● 創傷が治癒する過程では，滲出液が分泌され，その中に傷口を治癒させる細胞成長因子がある。そのために湿潤状態を保持すると皮膚の再生に効果的である。

● 白癬は，白癬菌と呼ばれる真菌によって生じる。温度と湿度が高いと増殖するので，低くするため乾燥させる。

10点UP!

爪や指の変化と，そこから推測される疾患・病態との組合せについて，〇×を付けなさい。(第32回問題99 改変)

- ☐ 爪の白濁───チアノーゼ（cyanosis）　✖ 白癬（水虫）など
- ☐ 巻き爪───心疾患　✖ 老化
- ☐ さじ状爪───鉄欠乏性貧血 (iron deficiency anemia)　〇
- ☐ ばち状指───栄養障害　✖ 心臓疾患
- ☐ 青紫色の爪──爪白癬　✖ チアノーゼ

皮膚の乾燥に伴うかゆみに関する次の記述のうち，適切なものを1つ選びなさい。(第31回問題103 より)

1　高齢者では，まれである。

2　水分摂取を控える。

3　顔面に好発する。

4　利用者の爪は短く切る。

5　皮膚をかくことで軽快する。

4
かゆみがあると無意識にかいてしまうことがあるので，皮膚の保護のために爪を短くし，皮膚の損傷を最小限にする。

呼吸は，生活に必要な酸素を取り入れ，不要になった二酸化炭素を排出（ガス交換）することである。

ここがでる!! 🖝 一問一答 〇×チェック

☐ **1** 肺におけるガス交換により二酸化炭素を放出し，酸素を取り入れた血液を静脈血という。 | ✖ 動脈血

☐ **2** 右肺は二葉，左肺は三葉に分かれている。 | ✖ 右肺は三葉，左肺は二葉。

☐ **3** 気管は左右に分岐して気管支になるが，右の気管支のほうが太い。 | 〇

☐ **4** ガス交換は，肺胞内の空気と血液の間で行われる。 | 〇

要点整理

● 心臓がからだのやや左側にあるため，右肺は左肺よりもやや大きい。

● 気管支の太さなどにも差がある。吸い込まれた異物は，右肺に入りやすい。

● 窒息は，声が出せない，もがく，のどをつかむなどのサイン（チョークサイン）が出て，呼吸困難となり，チアノーゼ（青紫色）が見られるようになる。1分を過ぎると意識を消失し，1分半を過ぎると回復の可能性が低くなるとされる。

● 体重に対する水分（体液）の割合：60％（成人男子の場合）

体液：60％ ┬ 細胞内液：40％
          └ 細胞外液：20％ ┬ 間質液：15％
                          └ 血漿・リンパ：5％

● 血液の成分

血液 ┬ 血漿（血清・フィブリノーゲン）：55％
     └ 血球（赤血球・白血球・血小板）：45％

● 体循環（大循環）

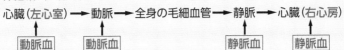

心臓（左心室）→ 動脈 → 全身の毛細血管 → 静脈 → 心臓（右心房）

| 動脈血 | 動脈血 | | 静脈血 | 静脈血 |

● 肺循環（小循環）

心臓（右心室）→ 肺動脈 → 肺 → 肺静脈 → 心臓（左心房）

| 静脈血 | 静脈血 | 動脈血 | 動脈血 |

動脈血：酸素が多い
静脈血：酸素が少ない

体循環と肺循環

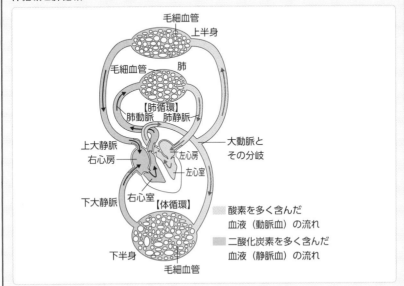

毛細血管　上半身
毛細血管　肺
【肺循環】
肺動脈　肺静脈
上大静脈
右心房
左心房
左心室
大動脈とその分岐
下大静脈
右心室
【体循環】
下半身
毛細血管

■ 酸素を多く含んだ血液（動脈血）の流れ
■ 二酸化炭素を多く含んだ血液（静脈血）の流れ

出典：介護福祉士養成講座編集委員会編『最新 介護福祉士養成講座11 こころとからだのしくみ 第2版』中央法規出版，59頁，2022年

☐ **1** 肺動脈には，静脈血が流れている。 ○

☐ **2** 高齢者の血管の特徴として，血管壁肥厚・硬化，内腔狭小化，カルシウムの沈着がある。 ○

☐ **3** 赤血球は，骨髄でつくられる。 ○

☐ **4** 骨髄などでつくられるリンパ球は，高齢になるにしたがって減少する。 ○

☐ **5** 血液の成分は，血球と血漿からなっている。 ○

☐ **6** 血液中に取り込まれた酸素は，赤血球のヘモグロビンと結合して運搬される。 ○

☐ **7** 血液の鮮紅色は，赤血球中のフィブリノーゲンによる。 ✕ ヘモグロビン

☐ **8** 下大静脈の血液は，左心室に入る。 ✕ 右心房

☐ **9** 唾液には，消化酵素が含まれる。 ○ 抗菌作用などもある。

☐ **10** 心不全が進行したときに現れる症状として，チアノーゼがある。 ○

要点整理 🔊

● 類似の用語は混乱しないように，それぞれのはたらきをきちんと押さえておこう。

● フィブリノーゲンは，アルブミン，グロブリンとともに血漿のたんぱく成分で血液凝固に関与する。

ワーク6 ▶ ホルモン

　ホルモンの分泌に関与するのは，内分泌系の臓器であり，頭部においては視床下部や下垂体がホルモン分泌を行っている。ホルモンは，特定の組織，器官のはたらきの調節に関与し，その数は 30 種を超える。

　膵臓のランゲルハンス島からは，血糖値を下げるインスリンと，血糖値を上げるグルカゴンを分泌している。

ここがでる!! ━ 一問一答 ○×チェック

- □ **1** 脂質は，ホルモンの原料となる。　　○
- □ **2** 甲状腺機能低下症の症状として浮腫がある。　　○
- □ **3** 睡眠を促進するホルモンとして，メラトニンがある。　　○
- □ **4** 膵臓からのインスリン分泌がほとんどないと糖尿病となる。　　○ インスリン依存型糖尿病
- □ **5** 膵臓から分泌されるグルカゴンは血糖値を低下させる作用がある。　　✕ インスリン
- □ **6** 糖尿病でインスリン注射が必要な利用者が「頭がふらふらする」と訴えた場合，すぐにインスリンを自己注射してもらうとよい。　　✕ さらに血糖値を下げるのは危険。
- □ **7** 副腎皮質からアルドステロンが分泌される。　　○ アルドステロンはナトリウムの再吸収を促進し，カリウムの再吸収を抑制する作用がある。
- □ **8** インスリン注射の作用で体内のインスリン量が増えることにより，低血糖になることがある。　　○

- 膵臓からは，インスリンとグルカゴンが分泌され，インスリンは血糖値を下げ，グルカゴンは上げることを押さえておく。糖尿病との関係から頻出の分野である。

- 低血糖は，一般に血糖値が 70 mg/dℓ 以下に下がった状態のことをいい，冷汗，動悸，手足のふるえ，昏睡などの低血糖症状があり，その場合は糖分を摂取するとよい。

ワーク7 ▶ 廃用症候群

　廃用症候群とは，病気や障害による長期の安静状態，身体の不活動によって起こる，身体的・精神的悪影響をいう。関節拘縮，筋力低下，筋萎縮，褥瘡，起立性低血圧，骨萎縮，心肺機能低下，深部静脈血栓症（上下肢の腫脹，静脈の血流が遅くなり，血栓症を生じやすい），沈下性肺炎（喀痰の排出困難で分泌物が貯留し，細菌感染が重なって起こる肺炎），うつ状態などの精神活動の低下などを特色とする。

ここがでる!! ☞ 一問一答 ○×チェック

☐ **1** 人体の関節は動かさないでいると，関節周囲の軟部組織が固くなり，膝が屈曲したり，尖足を起こしやすくなる。 ○

☐ **2** 廃用性の機能低下は，身体機能の低下だけでなく，精神機能の低下も含まれる。 ○

☐ **3** 廃用症候群の症状として，無尿がある。 ✘ 腎疾患によるもの。

☐ **4** 廃用症候群は，聴力減退がみられる。 ✘ 聴力に影響はない。

☐ **5** 寝たきりの状態が長期にわたると，下肢に浮腫が現れる。 ○

☐ **6** 長期臥床により下痢を起こしやすくなる。 ✘ 便秘傾向になる。

☐ **7** 長期臥床による廃用症候群では，膀胱機能の低下が生じる。 ✘ 老化による機能低下はあるが，廃用症候群とは区別して考える。

☐ **8** 廃用症候群を防ぐためには，早期からのリハビリテーションに加えて，臥床時間の短縮，適当な運動，環境の改善による感覚器官も含めた生活全体の活性化が必要である。　　**〇**

☐ **9** 廃用症候群では，運動時の動悸や息切れ，痰の排出力の低下が現れる。　　**〇**

☐ **10** 過度の訓練の結果，かえって新しい損傷を起こすことも廃用症候群の特色である。　　**✕** 過用症候群

☐ **11** 1週間の安静臥床で，筋力は50％低下する。　　**✕** 15％

要点整理

● 使わないとダメになるのはこころもからだも同様。長期の臥床・安静の結果，筋萎縮，関節拘縮，褥瘡，座位・立位・運動感覚の喪失などが生じる。単なる老化との違いを押さえておく。

● 泌尿器系症状の1つに尿閉がある。尿が膀胱内にあるが，排出できない状態で，無尿とは異なるので注意。

廃用症候群（disuse syndrome）で起こる可能性があるものとして，最も適切なものを1つ選びなさい。（第35回問題22より）

1　うつ状態

2　高血圧

3　関節炎

4　徘徊

5　下痢

1

ボディメカニクスとは，人体に外部から重力などが加えられたとき，骨や筋，関節などにどのような力が生ずるかなど，力学的関係によって生ずる姿勢や動作をいう。ボディメカニクスをよい状態に保つことで，介護福祉職と利用者の間に，安全性が得られ，最小のエネルギーで容易に動くことができる。

ここがでる!! 🖙 一問一答 ○×チェック

☐ **1** 援助する際，介護福祉職は支持基底面積（しじきていめんせき）をできるだけ狭くとると重心が上がり安定する。

✖ 広くとり，重心を下げる。

☐ **2** 利用者の重心と介護福祉職の重心とをできるだけ近づけて介護することで安定を保てる。

○

☐ **3** 人間の重心は，立位では第10胸椎（きょうつい）の位置にある。

✖ 身長の55％の高さ。第2仙椎。

☐ **4** 介護福祉職は体幹（たいかん）をねじらず，足先を移動の方向に向けて介護する。

○

☐ **5** 両足を横に開けば，前後の安定性が増し，前後に開けば，左右の安定性が増す。

✖ 横に開くと，左右の，前後に開くと，前後の安定性が増す。

☐ **6** 人体の重心の位置は，体型や姿勢，または物を持ったときの物体の重量などで変動する。

○

要点整理

● 良肢位（りょうしい）とは，関節に負担がかからない姿勢をいう。支持基底面積（しじきていめんせき）を広くとり，腰を落とすと重心は下がり，姿勢は安定する。

● 「起き上がりこぼし」のおもちゃは，なぜ倒してもすぐ起き上がるのだろうか。どっしりとかまえれば安定することは，日常の介護でも実感できる。それを文章化するとどうなるのか考えてみよう。

発達と老化の理解

学習のポイント

　本科目は，第36回試験において8問出題された。出題基準の大項目「人間の成長と発達の基礎的理解」は，過去問ではハヴィガースト，ライチャード，ピアジェ，エリクソン，キューブラー・ロス，スキャモンが出題されている。また，関連して【こころとからだのしくみ】で第35回ではライチャード，第36回ではマズローが出題された。小項目の「成長・発達」「発達段階と発達課題」は整理しておこう。また，第35回では，1歳1か月の子どもの行動を説明する用語を選ぶ事例問題，コールバーグによる道徳性判断に関する問題，ストローブとシュトによる悲嘆のモデルに関する問題，第36回では，スキャモンの発達曲線に関する問題，広汎性発達障害の幼稚園児への対応に関する問題が出題されている。このところ，愛着行動や言語発達はよく出題されているが，これらの問題は介護福祉士の試験としては難しく感じた人も多かったであろう。

　大項目「老化に伴うこころとからだの変化と生活」では，中項目「老化に伴う身体的・心理的・社会的変化と生活」などを中心に押さえておくことと，過去問を解いておくことで，知識がより深まるであろう。中項目「高齢者と健康」では，高齢者の疾患（しっかん）に関する医学的理解が必要となる。つまり，痛み，かゆみ，めまい，不眠，冷えといった体の不調の訴えに対する医学的症状や心理的問題などの知識が求められるのである。例えば，不調の原因としては，腹痛，骨折などがあげられる。また，生活習慣病も医学的定義とともに理解しておくことが求められる。

　これらは，介護福祉職として知っておくべき知識であり，国家試験全体からみても，十分に学習を進めておくことで，他科目でも解答が容易になる。

ワーク1 **発達段階説**

- ●ピアジェ（Piaget, J.）：子どもの感覚運動から，思考・認知の発達を感覚運動期・前操作期・具体的操作期・形式的操作期の4段階にまとめた。
- ●フロイト（Freud, S.）：リビドーという性的エネルギーの出現の仕方や充足のあり方によって，自我の発達を口唇期・肛門期・男根期・潜在期・思春期・性器期の6段階にまとめた。
- ●エリクソン（Erikson, E.）：発達の概念を生涯発達（ライフサイクル）へと拡張した。心理・社会的側面の発達を乳児期・幼児期前期・幼児期後期・児童期・青年期・成年期初期・成年期中期・成年期後期の8段階にまとめ，各段階において達成すべき発達課題を設定した。

ここがでる!! 一問一答 ○×チェック

☐ **1** 遺伝的要因と環境的要因がそれぞれ寄り集まって1つの発達として現れるという考え方を輻輳説という。　　**○**

☐ **2** ピアジェは，乳児期からの思考の発達過程を4段階に分け，輻輳説を唱えた。　　**✕** 輻輳説は，シュテルン。

☐ **3** ハヴィガースト（Havighurst, R.）の示した児童期（中期児童期）の発達課題は，排泄のコントロールを習得することである。　　**✕** 読み書き，計算などの基礎的技能を習得する。

☐ **4** エリクソンの発達段階説において，青年期の発達課題は同一性の獲得である。　　**○**

要点整理

- ●発達とは，心身の形態や機能の成長的変化をいう。
- ●過去問では，人物による学説の定義内容や，それを何段階に区分したかがよく問われている。今後も出題される可能性が高いので，しっかり押さえておこう。

点UP!

エリクソン（Erikson, E.）の発達段階説に関する次の記述のうち，最も適切なものを1つ選びなさい。(第28回問題69より)

1　誕生から1歳頃までは，自分の行動のコントロールを身につける段階である。
2　3歳頃から6歳頃までは，自発的行動を通して主体性の感覚を学ぶ段階である。
3　12歳頃から20歳頃までは，勤勉性を身につける段階である。
4　20歳頃から30歳頃までは，心身共に自分らしさを身につける段階である。
5　30歳頃から60歳頃までは，社会全体や他者への信頼感を持つ段階である。

2

エリクソンの発達段階

段階	年齢	心理的課題		
①	乳児期（0～1歳頃）	信頼	対	不信
②	幼児期前期（1～3歳頃）	自律性	対	恥・疑惑
③	幼児期後期（3～6歳頃）	積極性	対	罪悪感
④	児童期（7～11歳頃）	勤勉性	対	劣等感
⑤	青年期（12～20歳頃）	同一性	対	同一性拡散
⑥	成年期初期（20～30歳頃）	親密性	対	孤立
⑦	成年期中期（30～65歳頃）	生殖性	対	停滞
⑧	成年期後期（65歳頃～）	自我統合性	対	絶望

発達と老化の理解

A君は，積み木を飛行機に見立ててB君と遊んでいた。大人がA君とB君の目の前で，おやつのジュースを一人150mlずつになるように計った。しかし，同じ大きさのコップがなかったので，それぞれ形の違うコップに入れて与えた。A君にジュースを入れたコップを渡したところ，A君は，「B君の方が量が多い」と言って泣き出した。

ピアジェ（Piaget, J.）によるA君の認知発達段階として，適切なものを1つ選びなさい。（第27回問題69より）

1　形式的操作期

2　感覚運動期

3　前操作期

4　再接近期

5　具体的操作期

3
再接近期はマーラーの乳幼児発達理論。

ピアジェの認知発達段階

年　齢	0～2歳頃	2～7歳頃	7～11歳頃	11歳頃～
段　階	感覚運動期	前操作期	具体的操作期	形式的操作期
概　要	見る，触れる。	抽象的遊びが可能。自己中心性がある。	具体的な物について論理的に考えられる。	抽象的思考が可能。

①言語の発達

年　　齢	生後1〜2か月頃	生後6か月頃	1歳頃	2歳頃
概　　要	声を出す。「うー」「あー」などのクーイングが始まる。	「ま，ま，ま」など意味をもたない喃語になっていく。	意味のある単語を言い始めて一語文が始まる。	「ワンワン，キタ」など，2つの言葉の二語文を言い始める。語彙爆発が起きる。

②愛着：特定の大人との間で情緒的絆による関係を形成すること
- 愛着行動：愛着を形成するための行動。生後すぐにみられる。
- ストレンジ・シチュエーション法：愛着行動の有無や質を測定する方法。

Aタイプ (回避型)	養育者がいなくても不安な様子にならず，再会しても関心を示さない。
Bタイプ (安定型)	養育者がいないと不安な様子になり，再会すると安心して再び遊び始める。
Cタイプ (抵抗型)	養育者がいないと不安な様子になり，再会すると接近して怒りを示す。
Dタイプ (無秩序型)	養育者がいないと不安な様子になり，再会すると関心を示さず遊んでいるなど，行動の一貫性に欠ける。

③二項関係と三項関係
- 二項関係：自分と他者，自分とものなどの二者間関係
- 三項関係：自分と他者とものなどの三者間関係

④社会的参照：経験したことのない人や物に出会ったときに，他者の表情等を参照して自分がどのように行動するか決めること

⑤自己中心性：自分を中心に物事をとらえる認知の様式。2〜7歳頃

発達と老化の理解

97

スキャモンの発達曲線

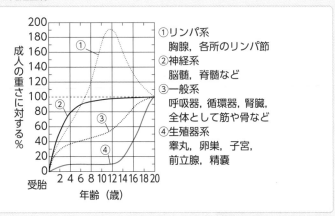

出典：Harris, J. A., Jacksons, C. M., Paterson, D. G. & Scammon, R. E., *The measurement of man Minneapolis*, University of Minnesota, 1930.

①リンパ系：胸腺，各所のリンパ節の成長

　出生後から，11 ～ 12 歳にかけて大人の 2 倍程度まで成長。思春期を過ぎてから大人のレベルに戻る。

②神経系：脳髄，脊髄，感覚器など神経組織の成長

　4 ～ 5 歳になるまでに成人の 80 ％，6 歳で 90 ％に成長。

③一般系：呼吸器，循環器，腎臓，骨格，筋肉全体の成長

　乳児期までに急速に成長。第 2 次性徴期の思春期に再び成長（前半と後半の坂が 2 か所登場する）。

④生殖器系：睾丸，卵巣，子宮，前立腺，精嚢などの生殖器官の成長

　12 歳頃からの第 2 次性徴期に急激に成長。

ここがでる!! 🤚 一問一答　○×チェック

☐ **1** 標準的な発育をしている子どもの体重が出生時の 2 倍になるのは生後 9 か月頃である。　　✖ 生後 3 か月頃

☐ **2** スキャモンの発達曲線によると，生殖器系の組織は，12 歳頃から急速に発達する。　　○

☐ **3** 養育者がいなくても不安な様子にならず，再会すると関心を示さずに遊んでいるのは，ストレンジ・シチュエーション法における無秩序型の愛着行動である。　　✘ 回避型

☐ **4** 生後3か月頃，指を使って積み木がつかめるようになる。　　✘ 生後12か月頃

☐ **5** 生後6か月頃，初語を発するようになる。　　✘ 喃語を発する。初語は1歳頃に発する「まんま」などの単語。

☐ **6** 2歳頃，二語文を話すようになる。　　○

━━ 要点整理 ━━━━━━━━━━━━━━━━━━━━━━━━━━━━━━━━━━

● 社会的参照は，1歳前後から親や周囲の反応や表情を手がかりに，その感情状態を確かめながら行動することをいう。

● 過去に事例問題で出題されているので，事例を読みとれるようにしよう。

Aちゃん（1歳3か月）は，父親に抱かれて散歩中である。前方から父親の友人がやってきて，父親がにこやかに友人と話をしていると，Aちゃんは父親にしがみつき，父親の顔と父親の友人の顔を交互に見ている。しばらくすると，Aちゃんは緊張が解けた様子で，友人が立ち去るときには少し笑顔を見せた。

Aちゃんの様子を説明する用語として，最も適切なものを1つ選びなさい。
（第32回問題69より）

1　3か月微笑

2　社会的参照

3　クーイング

4　自己中心性

5　二項関係

2

日本における高齢者福祉関連法では，高齢者を 65 歳以上としているものが多い。

- 介護保険法の第 1 号被保険者：65 歳以上
- 老人福祉法の施策の対象：65 歳以上
- 高齢者虐待の防止，高齢者の養護者に対する支援等に関する法律（高齢者虐待防止法）における高齢者：65 歳以上

ここがでる!! 一問一答 ○×チェック

☐ **1** 老人福祉法では原則として 60 歳以上の者を施策の対象としている。　✖ 65 歳以上の者

☐ **2** 介護保険法の第 1 号被保険者の年齢は 65 歳以上である。　○

☐ **3** 高齢者の医療の確保に関する法律による後期高齢者医療制度は 70 歳以上の者を対象としている。　✖ 75 歳以上の後期高齢者

☐ **4** 世界保健機関（WHO）では，高齢者を 70 歳以上と定義している。　✖ WHO における高齢者区分年齢は 65 歳

☐ **5** 高齢社会とは，全人口に占める 70 歳以上の人口の割合が 14 ％以上の社会をいう。　✖ 65 歳以上の人口割合が 14 ％以上の社会をいう。

☐ **6** 高齢になると頑固な性格になるというのは，エイジズムの見方である。　○

☐ **7** 健康寿命とは，健康上の問題で日常生活が制限されることなく生活できる期間をいう。　○

要点整理

- 65 歳以上の高齢者数を老年人口といい，老年人口が総人口に占める割合を高齢化率という。
- 老年人口の増加に伴って生まれた，プロダクティブ・エイジング（生産的高齢者）やエイジズム（高齢者に対する差別），サクセスフル・エイジング（幸福な老いを迎えているといった主観的な幸福感）といった言葉に注意。

2 老化に伴う変化

ワーク1 老化

老化による機能の低下は，精神と身体の機能のあらゆる面でみられる。具体的には，行動能力の低下，予備力の減少，回復力の低下，適応力の減退などである。悪化すれば廃用症候群に陥ることもある。生理的老化は，遺伝的にプログラムされた現象である。

ここがでる‼ 一問一答 ○×チェック

☐ **1** 老化により，筋力が弱くなり，寝た姿勢から起き上がりにくくなる。　〇

☐ **2** たんぱく質を摂ることは，筋肉量の維持に有効である。　〇

☐ **3** 老化により，転倒の機会が多くなり，骨折を起こしやすい。　〇

☐ **4** 老化により，肺活量が低下することはない。　✖ 低下する。

☐ **5** 老化により，腸の吸収能力が低下する。　〇

☐ **6** 老化による骨粗鬆症の進行で，脊椎の圧迫骨折を起こすことがある。　〇

☐ **7** 老化により，不整脈が増加する。　〇

☐ **8** 老化により，貧血になりやすい。　〇

☐ **9** 老化により，言葉の発音が不明瞭になるのは，口唇が閉じにくくなることによる。　〇

要点整理

● 廃用症候群（90頁参照）は疾病であり，老化とは本質的に異なる。ただし，老化が進行することで疾病にかかりやすくなる。

老化に伴う感覚の変化

老化に伴い，視覚，聴覚，味覚，嗅覚，触覚などは鈍化していく。

ここがでる!! 一問一答 ○×チェック

☐ **1** 味覚の一部は，老化によって感受性の低下が起こるといわれている。

○ 50歳を過ぎると徐々に衰えるといわれる。

☐ **2** 甘いものが好物である高齢者をよく見かけるように，一般に甘味に対する味覚が鋭くなる。

✕ 甘味・酸味・塩味・苦味・旨味ともに鈍くなる。

☐ **3** 老化に伴い，青色系に比べ赤色系の識別が困難になる。

✕ 青色系の識別が困難になる。

☐ **4** 精神的，身体的変化に伴う食欲の異常や嗜好の変化によっても味覚に変化が起こる。

○

☐ **5** 一般的にいって，高齢になっても，痛覚は低下することはない。

✕ 痛覚は低下し，強い刺激でないと痛さを感じなくなる。

☐ **6** 老化に伴い，大きな声で話しかけられても，かえって聞こえにくいことがある。

○

☐ **7** 老化に伴い，明暗に順応する時間が長くなる。

○

☐ **8** 高齢期になると聴覚や視覚は衰えるが，その他の感覚は衰えない。

✕ 視覚，聴覚，味覚，嗅覚，触覚の五感は衰える。

☐ **9** 老化により，「1時（いちじ）」と「7時（しちじ）」のような似た音を聞き取ることが難しくなる。

○

要点整理

● 高齢者は，どれか1つの感覚ではなく，視覚・聴覚・味覚・嗅覚・触覚のすべてが老化によって低下する。複数の感覚の衰えがあるのが特徴である。

ワーク3 ▶ 老化に伴う人格の変化

いったん形成されたパーソナリティの基本的部分は，老化によって大きく変化することはないが，男女とも老化に伴って男性性・女性性に関する中性化傾向がみられる。ライチャード（Reichard, S.）は，定年退職後の男性高齢者について，5つの性格類型（円熟型・依存型・防衛型・憤慨型・自責型）を見出している。

ここがでる!! 一問一答 ○×チェック

□ **1** いったん形成された基本的なパーソナリティは，老化に伴って大きく変化する。
　✕ 極端に変わることはない。

□ **2** 年をとると，それぞれの心理的特徴が失われ，誰もが共通の心理的特徴を示すようになる。
　✕ 個性はある。

□ **3** 老化に伴って内向性が高まる傾向は，身体機能の低下や社会的役割の喪失などの影響によるものである。
　○

□ **4** 老年期になって変化するパーソナリティは，社会的な影響を強く受けて形成された部分である。
　✕ 「強く」影響を受けた部分は変化しにくい。

□ **5** 老年期には，自我同一性の確立が顕著に現れる。
　✕ エリクソンの発達段階によると，自我同一性の確立は，青年期に現れる。老年期には，自我の統合が現れる。

□ **6** パーソナリティは，健康状態や生活環境によって影響を受けることがある。
　○ 「受けることがある」という表現に注目。

要点整理

● 高齢者の人格（パーソナリティ・性格）に影響を与えるものとして環境的条件，身体的健康度，脳障害（脳外傷，アルツハイマー病，ピック病など）などがあげられる。

ライチャード（Reichard, S.）による老年期の性格類型において，円熟型に該当するものとして，適切なものを1つ選びなさい。(第31回問題97より)

1　自分の過去に対して自責の念を抱く。

2　年を取ることをありのまま受け入れていく。

3　若いときの積極的な活動を維持する。

4　他者の援助に依存する。

5　責任から解放されることを好む。

2

ライチャードの5つの性格類型

	①円熟型	自分および自分の人生を受け入れる。未来に対しても積極的で不安もない。定年退職後も社会参加を行い，毎日を建設的に暮らそうと努力している。
老年期に適応的	②依存型（安楽いす型）	自分の現状を受け入れているが，他人に依存しており受動的である。定年退職を歓迎しており，責任を免れ，楽に暮らそうとする。
	③防衛型（装甲型）	老化への不安を，なまけることをきらい活動し続けることで抑圧して，自己防衛している。仕事への責任感が強く，仕事をやり遂げる努力をする。
老年期に不適応的	④憤慨型（外罰型）	自分の不満や失敗，老化を受け入れることができない。人生で目標を達成できなかったことを，他人のせいにして非難する。
	⑤自責型（内罰型）	自分の人生を失敗とみなし，劣等感をもち，その原因は自分にあると考える。自殺を企てることもあり，自分を解放してくれるものとして，死を恐れていない。

出典：中央法規介護福祉士受験対策研究会編『介護福祉士国家試験受験ワークブック2025上』
中央法規出版，309頁，2024年を一部改変

ワーク4 ▶ 高齢者の知能

流動性知能（動作性知能）は，老化による低下が認められるが，結晶性知能（言語性知能）は，あまり低下しない。

● 流動性知能：新しいことを学習したり，新しい環境に適応したりする能力。
● 結晶性知能：これまでの経験と知識に深く結びつく能力であり，学校教育や社会経験のなかで育てられる。

ここがでる!! 一問一答 ○×チェック

☐ **1** 認知症でない限り，病気のために知能が低下することはない。 ✗ 知能は病気や体力の衰えと関係する。

☐ **2** 結晶性知能は，青年期で発達が止まるのでなく中年期でも上昇する。 ○

☐ **3** 流動性知能は，結晶性知能よりも維持されにくい。 ○

☐ **4** 知能検査では，一般に言語性検査の得点のほうが動作性検査の得点よりも維持される。 ○

☐ **5** 脳血管障害のような身体的疾患があっても，知能には影響がない。 ✗ 身体的疾患と知能の低下の間には関係が認められる。

要点整理

● 流動性知能（動作性知能）よりも結晶性知能（言語性知能）のほうが維持されるという点が繰り返し出題されている。

老化に伴う知的機能の変化に関する次の記述のうち，適切なものを1つ選び
なさい。(第29回問題72より)

1 目から入る感覚記憶は低下しやすい。　　**2**

2 からだで覚えた手続き記憶は忘れにくい。

3 昨日の出来事などのエピソード記憶は忘れにく
い。

4 計算などの流動性知能は低下しにくい。

5 経験や学習で得られた結晶性知能は低下しやす
い。

加齢の影響を受けにくい認知機能として，最も適切なものを1つ選びなさい。
(第35回問題35より)

1 エピソード記憶　　**5**

2 作業記憶

3 選択的注意

4 流動性知能

5 意味記憶

ワーク1 ▶ 高齢者の症状・疾患の特徴

主に以下のような特徴がある。

- ・１人で多くの疾患を有する
- ・非定型的で顕著に発現しにくい
- ・経過が長く慢性化しやすい
- ・寝たきり状態になりやすい
- ・検査成績に個人差が大きい
- ・ホメオスタシスの異常を起こしやすい
- ・うつ症状など精神症状・神経症状を伴いやすい
- ・合併症を併発しやすい
- ・薬剤の反応が若年者と異なる
- ・環境などに支配されやすい
- ・腸の蠕動運動の低下
- ・腎血流の低下
- ・尿の濃縮力の低下
- ・肺活量の低下
- ・咳反射の低下

ここがでる!! ▶ 一問一答 ○×チェック

高齢者の症状・疾患の特徴

☐ **1** 老年期の病気は，合併症を起こしやすい。	○	
☐ **2** 老年期の病気は，循環器系の病気は少ない。	✗	高血圧，動脈硬化など，多くみられる。
☐ **3** 老年期の病気は，病気が慢性化することは少ない。	✗	慢性化しやすい。
☐ **4** 高齢者の疾患は，同時に複数の疾患を有していることが多い。	○	
☐ **5** 高齢者の疾患は，検査成績の個人差が大きい。	○	
☐ **6** 高齢者には，それぞれの病気特有の症状が出やすい。	✗	典型的症状を示すことは少ない。
☐ **7** 心理的・身体的な誘因により，精神・神経症状が起こりやすい。	○	
☐ **8** 高齢者の疾患は，完治可能な急性疾患が多い。	✗	完治しにくい慢性疾患が多い。

● 高齢者の場合，人によって症状の現れ方が違い，その病気特有の症状が現れにくい（非定型的）ので，症状が軽くても要注意である。介護の基礎となる知識である。

関節リウマチ

☐ **9** 関節リウマチは，男性に多く発症する疾患である。 ✕ 女性に多い。

☐ **10** 関節リウマチでは，夕方に手のこわばりが強くなる。 ✕ 朝のこわばりが特徴。

☐ **11** 関節リウマチでは，上肢関節の可動域が小さくても，柄の長いブラシを使用することで整髪動作が可能になる。 〇 関節の負担が軽減する。

☐ **12** 関節リウマチの人が身体を洗うときは，ループ付きタオルを使う。 〇

☐ **13** 関節リウマチの人がテーブルを拭くときは，手掌基部を使うように勧める。 〇 手指の負担軽減になる。

要点整理

● 関節リウマチは，難治性・全身性の疾患でその原因は不明である。中年女性に発症することが多く，朝の手指のこわばり，関節の痛み，腫れ，変形，可動域制限などの症状が現れる。

骨粗鬆症

☐ **14** 骨粗鬆症では，骨量が増加する。 ✕ 骨量は減少する。

☐ **15** 骨粗鬆症は，骨折の原因となる。 〇

☐ **16** 寝たきりの状態が長期にわたると，骨のカルシウムが減少する。 〇

☐ **17** 骨粗鬆症では，椎骨，大腿骨頸部，橈骨遠位部に骨折を生じやすい。 〇

- 鬆という字は「す」と読み，「すき間」や「空洞」という意味がある。
- 骨粗鬆症では骨がスカスカとなり，骨がもろく骨折が起こりやすくなり，骨量が減少し，身長が短縮，脊柱の変形（円背）がみられる。

パーキンソン病

☐ 18 パーキンソン病の代表的な症状として，振戦がみられる。 **O**

☐ 19 パーキンソン病は，筋強剛，振戦，寡動の3症状を呈することが多い。 **O**

☐ 20 パーキンソン病の症状の1つに動作の緩慢がある。 **O**

☐ 21 パーキンソン病の代表的な症状には，下痢がある。 **✕** 便秘

☐ 22 パーキンソン病は，仮面様顔貌，小刻み歩行などの症状が現れる。 **O**

☐ 23 パーキンソン病の精神症状には，躁症状がある。 **✕** 抑うつ症状

- パーキンソン病は，40～65歳に発症するものが多い。
- 振戦，筋固縮（筋強剛），動作緩慢（寡動）の3大症状のほか，仮面様顔貌，小刻歩行，加速歩行，すくみ足，突進現象，よだれ，脂ぎった顔，立ちくらみ，便秘，姿勢反射障害がある。
- 治療法としてのL-ドパ（レボドパ）や抗コリン剤の投与も押さえておこう。

眼疾患

☐ 24 老人性白内障の初期は，視力の低下を自覚しないことが多い。 **O**

☐ 25 緑内障は，放置すると失明することが多い。 **O**

☐ 26 白内障は，高齢者の眼疾患のなかで最も多い。 **O**

☐ 27 緑内障とは，眼の水晶体が白く濁る病気である。 **✕** 白内障の説明。

☐ 28 緑内障では眼圧が下がる。 **✕** 上がる。

☐ 29 手術により視力の改善が期待できる眼疾患として白内障があげられる。 **O**

■ 要点整理))

- 水晶体には，焦点の調節をする役割がある。この水晶体が白濁することで生じるのが白内障であり，「しろそこひ」といわれる。
- 緑内障は，「あおそこひ」といわれ眼圧が上がり，失明に至ることもある。近年は，正常眼圧緑内障も多くなっている。
- そのほか，網膜の動脈が閉塞して血液が流れなくなり突発的に視力が低下する網膜中心動脈閉塞症，網膜の静脈が閉塞して眼底出血を生じ，視力低下や視野欠損が生じる網膜静脈閉塞症，視力低下や物がゆがんで見える加齢黄斑変性症にも注意。

その他の疾患

☐ **30** 老年期は，低血圧症になりやすい。　　✘ 最低血圧は維持されやすいが，最高血圧は上昇しやすい。

☐ **31** 老年期は，感染症にかかりやすい。　　○

☐ **32** 老年期は，脱水症になりやすい。　　○ 脱水でめまいが起きることに注意。

☐ **33** 高齢者では，呼吸器系と尿路系の感染症が多い。　　○

☐ **34** 高齢期の誤嚥性肺炎の発症は，咳反射や嚥下反射の低下と関係する。　　○ 誤嚥性肺炎の予防には口腔ケアなどが有効。

☐ **35** 変形性膝関節症は，老年男性に発症しやすい。　　✘ 女性のほうが罹患率が高い。

☐ **36** 変形性膝関節症では，杖を使うとよい。　　○

☐ **37** 変形性膝関節症では，シルバーカーの利用を勧める。　　○

☐ **38** メニエール病は，回転性めまい発作，難聴・耳鳴りを伴う。　　○

☐ **39** 脊柱管狭窄症の特徴的症状として，短距離歩行で下肢がしびれる症状がある。　　○

☐ **40** 高齢者は脱水状態により，体重が減ることがある。　　○

☐ **41** サルコペニアは骨量の低下が特徴である。　　✘ 骨格筋量の低下

● 高齢者は，感染症の原因となる病原微生物に抵抗するしくみが弱くなっているため，感染症，自己免疫疾患が多くなる。

● 水分補給しにくくなることで脱水症状を起こし，熱中症になりやすい。尿路系の感染症も多くなる。

発達と老化の理解

点UP!

ホーエン・ヤール重症度分類でステージ3にあるパーキンソン病（Parkinson disease）の人の日常生活の留意点について，○×を付けなさい。

（第29回問題94改変）

☐ 履物はサンダルを使用する。 　✗ 振戦などで転倒しやすいので，足元がしっかりしたものを使用する。

☐ 誤嚥（ごえん）に気をつける。 　○ 咀嚼力が低下しているので，誤嚥性肺炎を起こす可能性がある。

☐ 安静にして過ごす。 　✗ ステージ3では，生活機能障害はまだ軽度ないし中度なので，自分でできることは自分で行う。

☐ 薬を飲み忘れた場合は，次に2回分服用する。 　✗ 医師に相談する。

☐ 食物繊維の多い食べ物は避ける。 　✗ 便秘がちになるので，食物繊維を適度に摂る。

ホーエン・ヤール重症度分類

重症度	状　　態
Ⅰ度	からだの片側だけの振戦・筋固縮。日常生活に支障はない。
Ⅱ度	からだの両側に振戦・筋固縮がある。やや日常生活が不便。
Ⅲ度	明らかな歩行障害，方向転換時の不安定により，バランスが取りづらくなる。
Ⅳ度	起立や歩行などの日常生活動作の低下が著しく，介助が必要な状態。
Ⅴ度	自立生活困難，車いすでの移動，寝たきりなど，全面的な介助が必要。

ワーク2 ▶ 循環器系疾患

高血圧症や脳血管障害，虚血性心疾患，心不全，不整脈などがある。脳血管障害の主な原因は脳梗塞（脳血栓，脳塞栓）と脳出血であり，虚血性心疾患の代表的なものには，狭心症と心筋梗塞がある。循環器系疾患は，現在日本人の死因の上位を占める。なお，心不全は，病名ではなく，疾患等によって心臓のポンプ機能が低下し，十分な血液を全身に送り出せなくなった状態を指し，チアノーゼ症状が生じる。

ここがでる!! ━ 一問一答　○×チェック

脳出血等

☐ **1** 一過性脳虚血発作を繰り返す人は，脳梗塞を発症しやすい。 ○

☐ **2** レビー小体型認知症は，脳梗塞が原因である。 ✕ 血管性認知症

☐ **3** 脳出血に比べて，脳血栓では症状が徐々に進行することが多い。 ○

☐ **4** 脳梗塞では，めまいは起こらない。 ✕ めまい症状が認められる。

☐ **5** 脳塞栓は，心房細動が原因で起こることが多い。 ○

☐ **6** くも膜下出血は，突然の激烈な頭痛で発症することが多い。 ○

☐ **7** 頭部外傷は，慢性硬膜下血腫の原因となることがある。 ○

要点整理

- 脳出血の症状は活動中に発症することが多く，大脳基底核部，小脳，橋に好発し，意識障害が認められ，昏睡に陥ることもある。
- 脳血栓の名称の由来は，細い動脈血管の内部に血のかたまりが詰まって栓をされたような状態になることからきている。休息時に起こり，徐々に症状が進行する。

狭心症

- ☐ **8** 狭心症や心筋梗塞は，虚血性心疾患に属する。　　○
- ☐ **9** 狭心症は，胸痛の症状が現れる。　　○
- ☐ **10** 安静時に出現する狭心症を，心筋梗塞という。　　✗ 安静時狭心症という。
- ☐ **11** 狭心症は，ニトログリセリンで発作が治まる。　　○

要点整理

- 狭心症は，心筋の一過性の虚血（酸素欠乏，10分以内）により，胸痛，胸部圧迫感，胸部絞扼感などの症状が現れる。
- 発作時はニトログリセリンの舌下錠を与薬する。

心筋梗塞

- ☐ **12** 急性心筋梗塞は，狭心症の痛みに比べて軽度なことが多い。　　✗ 狭心症よりも激しい。
- ☐ **13** 冠（状）動脈の血液が途絶え，心筋が壊死に陥った状態を心筋梗塞という。　　○
- ☐ **14** 高齢者では，心筋梗塞が起きても胸痛を訴えない場合がある。　　○

要点整理

- 心筋梗塞とは，冠（状）動脈の血流が途絶え，一定領域の心筋細胞に壊死を生じた病態を指す。
- 突然の激しい胸痛や息苦しさ（30分以上），顔面蒼白，冷汗・脂汗の症状が現れ，上腹部痛を伴うこともあり，重篤な不整脈やショックをきたすことがある。
- 治療法として，薬物療法，カテーテル療法，冠（状）動脈バイパス術がある。ニトログリセリンは無効で，モルヒネを必要とする。
- 冠（状）動脈硬化の4大危険因子は，高血圧，喫煙，糖尿病，脂質異常症である。

ワーク3 ▶ 腎臓・泌尿器系疾患

尿路感染症や前立腺肥大症，膀胱がん，尿失禁（尿漏れ），排尿困難，尿閉，腎不全などがある。なかでも高齢者には尿路感染症が多くみられ，また急性腎不全を起こしやすい。

ここがでる!! ☞ 一問一答 ○×チェック

前立腺肥大症と前立腺がん

□ **1** 前立腺肥大症では，初期には排尿障害がみられ頻尿を訴える。 ○

□ **2** 女性高齢者は，前立腺の肥大による排尿困難が起こりやすい。 ✕ 男性高齢者

□ **3** 前立腺肥大症が進行すると，無尿となる。 ✕ 尿の出だしが遅く，放出力が減退し，排尿に時間がかかるようになる。

□ **4** 前立腺がんは，排尿障害を起こしやすい。 ○

□ **5** 男性では膀胱のすぐ下に前立腺があるため，前立腺の肥大による通過障害が多い。 ○

□ **6** 女性に尿路感染症が起こりやすいのは，尿道が短く直線的であることによる。 ○

要点整理

- 男性は，膀胱の下に尿道を取り囲むように前立腺がある。
- 前立腺肥大症と前立腺がんでは排尿障害を起こしやすい。
- 近年，生活様式の変化，高齢化によって前立腺がんが増大している。診断は，腫瘍マーカーが有用である。

尿失禁

□ **7** 失禁とは，膀胱から尿が不随意的に漏れる状態をいう。 ○

□ **8** 女性高齢者には，溢流性尿失禁が多い。 ✕ 腹圧性尿失禁が多い。

☐ **9** 反射性尿失禁とは，交通事故などによる脊髄損傷により，尿意がないのに膀胱が収縮してしまうことである。　　　　　〇

☐ **10** トイレまで我慢できずに尿を漏らすのを，切迫性尿失禁という。　　　　　〇

☐ **11** 重い物を持ったときに尿を漏らすのを，混合性尿失禁という。　　　　　✗ 腹圧性尿失禁

☐ **12** 咳やくしゃみで尿が漏れるのを，機能性尿失禁という。　　　　　✗ 腹圧性尿失禁

要点整理

①蓄尿障害（ためる機能の障害）

● **過活動膀胱**：強い尿意を感じて我慢できない。

● **切迫性尿失禁**：膀胱が過敏になり我慢できずに漏れる（頻尿・夜間頻尿を伴う）。

● **腹圧性尿失禁**：咳やくしゃみなど腹圧上昇により生じ，尿道を締める力が弱いために起こるもので，女性に多い。

②排出障害（出す機能の障害）

● **排尿困難**：尿を出しにくい。

● **溢流性尿失禁**：残尿があり，知らないうちにあふれるように漏れる。前立腺肥大等と関連があり，男性に多い。

③排泄行為の障害

● **機能性尿失禁**：認知機能または運動機能の問題で，膀胱や尿道に問題はないが，ズボンをおろすなどの排泄動作が困難であったり尿意をうまく伝えられないために失禁してしまう。

④神経の障害

● **反射性尿失禁**：交通事故などによる脊髄損傷により，尿意がないのに膀胱が収縮してしまい，膀胱に尿がたまると反射的に排尿が起きる。

Gさん（83歳，女性）は，認知機能は正常で，日常生活は杖歩行で自立し外出もしていた。最近，外出が減ったため理由を尋ねたところ，咳やくしゃみで尿が漏れることが多いため外出を控えていると言った。

Gさんの尿失禁として，適切なものを1つ選びなさい。（第33回問題104より）

1	機能性尿失禁	**2**
2	腹圧性尿失禁	
3	溢流性尿失禁	
4	反射性尿失禁	
5	切迫性尿失禁	

ワーク4 ▶ 生活習慣病

生活習慣病は，食習慣・運動習慣・休養・喫煙・飲酒等の生活習慣の積み重ねで発症する。主な生活習慣病は，循環器疾患，糖尿病，脳血管疾患，脂質異常症（高脂血症），痛風（高尿酸血症），大腸がん，歯周病など。

ここがでる!! 🖐 一問一答 ○×チェック

糖尿病

☐ **1** 糖尿病では，グルコース値が低下する。 ✖ グルコース値は上昇する。

☐ **2** 糖尿病の3大合併症は，腎結石，神経障害，網膜症である。 ✖ 3大合併症は網膜症，腎症，神経障害である。

☐ **3** 糖尿病で生活習慣病とされるのは1型である。 ✖ 2型

☐ **4** 糖尿病では，インスリンは発症早期には投与しない。 ✖ タイプによりインスリン治療が必要。

☐ **5** 高齢者の糖尿病は，若年者に比べて低血糖の自覚症状に乏しい。 **O**

☐ **6** コントロール不良の糖尿病で高血糖時にみられる症状として，口渇がある。 **O**

要点整理

- 糖尿病は，高血糖が続くことを原因とする疾患である。
- 初期には自覚のないことが多い。口渇，多飲，多尿，倦怠感などの症状がみられる。
- 治療法には，食事療法，運動療法，薬物療法がある。
- 合併しやすい病態として，眼底出血（網膜出血），たんぱく尿，足指壊疽，狭心症などがある。また，感染症にかかりやすく，定期的な眼科受診も必要である。
- 重症化すると，失明，腎不全による透析導入，腎移植，下肢切断や突然死の危険がある。

痛風

☐ **7** 痛風の発作は，高尿酸血症と関係がある。　**O** 尿酸の結晶が関節や腎臓に沈着して起こる。

☐ **8** 痛風は，脾臓に原因がある。　**✕** 痛風は，血液中の脂肪成分が異常に高くなった状態をいう。

☐ **9** 痛風は，急性の関節炎を引き起こし，疼痛を伴う。　**O** 多くは足の親指の関節に起こる。

☐ **10** 痛風は，男性に比べて女性に多く発症する疾患である。　**✕** 男性に多い。

要点整理

- 「痛風」の名は，風のようなそっとした触れ方でも痛いところからきている。
- 中年男性に多いが，美食家に多く起こるともいわれる。

認知症の理解

学習のポイント

　本科目は，第36回試験において10問出題された。「心身の状況に応じた介護」を行う介護福祉士の業務においては，認知症への理解が重要となる。第34回では，認知症ケアにおける「ひもときシート」の問題，第36回では，バリデーションの技法に関する問題が出題され，戸惑った人もいたであろう。

　まず，出題基準の中項目「認知症ケアの理念」「認知症の原因疾患と症状」「認知症のある人の心理」を中心に学んでおこう。特に，アルツハイマー型認知症，血管性認知症，レビー小体型認知症，前頭側頭型認知症の特徴をきちんと区別できるようにしておこう。また，慢性硬膜下血腫，クロイツフェルト・ヤコブ病も出題されるようになった。認知症に関する医学的知識や心理的理解については過去に何度も出題されているので，学習の取りかかりとして，それらの過去問を繰り返し解いておくとよいであろう。それぞれの症状の特徴の違いが毎回のように問われているので，それをまとめておくとよい。

　認知症に関する内容は，ほかの科目の事例問題や総合問題でも出題されやすい。【人間関係とコミュニケーション】【生活支援技術】【こころとからだのしくみ】など，他科目とも重複する内容が多いので，基本的知識をしっかり身につけることが求められている。

　さらに中項目「地域におけるサポート体制」「家族への支援」については，このところ認知症のある人へのサポート体制や家族への支援に関する事例問題も多くなっている。認知症初期集中支援チーム，地域包括支援センターの役割，レスパイトサービス，認知症サポーターなどを押さえておこう。

> 認知症の評価尺度には，改訂長谷川式簡易知能評価スケール（HDS-R），
> MMSE（ミニ・メンタル・ステート検査）などがある。

ここがでる!! 🔥 一問一答 ○×チェック

☐ **1** 改訂長谷川式簡易知能評価スケールは，認知症のスク | ○
リーニングに使用される検査の１つである。

☐ **2** 改訂長谷川式簡易知能評価スケールは，知能指数（IQ） | ✕ IQ は知能検査で
で評価する。 | 　評価するもの。改
| 　訂長谷川式簡易知
| 　能評価スケールは
| 　知能検査ではな
| 　い。

☐ **3** MMSE（ミニ・メンタル・ステート検査）は，日常生 | ✕ 認知機能や記憶力
活のさまざまな行動観察から知能を評価する検査であ | 　を測定。
る。

☐ **4** 柄澤式「老人知能の臨床的判定基準」は，知能の低下を | ✕ 日常生活能力，日
言語面から測定・判断する検査である。 | 　常会話，意思疎通
| 　の判定。

☐ **5** 認知症高齢者の日常生活自立度判定基準における「ラン | ○
クⅢ」は，日常生活に支障をきたすような症状・行動や
意思疎通の困難さが時々みられ，介護を必要とする状態
である。

要点整理

● 改訂長谷川式簡易知能評価スケールは，記憶，見当識，計算などに関する質
問からなる。知能指数（IQ）を測定するものかが問われるが，この検査は
認知機能を測定するものであり，知能を測定するものではないことを覚えて
おこう。

● 75 歳から自動車運転免許更新時に認知機能検査が義務づけられている。

2 認知症のさまざまな症状

ワーク1 ▶ 中核症状の理解

中核症状とは，認知症になると誰にでも認められる中心となる症状をいう。記憶障害，見当識障害，遂行機能障害などがある。見当識障害とは，場所，人物，時間などを正しく理解する能力が失われることをいう。

ここがでる!! ─ 一問一答 ○×チェック

記憶障害

☐ **1** 記憶力の低下は，認知症の高齢者の行動や心理に影響を与えない。

✗ 行動・心理症状（BPSD）が出現することがある。

☐ **2** アルツハイマー型認知症は，昔の記憶より最近の記憶のほうが失われることが多い。

○

☐ **3** アルツハイマー型認知症は，もの忘れするという自覚をもっていないことが多い。

○

☐ **4** 記銘力が低下すると，記憶したことを思い出せない。

✗ 記銘とは，新しいことを覚えるといった，情報を入力する段階をいう。

要点整理

● 記憶ということを設問で問う場合，認知症による記銘力の低下と，神経症での記銘力の低下の部分がポイントとなる。

● 認知症では，軽度の記銘力の低下から始まり，やがて自分の名前や年齢を忘れてしまう過程をたどる。もの忘れの自覚はない。また，ヒステリー症状でも，記銘力の低下がポイントとなる。

見当識障害

☐ **5** 認知症の高齢者は，家にいながら家に帰りたいと言って出て行こうとすることがある。　　○ 場所の見当識障害である。

☐ **6** 血管性認知症には，見当識障害はない。　　✗ 初期から記憶障害と見当識障害がある。

☐ **7** 高齢者にみられるせん妄では，見当識は保たれている。　　✗ 認知障害により見当識が保てなくなる。

要点整理

● 見当識障害は，時間・場所・人物等の日常生活に必要な情報を理解する能力が失われることで，この言葉の意味を押さえておくことがポイントである。

● 認知症，脳血管障害，コルサコフ症候群，意識障害の際に起こりやすい。

遂行機能障害

☐ **8** 遂行機能障害では，計画を立てて段取りをすることができない。　　○

☐ **9** 遂行機能障害では，2つ以上のことが重なるとうまく処理できない。　　✗ 理解・判断力の障害。

☐ **10** 遂行機能障害では，いつもと違うことがあると混乱して自然な行動ができない。　　✗ 理解・判断力の障害。

☐ **11** 遂行機能障害では，料理の手順がわからなくなる。　　○

☐ **12** 遂行機能障害のある利用者の更衣の介護では，隣で，洋服を着る動作を示すとよい。　　○

要点整理

● 遂行機能障害は，調理の手順を含む作業がわからなくなり，中断してしまうなど，手順や計画を立てて一連の作業ができなくなることをいう。

● 理解・判断力の障害は，2つ以上のことが重なるとうまく処理できない，いつもと違う出来事で混乱をきたしやすくなる，考えるスピードが遅くなる，自動販売機などの前で戸惑うなど，物事を理解して適切な判断ができないことをいう。

**点UP!**

認知症（dementia）の中核症状として，正しいものを1つ選びなさい。

（第25回問題79より）

1　判断力が低下する。

2　不安な状態が続く。

3　抑うつ状態が続く。

4　介護者に暴力をふるう。

5　忘れたことを自覚している。

1

判断力の低下は，脳細胞がこわれることにより生ずる中核症状である。2と3は心理症状。4は行動症状。5は良性健忘と呼ばれる加齢によるもの忘れ。

ワーク2 ▶ **BPSD の理解**

　行動・心理症状（BPSD）とは，認知症の中核症状により引き起こされる症状で行動障害と心理症状を合わせたものをいう。徘徊，幻覚，異食行動，昼夜逆転などがある。

ここがでる!! 一問一答　〇×チェック

☐ **1** 認知症により徘徊が出現しはじめたときは，事故を防止するために，部屋もしくは玄関に施錠しなければならない。

✕ むやみに閉じこめることは不適切。

☐ **2** 徘徊が目立つので，家族から預かった薬を飲ませることにした。

✕ 安易に薬に頼るのは不適切。

☐ **3** 望むままに徘徊させると，むしろ徘徊を助長し，収拾がつかなくなることもある。

〇

☐ **4** 幻覚があるときは，それを真っ向から否定するようなことはしない。

〇

☐ **5** 傘立ての傘を人間と間違えるのは，幻視である。

   ✘ 誤認である。幻視とは，実際にはあるはずのないものが見える状態をいう。

☐ **6** 抑うつ状態が続くのは，認知症の心理症状の1つである。

   ○

☐ **7** 食欲が異常に亢進するのは，異食である。

   ✘ 異食とは，食べられないものを口にすることをいう。

要点整理

● 徘徊についてはよく問われる。

● むやみに抑制・禁止せず，安全を確保しながら，希望をかなえることも必要である。

10点UP!

認知症の行動・心理症状（BPSD）に関して，○×を付けなさい。

(第27回問題81，第28回問題83，第32回問題78改変)

☐ 親しい人がわからない。

   ✘ 中核症状の見当識障害。

☐ 言葉を口に出すことができない。

   ✘ 中核症状の失語。

☐ 十分に眠ることができない。

   ○

☐ トイレの水を流すことができない。

   ✘ 中核症状の失行。

☐ 数の計算ができない。

   ✘ 中核症状の認知機能障害。

☐ 興奮は，ケアの方法によって生じることがある。

   ○

☐ 混乱は，重度の認知症（dementia）の人には見られない。

   ✘ 重度の状態でも見られる。

3 認知症と間違えられやすい症状・疾患

ワーク1 ▶ うつ病

うつ病は，うつ気分（落ち込んだ気持ち），意欲の低下（やる気，記憶力の低下），身体症状（頭痛，不眠）といった症状が現れる。認知症と似た症状を示すことがあるが，回復するともとに戻るので，仮性認知症として認知症と区別する。ほかに認知症と似た症状を示すものに，軽度認知障害がある。

ここがでる!! ━━ 一問一答 ○×チェック

☐ **1** 初老期には，うつ病が好発する。　　　　　　　　　　　　　**○**

☐ **2** うつ病の人への対応として，朝から頑張って積極的に行動するよう励ます。

✕ 朝は，うつ病の精神症状が出やすい。励ますと負担になり状態が悪化する。

☐ **3** 症状が少しよくなったときなどに自殺を起こしやすいので注意する。　　　　　　　　　　　　　　　　　　　　**○**

☐ **4** 身体症状とうつ病は関連性が少ない。

✕ 身体症状を伴うことが多い。

☐ **5** 仮性認知症は，症状が急速に進行することが多い。　　　**○**

☐ **6** 老年期うつ病は，若年者のうつ病と比べて抑うつ気分が軽い。　　　　　　　　　　　　　　　　　　　　　　　　　**○**

☐ **7** 軽度認知障害では，記憶力の低下の訴えがある。　　　**○**

要点整理

● うつ病では，安易な励ましは行うべきではないとされている。また，少しよくなったときなどに自殺を起こしやすいので注意が必要である。

● うつとは区別が必要な症状にアパシーがある。無気力や無感情で感情の起伏がみられない状態で，悲観的なうつとは異なり，本人はあまり困っていない。血管性認知症に多く出現する傾向がある。

せん妄は，意識の混濁が特徴でその有無から認知症と区別される。錯覚，幻覚，不穏，興奮を伴う複雑な意識障害で一過性である。認知症や脳血管障害などに伴って発症する。認知症の高齢者では日内変動があり，夜間に多くみられ，これを夜間せん妄と呼ぶ。

ここがでる!! 🐾 一問一答 ○×チェック

☐ **1** 血管性認知症には，せん妄はみられない。

✗ 夜間にしばしばせん妄を起こす。

☐ **2** せん妄の危険因子として，高熱があげられる。

○ 高熱により脳が影響を受ける可能性がある。

☐ **3** せん妄は，意識レベルは清明である。

✗ せん妄は意識混濁を特徴とする意識障害である。

☐ **4** せん妄は，薬剤によって生じることがある。

○

☐ **5** せん妄は，症状の変動は少ない。

✗ 夜間せん妄など日内変動がある。

☐ **6** 高齢者にみられるせん妄は，脱水も原因となる。

○

☐ **7** 認知症と比較して，せん妄は緩やかに発症する。

✗ 認知症は徐々に進行するが，せん妄は急に発症する。

☐ **8** 認知症と比較して，せん妄は徐々に進行，悪化していく。

✗ せん妄は適切な治療により症状が消失する。

要点整理

● せん妄は，認知症や脳血管障害，薬剤の服用などに伴ってみられる。また，脱水，栄養失調といった体調の変化，覚醒剤中毒，アルコール依存なども原因となることを押さえておこう。

4 認知症の原因疾患と症状

ワーク1 ▶ アルツハイマー型認知症

　アルツハイマー型認知症では，脳神経細胞の脱落，萎縮が起こり，症状は緩徐に発症，進行する。最も多い初期症状は記憶障害であり，女性に多い。記憶障害，見当識障害，判断力，理解力の低下など，精神機能全般にわたる。原因はまだ解明されていない。

ここがでる!! 🔑 一問一答 ○×チェック

☐ **1** アルツハイマー型認知症の症状は，まず徘徊が現れ徐々に進行する。
　✖ まず記憶や判断力の低下が現れる。

☐ **2** アルツハイマー型認知症の初期段階では，もの盗られ妄想が起こる。
　○

☐ **3** アルツハイマー型認知症の初期段階では，反社会的な行動がみられる。
　✖ 前頭側頭型認知症（ピック病）の特徴。

☐ **4** アルツハイマー型認知症は，意識障害を伴う。
　✖ 意識障害とは意識の混濁をいうが，認知症は意識が鮮明な状態で認知機能が低下し，生活障害を伴う。

☐ **5** 徘徊は，アルツハイマー型認知症にみられる。
　○

☐ **6** 軽度のアルツハイマー型認知症では，炊事の自立困難が認められる。
　○

☐ **7** 初期のアルツハイマー型認知症では，エピソード記憶が障害される。
　○ エピソード記憶とは個人的な経験や過去の出来事に関する記憶。

ワーク2 ▶ 血管性認知症

脳出血や多発性脳梗塞（主にラクナ梗塞）といった血管不全による脳血管障害が原因となって生じた状態。人格は比較的良好に保たれ，本人に病識も認められる。初期の頃からの記銘力の低下と見当識障害が目立ち，感情失禁（情動失禁），抑うつ，妄想，せん妄などの症状も現れる。症状の現れ方にむらがあるのでまだら認知症ともいわれる。

ここがでる!! 🖝 一問一答 ○×チェック

☐ **1** 血管性認知症は，感情が変わりやすく，少しのことで涙を流す。 **○**

☐ **2** 血管性認知症の症状は経過とともに悪化する。 **○**

☐ **3** 血管性認知症は，精神機能の低下が均等でなく，日常生活上の判断や病状の自覚が比較的保たれている。 **○**

☐ **4** 血管性認知症は，脳の MRI 検査によって，多発性の脳梗塞を認めることが多い。 **○** ときに高血圧を伴う。

☐ **5** 血管性認知症は，アルツハイマー型認知症の1つのタイプである。 **✕** 脳血管性精神障害の一部で，脳梗塞等を原因とする。

☐ **6** 血管性認知症では，初期にめまいを自覚することがある。 **○**

ワーク3 ▶ レビー小体型認知症

　　レビー小体という特殊な物質（神経細胞の中にある封入体と呼ばれるもの）が脳幹や間脳，大脳皮質，扁桃核に広範囲に出現することにより，認知症となる。進行性の認知機能障害がみられ，具体的な幻視体験，妄想，パーキンソン症状，注意力の顕著な変動，異常行動，向精神薬（抗精神病薬）の使用による激しい副作用などを特色とする。

ここがでる!! ー問一答　〇×チェック

☐ **1** レビー小体型認知症の症状として，具体的な幻視がみられる。　〇

☐ **2** レビー小体型認知症は，寡動，筋強剛，振戦，小刻み歩行などのパーキンソン症状がみられる。　〇

☐ **3** レビー小体型認知症は，１日のうちで比較的はっきりしているときと，幻視により混乱している日内変動がみられる。　〇

☐ **4** レビー小体型認知症の初期には，人格的変化が目立つ。　✕　初期から目立つのは，前頭側頭型認知症（ピック病）。

☐ **5** レビー小体型認知症では，転倒しやすい。　〇

☐ **6** 誤嚥性肺炎の合併が多い。　〇

☐ **7** 薄暗い部屋を明るくすると幻視が消えることがある。　〇

要点整理

- 1995年（平成７年）の国際ワークショップで提唱されたレビー小体型認知症は，比較的新しい疾患である。
- パーキンソン症状（筋固縮，動作緩慢，小刻み歩行，バランス不良），幻視体験，症状の日内変動，転倒を繰り返すなどがよく問われる。

前頭側頭型認知症（ピック病）は，初老期の認知症で，原因が特定されていないので根本的治療は難しいとされる。人格的変化が特徴的な症状であるが，動作記憶は保たれ，見当識障害もない。

ここがでる!! 🖝 一問一答 〇×チェック

☐ **1** 前頭側頭型認知症（ピック病）では，万引きなど反社会的な行動が現れる。 　　〇

☐ **2** 前頭側頭型認知症（ピック病）では，常同行動が現れる。 　　〇

☐ **3** 初期症状として，頭痛やめまいが現れることがある。 　　✖ 血管性認知症

☐ **4** 常同行動がある場合は，本人と周囲の人が納得できる生活習慣を確立する。 　　〇

要点整理

● 初期の人格変化の症状として，人が変わったような奇妙な行動を繰り返す。

● 例えば，社会のルールや常識的な規範がわからなくなり，信号無視・窃盗といった社会的行動の障害，決まった食事しかとらない決まりごとなど，同じ行動や行為を目的もなく何度も繰り返し続ける常同行動がある。

ワーク5 ▶ **慢性硬膜下血腫,クロイツフェルト・ヤコブ病など**

- 慢性硬膜下血腫：脳を包む薄い膜で一番外側の硬膜の下に血腫ができる疾患。治る認知症。
- クロイツフェルト・ヤコブ病：急速に進行する認知症の原因疾患で，初発症状から6〜12か月で死に至る。認知障害と運動失調があり，50〜60歳代に多い。

ここがでる!! ◯ 一問一答 ◯×チェック

☐ **1** クロイツフェルト・ヤコブ病では，進行が速く，1年以内の死亡例も多い。 **◯**

☐ **2** 外科的手術で治療が可能な認知症として，慢性硬膜下血腫がある。 **◯**

☐ **3** 転倒などの打撲により硬膜の血管が破れて脳を圧迫し，頭痛やもの忘れなどの症状が起こるのは，血管性認知症である。 **✕** 慢性硬膜下血腫

☐ **4** 認知障害を呈する疾患のうち，早期発見で改善が可能な認知症として，クロイツフェルト・ヤコブ病がある。 **✕** 正常圧水頭症。脳脊髄液の吸収障害や循環の異常により，髄液が頭蓋腔内にたまる。シャント手術で改善が可能。

☐ **5** 正常圧水頭症では，歩行障害が認められる。 **◯**

☐ **6** 慢性硬膜下血腫では，抗凝固薬の使用はリスクとなる。 **◯**

要点整理

- 慢性硬膜下血腫は，血腫除去手術により回復する治療可能な認知症。
- 頭部CT検査が診断に有用である。クロイツフェルト・ヤコブ病は，プリオンたんぱくによる感染症で治療法は見つかっていない。

65歳未満で発症した認知症をいう。18 〜 39歳の若年期認知症と40 〜 64歳の初老期認知症に分類される。男性に多い。進行は早い。血管性認知症，アルツハイマー型認知症が原因として多くみられる。

ここがでる!! ➡ 一問一答 ○×チェック

☐ **1**	若年性認知症は，高齢者の認知症と対応に違いはないことを家族に説明する。	✗ 家庭や社会で役割を担っているため，経済的問題などが生じ，個々に合った対応が必要。
☐ **2**	若年性認知症は，飲酒が原因のものは含まれない。	✗ 脳萎縮などを引き起こし，原因となる。
☐ **3**	在職中に若年性認知症になった場合，雇用保険制度や障害福祉サービス等を組み合わせて利用できるように支援する。	○
☐ **4**	若年性認知症は，不安や抑うつを伴うことが多い。	○

要点整理

● 若年性認知症については，40歳以上は介護保険の特定疾病の対象となる。39歳以下は障害福祉サービスを利用できる。

● 在職中は，職場の人の気づきによって発見され，離職などによる経済的問題が生じて，就労支援が必要となり，家族の心理的負担も大きい。

5 認知症ケアの実際

ワーク1 ▶ 介護のポイント

こころの介護が最も重要となる。不安に対しては，なじみの場所，人などに接してもらい安心感を与える。コミュニケーションにおいても，受容の姿勢が大切であり，ときには過去の話に耳を傾けることも必要である。感情面，思考面など利用者のペースに合わせる。

ここがでる!! ☞ 一問一答 ○×チェック

認知症についての知識

☐ **1** 介護福祉職は，認知症の高齢者の目を通した生活現象をそのまま受け止めることも必要である。 ○

☐ **2** 認知症の高齢者を理解するためには，認知症の症状についての医学的な知識が根底に必要である。 ○

☐ **3** 認知症のため異常行動のある場合は，手芸クラブなどに参加させてはいけない。 ✘ なじみの場，人などに接することも必要。

☐ **4** 日時や自分のいる場所がわからなくなるのは見当識障害（けんとうしきしょうがい）の場合もあるので，専門家の判断を求めることが望ましい。 ○

要点整理

- 認知症では，記憶や判断力の低下が現れる。認知症の進行につれて，徘徊（はいかい）が増えてくる。
- 介護が必要となった原因が認知症である割合は，要支援者では少ないが要介護者では最も多い（2022年（令和4年）の国民生活基礎調査による）ことに注目する。

生活支援

☐ **5** 認知症の高齢者への対応として，使い慣れた道具を，新しい便利なものに変える。 ✖ 使い慣れた道具があることによって，行動が落ち着くこともある。

☐ **6** 認知症の高齢者への対応として，部屋やトイレに，表示や目印をつける。 〇

☐ **7** 認知症の高齢者は，トイレで鍵をかけて出られなくなることもあるので，鍵を取りはずし，家族のためには使用中の表示板などで示す。 〇

┌─ 要点整理 ─────────────────────────────

- 介護福祉職は，利用者が認知症という障害を抱えながらも，その人らしく暮らしていくためにどのような介護ができるのかを考え，利用者の生活の質を大切にしていくことが求められる。
- 近年，パーソン・センタード・ケアの考え方をもとに，認知症の人の言動の背景を分析して，「紙の上でのスーパーバイズ（ひもとき）」を目指す「ひもときシート」が活用されている。
- その思考過程として，評価的理解 ➡ 分析的理解 ➡ 共感的理解の経過をたどる。

└──────────────────────────────────────

コミュニケーション

☐ **8** 認知症の高齢者が過去と現実を混同したり，作り話をしたときは，そのつどきちんと訂正をする。 ✖ 共感と受容が大切。

☐ **9** 認知症の高齢者が自宅で「家に帰る」と言う場合，「ここはあなたのおうちですよ」と外出を制止する。 ✖ 高齢者にとっての真実を受け止める。

☐ **10** 認知症の高齢者との対話が，介護福祉職にとって十分理解できない場合は，対話を中断する。 ✖ 理解しにくくても，まず受容し信頼関係を築く。

☐ **11** 認知症の高齢者に思い出深い事柄に焦点を合わせて話をすると，コミュニケーションがとりやすくなる。 〇

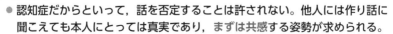

┌─ 要点整理 ─────────────────────────────

- 認知症だからといって，話を否定することは許されない。他人には作り話に聞こえても本人にとっては真実であり，まずは共感する姿勢が求められる。

└──────────────────────────────────────

- 心理療法（精神療法）：近年介護の分野でも注目され，援助者と利用者の間の精神的相互作用を通じて治療的変化をもたらす技法。発症リスクを低減させるには，集団での交流活動への参加も大切となる。
- ユマニチュード：「人間らしくある」の意味。見る，話す，触れる，立つの4つの要素を柱とした介護技法。この4つをケアの柱としてケアを一連の物語のような手順（「出会いの準備」「ケアの準備」「知覚の連結」「感情の固定」「再会の約束」）で実施する。
- バリデーション：アルツハイマー型認知症や類似の認知症の人とのコミュニケーション技法。認知症の人の訴えを「彼らの現実」として受け入れ，共感を通して，その人の心の現実に合わせていく技法。
基本的なテクニックとして，リフレージング（キーワードを反復する），カリブレーション（共感する，感情を一致させる），レミニシング（過去の出来事への質問，昔話をする），ミラーリング（真正面に向き合い，動作や感情を映し出す鏡にする）などがある。
- パーソン・センタード・ケア：すべての人々に価値があることを認め，一人ひとりの個性に応じた取り組みを行い，認知症の人を尊重し，その人らしさを支えるケア。

認知症の理解

ここがでる!! 一問一答 ○×チェック

☐ **1** 回想法は，認知症の人に豊かな情動をもたらすことが期待できる。 **○**

☐ **2** 回想法は，元来，認知症の高齢者への心理療法として提示されてきたもので，一般の高齢者のグループ療法としては活用されていない。 **✕** 一般の高齢者にとっても昔話などは脳の活性化となり有効。

☐ **3** 認知症では，短期記憶は障害されても長期記憶は比較的障害されていない場合があり，回想法はその特性を活かした援助方法である。 **○**

☐ **4** 認知症の高齢者に対する回想法では，情動やコミュニケーションを意識しながらはたらきかける。 **○**

☐ **5** バリデーションに基づく，認知症の人の動きや感情に合わせるコミュニケーション技法として，カリブレーションがある。　**O**

☐ **6** 24時間現実見当識訓練（RO）は，認知機能の障害が同じ程度のグループで行う。

✕ スタッフのコミュニケーションを通して行う24時間ROと，小グループで定期的に行われるクラスルーム（教室）ROがある。

☐ **7** 現実見当識訓練は，認知症高齢者のグループホームにおいても活用されている。

O 現実認識を取り戻し，不安や戸惑いを軽減することを目的とする（生活療法）。

☐ **8** ユマニチュードの技法で「見る」とは，離れた位置からさりげなく見守ることである。

✕ 水平に視線を合わせて，正面から顔を近づけて見つめる時間を長くとる。

☐ **9** ユマニチュードの技法で「話す」とは，積極的な言葉を用いて優しい調子で穏やかに話しかけることである。　**O**

☐ **10** ユマニチュードの技法で「触れる」とは，指先で軽く触れることである。

✕ 手のひら全体で，広い面積でなでるように優しく触れる。

☐ **11** ユマニチュードの技法で「立つ」とは，立位をとる機会をつくることである。　**O**

☐ **12** アクティビティ・ケアとは，運動や趣味，生活行為などを通じて心身を活性化するケアである。　**O**

☐ **13** タッチングとは，言語的コミュニケーションの1つで，言葉をかけながら利用者の身体に触れる技法である。

✕ 非言語的コミュニケーションの1つで，肌と肌のふれあいを通じた技法。

要点整理

● 芸術療法，絵画療法，音楽療法，箱庭療法，回想法，家族療法，動作法，現実見当識訓練（RO），行動療法のそれぞれの違いを理解しておこう。

● 近年は，ユマニチュード，パーソン・センタード・ケア，バリデーションといった新しい技法も出題されつつある。違いを押えておこう。

10点UP!

イギリスの心理学者キットウッド（Kitwood, T.）が提唱した，「パーソン・センタード・ケア（person-centred care）」の考え方として，最も適切なものを1つ選びなさい。(第27回問題77より)

1 認知症（dementia）の人の行動・心理症状（BPSD）を無くすこと

2 認知症（dementia）の人を特別な存在として保護すること

3 認知症（dementia）の人のケアマニュアル（care manual）をつくること

4 認知症（dementia）の人の「その人らしさ」を支えること

5 認知症（dementia）という病気を治療すること

4
キットウッドは，「大切に思われている」と感じられる生活を目指す際に，理解すべき本人の心理的ニーズを，「Comfort（くつろぎ）」「Identity（自分らしさ）」「Attachment（愛着，結びつき）」「Occupation（携わること）」「Inclusion（ともにあること）」とし，支援者が理解し，それを満たす必要があるとした。

軽度の認知症（dementia）の人に，日付，季節，天気，場所などの情報をふだんの会話の中で伝えて認識してもらう認知症ケアとして，正しいものを1つ選びなさい。(第34回問題82より)

1 ライフレビュー（life review）

2 リアリティ・オリエンテーション（reality orientation）

3 バリデーション（validation）

4 アクティビティ・ケア（activity care）

5 タッチング（touching）

2

ワーク1 地域におけるサポート体制

認知症サポーターは，地域で暮らす認知症の人やその家族を応援する人のことである。

また，認知症疾患医療センター（専門的な鑑別診断，外来対応など），認知症初期集中支援チーム（医師など医療系と介護福祉士など介護系の専門職による個別の訪問支援），認知症地域支援推進員（医療・介護・地域資源と専門相談等），認知症ライフサポートモデル（認知症の人への医療・介護を含む総合的な生活支援によって本人の自己決定を支える）といった体制が整備されつつある。

ここがでる!! 一問一答 ○×チェック

☐ **1** 認知症疾患医療センターは，認知症患者が入院できる精神科病院のことである。

✗ 認知症疾患に関する鑑別診断などを行う専門医療機関。

☐ **2** 認知症疾患医療センターは，地域の認知症医療の連携を強化する役割をもっている。

○

☐ **3** 認知症初期集中支援チームでは，チーム員会議を開催してケア方針を決定している。

○

☐ **4** 認知症ケアパスは，都道府県ごとにつくられるものである。

✗ 市町村

要点整理

● 認知症施策推進大綱は，認知症ケアパス（認知症のある人の状態に応じた適切なサービス提供の流れをまとめたもの）の積極的な活用を推進している。

● 2023年（令和5年）6月に成立した共生社会の実現を推進するための認知症基本法（認知症基本法）は，認知症の人が自身の尊厳をもち，希望を抱いて生活を送れるようにするための法律である。

障害の理解

学習のポイント

　本科目は，第36回試験において10問出題された。出題基準の大項目「障害の基礎的理解」に関しては，ICIDH（国際障害分類）とICF（国際生活機能分類）の違いを押さえ，さらに具体的な事例から環境因子や個人因子などを読み取ることが求められている。第36回では，ノーマライゼーションを盛り込んだいわゆる1959年法が出題されている。ノーマライゼーションの歴史や理念，バンク‐ミケルセンやニィリエ，国際障害者年のテーマである「完全参加と平等」も押さえておくとよい。

　大項目「障害の医学的・心理的側面の基礎的理解」では，身体・知的・精神の3障害に加えて，発達障害，高次脳機能障害，難病が明記されている。これらは，各法律に定められている障害の定義を押さえておくとともに，第34回で出題された筋萎縮性側索硬化症，頸髄損傷，第35回で出題された四肢麻痺を伴う疾患，脊髄小脳変性症，統合失調症，第36回で出題された統合失調症，糖尿病性網膜症による視覚障害，筋萎縮性側索硬化症など各障害の原因と特性も理解しておくと解答しやすいであろう。その他，第35回の上田敏の障害受容モデルも，最近はあまりテキストなどでもふれられていないので，とまどった人もいたであろう。障害者基本法，障害者差別解消法などによって尊厳のあり方，自立のあり方を押さえておき，さらに第36回でも出題された障害の受容過程など，心理学的な内容も問われやすいので，確認しておくとよい。

　大項目「連携と協働」では，職場適応援助者（ジョブコーチ），地域生活の支援など，どのようなサポート体制があるのか，【社会の理解】の障害者総合支援制度とともに押さえておくとよい。

1 ノーマライゼーション

ワーク1 ▶ ノーマライゼーション

デンマークのバンク‐ミケルセン（Bank-Mikkelsen, N.）によって提唱された理念。1959年デンマークの法にも導入されたが，当初は知的障害児のような自己防御力の弱い人々の基本的権利とノーマルな生活環境の確立を目指していた。障害のある人もない人もともに地域で生活することが当たり前であるとする。

ここがでる‼ ☞ 一問一答 〇×チェック

☐ **1** ノーマライゼーションは，知的障害者のためにできるだけ正常に近い生活を提供しようとする発想から始まった。

〇

☐ **2** ノーマライゼーションは，もともと老人福祉の領域から生まれた理念である。

✖ 知的障害の領域から始まった。

☐ **3** ノーマライゼーションとは，障害のある人たちが一人の市民として普通に生活できるように，社会のしくみを変えていくことである。

〇

☐ **4** ノーマライゼーションとは，障害のある人たちを治療や訓練によって可能な限りノーマルな状態にすることである。

✖ 障害のある人の生活条件をノーマルにしていく環境を提供。

☐ **5** 1981年の国際障害者年のメインテーマであった「完全参加と平等」は，ノーマライゼーションの理念に基づくものである。

〇

☐ **6** ノーマライゼーションの目標は，障害者の施設への入所を進めることである。

✖ 地域での生活。

☐ **7** ニィリエ（Nirje, B.）（ニルジェともいう）は，ノーマライゼーションを具体化する8つの原理を整理した。

〇

● ノーマライゼーションは，第二次世界大戦後に始まった考え方であること，知的障害者から始まり，ほかの障害者分野にも広がったこと，「私たち抜きに私たちのことを決めるな」という考え方が広まり，障害者の権利に関する条約に反映されたことなど，基本的理念についてしっかり押さえておこう。

点UP!

ノーマライゼーション（normalization）に関して，〇×を付けなさい。
(第 24 回問題 88，第 27 回問題 88，第 29 回問題 2，第 33 回問題 12 改変)

☐ 大規模入所施設を増加させた。　　　　　　　　　**✘** 脱施設化に影響を与えた。

☐ スウェーデンで初めて提唱された。　　　　　　　**✘** デンマーク

☐ 昭和 40 年代の日本の障害者施策に強い影響を与えた。
✘ 1981 年（昭和 56 年）の国際障害者年以降の障害者施策に影響を与えた。

☐ 障害者基本計画を支える理念の 1 つである。　　　**〇**

☐ 高齢者，障害者等の移動等の円滑化の促進に関する法律（バリアフリー新法）の制定は，ノーマライゼーションの理念に通じる。
〇

☐ 障害の原因となる疾病の完治を目指して治療することである。
✘ 普通の生活環境に近づけることができるように取り組む。

☐ 障害があっても地域社会の一員として生活が送れるように条件整備をすることである。
〇

2 リハビリテーション

ワーク1 ▶ リハビリテーションの理念の変化

これまでのリハビリテーションは，「運動障害の機能回復訓練」ととらえる考え方であった。機能回復のための訓練や職業的自立，経済的自立などの狭い意味ではなく，「全人間的復権」を意味することを理解する。

ここがでる!! 一問一答 ○×チェック

☐ **1** リハビリテーションとは，障害が固定した後に開始する訓練である。

✖ 障害が固定する前に予防的にかかわることも含む。

☐ **2** 現在のリハビリテーションの理念は，障害者の職業的有用性・経済的有用性を最大限回復させることである。

✖ リハビリテーションの理念の基礎には全人間的復権がある。

☐ **3** 介護実践におけるリハビリテーションの考え方として，生活の視点を重視することがあげられる。

○

☐ **4** 医学的リハビリテーションでは，障害の医学的な治療を行い，障害の改善，二次障害の予防，機能維持等を通して，自立生活を支援する。

○

☐ **5** 社会的リハビリテーションは，独立して自活することが可能な障害者を主たる対象としている。

✖ 障害のあるすべての人が対象。

要点整理

● リハビリテーションは，生きる意欲の回復や，生活，人生の質をも向上させることを目的とする。また，ADL（日常生活動作）やIADL（手段的日常生活動作）を維持向上させ，自立した日常生活に近づけるようにする。

● リハビリテーションは，医学的，職業的，教育的，社会的リハビリテーションの4領域で構成され，「急性期→回復期→維持期」の段階をたどる。

点UP!

リハビリテーションの理念を表す用語として，最も適切なものを1つ選びなさい。(第28回問題21より)

1 機能回復訓練

2 就労移行支援

3 全人間的復権

4 地域定着支援

5 特別支援教育

3
人間としてふさわしい権利の状態に回復する全人間的復権を目指す。また，名誉回復の意味もある。

リハビリテーションに関する次の記述のうち，適切なものを1つ選びなさい。
(第33回問題88より)

1 語源は，「再び適したものにすること」である。

2 ニィリエ（Nirje,B.）によって定義された。

3 医療の領域に限定されている。

4 自立生活運動とは関係がない。

5 機能回復訓練は社会的リハビリテーションである。

1
re は「再び」，
habilis は「適した」
という意味。

全人間的復権は，リハビリテーションの基礎となる考え方で，尊厳や権利が奪われ，傷つけられた人が全人間的な立場でそれらを取り戻すことをいう。

ここがでる!! ━━ 一問一答 ○×チェック

☐ **1** 全人間的復権とは，人間としての潜在能力を最大限に開発することを意味する。　○

☐ **2** 全人間的復権とは，主体性を回復することである。　○

☐ **3** リハビリテーションとは，身体的な機能水準を達成することで，自らの人生を変革していく手段を提供するものである。　✗ 身体的だけではなく，精神的，社会的機能も含まれる。

☐ **4** 障害者や高齢者が住み慣れた所で，豊かな人間関係や市民生活を確保しながら障害の軽減を目指す，地域リハビリテーションが重視されてきている。　○ ノーマライゼーションの理念からも適切。

要点整理

- リハビリテーションの理念については，全人間的復権の考え方を理解しておくことが必要である。
- リハビリテーションの基本は，どんなに重い障害があろうと自立や社会参加を目標とし，身体，知的，精神障害を問わず，あらゆる人々の全人間的復権を目指すものである。

 **点UP!**

リハビリテーションに関して，〇×を付けなさい。

(第 25 回問題 22，第 31 回問題 88 改変)

☐ リハビリテーションの最終的な目的は，あらゆる人の ADL（Activities of Daily Living：日常生活動作）の自立である。

✖ 全人間的復権

☐ 作業療法の 1 つに失語症のある人に対する言葉の訓練がある。

✖ 言語聴覚士の役割。作業療法は，応用的動作能力，社会的適応能力の回復を図るため，手芸，工作，その他の作業を行わせる。

☐ 理学療法士は，業として義肢を製作する。

✖ 義肢装具士の役割。理学療法は，基本的動作能力の回復を図るため，治療体操その他の運動を行わせ，マッサージなどの物理的手段を加える。

☐ 職業的リハビリテーションは，リハビリテーションを構成する 1 つの領域である。

〇

☐ 回復期リハビリテーションは，社会的リハビリテーションの一環として行われる。

✖ 回復期リハビリテーションは，医学的リハビリテーションの一環として行われる。

☐ 「利き手の交換」は，医学的リハビリテーションに該当する。

〇

点UP!

障害者の権利保障の歴史に関して，○×を付けなさい。

(第 23 回問題 20，第 28 回問題 87，第 35 回問題 50 改変)

☐ 「障害者の権利宣言」は 1960 年の国連総会において採択された。 ✖ 1975 年

☐ アジア太平洋地域では，「国連・障害者の十年」と並行して，「アジア太平洋障害者の十年」を推進した。 ✖ 「アジア太平洋障害者の十年」は，「国連・障害者の十年」に続く 1993 ～ 2002 年の 10 年間。

☐ 「国連・障害者の十年」の終了後，国連総会において「障害者の機会均等化に関する標準規則」が採択された。 ○

☐ 「国際障害者年」を契機に，日本では「パラリンピック」（国際身体障害者スポーツ大会）を開催した。 ✖ 国際障害者年以前の 1964 年に開催。

☐ 「障害者の権利に関する条約」で国際条約上初めて取り上げられた概念として「合理的配慮」がある。 ○

☐ アメリカの自立生活運動（IL 運動）では，たとえ日常生活で介助を受けていても自分で意思決定をして生活するという考え方である。 ○

「Nothing about us without us（私たち抜きに私たちのことを決めるな）」の考え方のもとに，障害者が作成の段階から関わり，その意見が反映されて成立したものとして，最も適切なものを 1 つ選びなさい。(第 33 回問題 89 より)

1 優生保護法　　　　　　　　　　　　　　　　**5**

2 国際障害者年

3 知的障害者福祉法

4 身体障害者福祉法

5 障害者の権利に関する条約

3 障害のある人の心理

ワーク1 ▶ 障害が及ぼす心理的影響

　視覚障害，聴覚障害，言語障害，肢体不自由などの各障害があることによって，それぞれの心理に影響を及ぼす。ただ，介護福祉職は，予断や偏見をもって接することのないよう注意する。

ここがでる!! 　一問一答　〇×チェック

視覚障害

☐ **1** 視覚障害者は，対象物を把握するときに触覚，触運動知覚を多く用いて視覚の代わりにするので，事物の認知は，視覚に障害のない人に比べてそれほど制約されない。

✖ 言葉のうえだけでしか概念獲得できず，制約がある（バーバリズム（唯言語主義））。

☐ **2** 視覚障害のある幼児が失明を自覚するのは，一般的には成長して集団のなかに入り，周囲の自分に対する対応が違うことを意識したときだといわれている。

〇

☐ **3** バーバリズム（唯言語主義）とは，適切な概念やイメージの裏づけがないままに，言葉だけ学習してしまう状態のことをいう。

〇

☐ **4** 壮年期以降の中途視覚障害者は，幼児期からの視覚障害者に比べ，ほかの感覚機能が鋭敏になり視覚機能が補われることに留意して，生活訓練などを行うことが必要である。

✖ 壮年期以降は，感覚機能の低下がみられ，代償機能は鈍くなる。

要点整理

● バーバリズム（唯言語主義）の定義を押さえておこう。また，幼児期のほうが代償機能もよく発達する。

聴覚障害

☐ **5** 聴覚障害者は，手話・指文字・筆談・身振り・絵など，その人のコミュニケーション手段に合わせた援助が行われればコミュニケーションが成り立つことを，体験的にわかってもらうことが必要である。　〇

言語障害

☐ **6** 言語障害児・言語障害者にみられる心理上の問題は，人間関係のなかで表れるフラストレーションということもできる。　〇

☐ **7** 聴覚障害から生じる音声言語の不正確さ，明瞭度の低下は，失語症に含まれる。　✕　聴覚の障害による二次的な構音障害。

☐ **8** 言語障害者への対応では，言語以外の表情や身振り，視線などからも何を伝えたいのかを汲み取るように心がけることが必要である。　〇

肢体不自由

☐ **9** 中途の肢体不自由者は，客観的な状態像からかなり異なる身体像を抱くことがあるので留意しなければならない。　〇　幻肢など。幻肢とは，肢体の一部を切断した後も，失った部分が残っている感じをいう。

□ **10** 肢体不自由者に対しては，「他人からの視線を気にする **○**
な」という強い指導は，本人の適応にとってマイナス要
因となることがあるので留意しなければならない。

● 中途の肢体不自由者には，障害の受容は困難な場合が多い。

ワーク2 ▶ 障害受容の過程

「ショック期→否認期（回復への期待期）→混乱期（混乱と苦悩期）→適応
への努力期（変容期）→適応期（受容期）」の各段階を経る。価値観や人生観
なども影響するので，必ずしも障害の程度とは一致しない。

障害の理解

ここがでる!! 🖐 **一問一答　○×チェック**

□ **1** 障害の受容にとって，障害の局所を自分の個性の一部と　　✘ このままでは障害
して認めず，回復を期待する態度が大切である。　　　　　　の受容に至らな
　　　　　　　　　　　　　　　　　　　　　　　　　　　　　い。

□ **2** 脊髄損傷の人の場合は，損傷部位が特定され，予後の見　　✘ 早期の説明によっ
通しが立ちやすいので，医師が早期に障害について説明　　て障害が受容され
すれば，障害は受容される。　　　　　　　　　　　　　　　るとは限らない。

□ **3** 障害受容の過程は，「ショック期」「否認期」「混乱期」「適　　○
応への努力期」「適応期」という時期に分けられる。

□ **4** 障害受容の過程は，適応に向かって1段階ずつ前進する　　✘ 一進一退しながら
ものである。　　　　　　　　　　　　　　　　　　　　　　移行する。

□ **5** ショック期では，現実を実感することが難しい。　　　　　　○

● 現実の事態の実感がもてないショック，回復への期待，心理的混乱による攻撃・怒り・抑うつを経て障害を受け入れはじめ，適応への努力，障害を自分の一部として受容する適応の段階を一進一退しつつたどっていく。

点UP!

Gさん（56歳，男性）は，糖尿病性網膜症（diabetic retinopathy）に伴う眼底出血を繰り返して，治療を受けていた。医師から失明は避けられないと説明を受けた。その後，Gさんは周囲に怒りをぶつけたり，壁に頭を打ちつけたりという行動がみられるようになった。
このときのGさんの障害受容の状況として，最も適切なものを1つ選びなさい。(第32回問題94より)

1　ショックではあるが，不安はそれほど強くない。　　**4**
2　自分には障害はないと否認する。
3　前向きに自己努力を図ろうとする。
4　否認ができずに混乱する。
5　新しい価値観や役割を見いだす。

ワーク1 ▶ 先天性の疾患・障害

> 脳性麻痺(のうせいまひ)は,胎生期,出産期,新生児期(生後4週以内)までに生じた脳の非進行性の病変により起こる。さまざまな型があるが,痙直型(けいちょくがた)(強い筋緊張から,四肢の突っ張りが強い),アテトーゼ型(不随意運動(ふずいいうんどう)が生じて,運動コントロールが困難)で全体の8割を占めるといわれる。近年は医療技術の進歩により,痙直型(けいちょくがた)が多い。

ここがでる!! ━ 一問一答 ○×チェック

脳性麻痺

☐ **1** 脳性麻痺(のうせいまひ)は,胎生期(たいせいき),出産期,新生児期に何らかの理由で,主として脳の運動領域がおかされた非進行性の障害である。　**○**

☐ **2** 脳性麻痺(のうせいまひ)は,アテトーゼ型および痙直型(けいちょくがた)が,ほぼ4分の1を占めている。　**✕** 8割を占めている。

☐ **3** 脳性麻痺(のうせいまひ)は,てんかん発作(痙攣発作(けいれんほっさ))を合併することがあるので,発作時の処置に対処できるよう,学習しておかねばならない。　**○**

☐ **4** 強い筋緊張から,四肢の突っ張りが強いのは,アテトーゼ型である。　**✕** 痙直型

要点整理

● 脳性麻痺(のうせいまひ)は,運動機能障害である。運動機能障害を起こす主な疾患(しっかん)にはそのほか,脊髄損傷(せきずいそんしょう),進行性筋ジストロフィー症,脳卒中,骨関節疾患(こつかんせつしっかん),頭部外傷がある。

脊髄が受けた外傷の部位・程度によって，障害の状態が異なる。
● 腰髄損傷→下肢麻痺
● 胸髄損傷→上肢は正常，体幹，下肢の麻痺
● 頸髄損傷→四肢麻痺

ここがでる!! 一問一答 ○×チェック

脊髄損傷の知識

☐ **1** 脳の運動中枢からの命令は，脊髄，末梢神経を介し，筋肉に伝えられ，骨・関節の運動を起こす。　○

☐ **2** 脊髄が損傷を受け，神経伝導路が遮断されると，それより下位の脊髄神経は機能しなくなる。　○

☐ **3** 脊髄損傷では，褥瘡はできにくく，できても治癒が早い。　✕ 自力による体位変換が困難なため，できやすく，治りにくい。

☐ **4** 腰髄損傷では，上肢の麻痺は生じない。　○

☐ **5** 胸髄損傷では，両下肢麻痺が生じる。　○

☐ **6** 胸髄損傷では，排尿，排便障害は生じない。　✕ 体幹，下肢が麻痺し，排尿，排便障害も生じる。

☐ **7** 胸髄損傷は，手や指が変形するので，変形予防の装具を使用する必要がある。　✕ 手指は正常。

☐ **8** 頸髄損傷によって，四肢麻痺，膀胱直腸障害，知覚麻痺，発汗障害，呼吸障害，性機能障害が生じる。　○

☐ **9** 頸髄損傷によって，言語障害が生じる。　✕ 言語障害は，脳血管障害でよく起こる後遺症である。

要点整理

- 受けた外傷の部位・程度によって障害の重さなどが異なることを理解する。
- 胸髄損傷や腰髄損傷では，手指の機能は正常であり，ADL（日常生活動作）の自立も可能である。
- 片麻痺は，右側または左側の半身のどちらかに麻痺があるもので，脳卒中や脳梗塞によるものが多い。
- 対麻痺は，両方の下肢に麻痺があるもので，腰髄損傷などによるものが多い。
- 四肢麻痺は，両方の上下肢に麻痺があるもので，脳性麻痺や頸髄損傷によるものが多い。
- プッシュアップとは，褥瘡予防などを行ううえでの基本動作で，手のひらや腕の力で座面を押し，腰を上げ浮かせる動作をいう。肘を伸ばすことができる第 7 頸髄が最上位のレベルとされる。

ワーク3 ▶ 内部障害

身体障害者福祉法上では，心臓，腎臓，呼吸器，膀胱，直腸，小腸，肝臓の各機能の障害，ヒト免疫不全ウイルスによる免疫の機能の障害が規定されている。2010 年（平成 22 年）より，肝臓機能障害が加わったので注意。

ここがでる!! ━ 一問一答 〇×チェック

ペースメーカーの知識

☐ **1** ペースメーカー装着者は，排便時の怒責（いきみ）により，血圧が急激に高まるので習慣性の便秘の予防に努める。　**〇**

☐ **2** ペースメーカーは，心臓の収縮に必要な一定リズムの電気信号を送るものであり，心臓の病気そのものを治すものではない。　**〇**

☐ **3** ペースメーカーのチェックも含めた定期受診は年 1 回でよい。　**✕** 3 ～ 6 か月に 1 回。

☐ **4** ペースメーカー装着者に動悸，息切れ，めまいなどの症状があれば，早めに受診する。　**〇**

☐ **5** 心臓機能障害者でペースメーカーを装着している人は，心拍数は一定に保たれているので，検脈などの必要はない。 **✕** 毎日，起床前，就寝前に自己検脈を続ける。

☐ **6** 空港等で金属探知器を身体に近づけられると強力な電磁波等で影響を受けることがあるので，ペースメーカー装着者であることをあらかじめ申し出ることが必要である。 **〇**

☐ **7** ペースメーカー装着者は，変電所や高圧電線のそばには近づかない。 **〇**

要点整理

● ペースメーカーは，心臓を一定のリズムで拍動させるために，人工的に心臓に電気刺激を与えるものである。3〜6か月に1回，ペースメーカーのチェックを受ける。

● ペースメーカーは，電磁波などに影響を受けることがあるので，電磁調理器から離れる，電気カミソリやヘアドライヤーを患部の上にのせない，変電所や高圧電線に近づかないなどの注意が必要である。

呼吸機能障害

☐ **8** 慢性呼吸不全の場合，仰臥位より起座位のほうが呼吸が楽になる。 **〇**

☐ **9** 在宅酸素療法をしている利用者の酸素量は，利用者の求めに応じて，介護福祉職が調節する。 **✕** 介護福祉職の判断ではなく，医師の指示による。

☐ **10** 呼吸機能障害者に対して，入浴は浴槽に頸部までつかるように助言する。 **✕** 胸のあたりまでとする。

☐ **11** 呼吸機能障害者の介護においては，掃除はこまめに行い，室内は適度な湿度を保ち，掃除機の排気に留意するように助言する。 **〇**

☐ **12** 肺気腫のある人は，口すぼめ呼吸と腹式呼吸を習得するとよい。 **〇**

☐ **13** 心臓機能障害では，呼吸困難や息切れなどの症状がみられることが多い。 **〇**

● 呼吸機能障害は，在宅酸素療法者への介護などで身近ではあるが，医療的な面で重要なところはどこかを押さえておこう。

10点UP!

以下の疾患や状態のうち，図で示した装具を使用するものとして，正しいものを1つ選びなさい。(第28回問題88より)

1　閉塞性動脈硬化症（arteriosclerosis obliterans）
2　腓骨神経麻痺（peroneal nerve paralysis）
3　変形性膝関節症（knee osteoarthritis）
4　パーキンソン病（Parkinson disease）
5　下腿切断（lower extremity amputation）

2
腓骨神経麻痺では，下垂足（足先が上げられない障害）となり，歩行時につまずいて転ぶリスクが高まるので，足関節を背屈位で保持する短下肢装具やストラップタイプの装具を使用する。

障害の理解

5 知的障害

> 知的障害は，法律での定義はない。その特徴としては，認知機能，知的判断力の弱さ，短絡的な行動，言語表現での難しさなどがあげられる。

ここがでる!! 🔊 一問一答 ○×チェック

☐ **1** 知的障害は，知的機能の障害および日常生活の支障によって特徴づけられる。　　**○**

☐ **2** 知的障害児・者の場合，何かを伝えるときには，言葉だけでなく身振りや絵などを使う。　　**○**

☐ **3** 知的障害児の児童期では，子どもが不登校など集団への不適応を起こしたときは，家族に協力を求め，登校させるように指導する。　　**✕** じっくりと支援する。無理に登校させない。

☐ **4** 介護福祉職は，知的障害者に動作を理解させるときには，順序を追って，ともに行動することも必要である。　　**○**

☐ **5** 知的障害者に対する支援方法として，失敗経験をさせないように先回りをする。　　**✕** 自己決定を体験する機会を奪ってはいけない。

☐ **6** 知的障害者が社会的マナーに違反したときには，時間がたってから注意する。　　**✕** 違反したときに，具体的に注意する。

☐ **7** 知的障害は，てんかんの合併率が高い。　　**○**

要点整理

● 知的障害は，知能検査の知能指数，日常生活能力の2つの側面が考慮されている。

● 障害は，おおむね18歳までに現れたものをいう。

ダウン症候群とは，21番目の染色体が1本余分にあることによって生じる先天性疾患をいう。筋緊張の低下による運動発達の遅れがみられるほか，心疾患を合併する割合が高いとされている。

ここがでる!! 一問一答 ○×チェック

☐ **1** 知的障害の起因疾患としてダウン症候群がある。 　○

☐ **2** ダウン症候群の特徴として，筋緊張の低下があげられる。 　○

☐ **3** ダウン症候群の特徴として，高身長があげられる。 　✕ 個人差はあるが，特徴として低身長があげられる。

☐ **4** ダウン症候群の特徴として，心疾患があげられる。 　○

要点整理

● ダウン症候群の特徴としては，染色体異常，筋緊張の低下，低身長，運動発達の遅れ，環軸椎の不安定（頸椎にある環椎が軸椎に対して前方へずれる状態のこと），心疾患，難聴，耳の感染症，眼科的問題（先天性白内障など）を押さえておこう。

障害の理解

157

6 精神障害

ワーク1 ▶ 精神障害

精神障害は，回復と悪化を繰り返すなど，長期にわたることが多い。薬物療法，精神療法とともに生活療法も行われる。医療から福祉に光があてられていて，介護の役割も大きくなっている。

ここがでる!! ☛ 一問一答 ○×チェック

☐ **1** 一般に，精神障害者とよい人間関係をつくるのに時間はかからない。

✗ 慣れるのに時間がかかる。

☐ **2** 精神障害者の身体に関する訴えは，精神的問題とは関係がないので気にかけなくてもよい。

✗ ストレスが身体症状として現れることも多い。

☐ **3** 精神障害のある人に，自殺への願望を話され，「誰にも言わないで」と言われたが，主治医に相談するよう誠意をつくして話し，同意してもらった。

○

☐ **4** 精神障害者が，不安やおそれ，被害的な妄想を訴えてきたときは，その人の事実としてそのまま受け止める。

○

要点整理

- どんな障害があっても一人の人間としてありのままに受け入れることが大切。それぞれの障害や症状の特徴をよく理解して介護にあたることも重要。
- 内因性精神障害：統合失調症，気分障害など。明確な原因は不明である。
- 外因性精神障害：器質性精神障害（脳そのものの病変によるもの），中毒性精神障害（アルコールや薬物によるもの），症状性精神障害（身体の病変が脳に影響を及ぼしたもの）など外因で起こる病気。
- 心因性精神障害：神経症，パーソナリティ障害，心因反応など。ストレスなどの何らかのきっかけがあり，それに性格などがからみ合って生じる。カウンセリングなどによって対応。

ワーク2 ▶ 統合失調症

統合失調症は，気分障害（躁うつ病）と合わせて2大精神病と呼ばれる。主症状は妄想や幻覚で，多くは青年期に発病。末期に人格荒廃に至る場合もある。また，家族の感情表出の仕方や接し方が本人の病状に影響するので注意を要する。

ここがでる!! 一問一答 〇×チェック

統合失調症

☐ **1** 統合失調症では，現実社会との接触を避け，閉じこもりがちとなる。
〇

☐ **2** 統合失調症は，幻視の症状が現れやすい。
✕ 幻聴が現れやすい。

☐ **3** 統合失調症は，青年期に発病しやすい。
〇

☐ **4** 統合失調症では，独り言を言ったり，自分に関する悪口や批判する声が聞こえてくるなど，幻覚や妄想がしばしばみられる。
〇

☐ **5** 統合失調症では，知能が低下する。
✕ 知能の低下はみられない。

☐ **6** 統合失調症では，周囲の人の言動に根拠のない意味づけをする。
〇 関係妄想である。

☐ **7** 統合失調症は，内因性精神障害に分類される。
〇

要点整理

● 統合失調症の症状は，幻覚，妄想を主とした陽性症状と，感情の平板化，意欲の欠如などの陰性症状に大きく分けられる。

● 思考形式の障害（ひとりよがりな思考），思考内容の障害（妄想），知覚の障害（幻覚），感情表出の障害（感情の動きが乏しくなる），行動の障害（自発性の低下，独語，空笑い），自我の障害（他者によって動かされる，考えさせられるという「させられ体験」）であることを押さえておこう。

幻覚

☐ **8** 躁病には，幻視の症状が現れる。　　　　　　　　　✘ 多弁，多動，誇大的考えが現れる。

☐ **9** 有機溶剤依存症には，幻聴の症状が現れる。　　　　○ 幻視，夢幻などの幻覚も現れる。

☐ **10** 現実には存在しない物を存在していると知覚することを幻覚という。　　　　○

☐ **11** 統合失調症では，自分のことを悪く言う声が聞こえる。　　　　○ 幻聴である。

要点整理

● 同じ幻覚でも幻視と幻聴では発症する疾患が異なる。

● 幻視：器質性精神病（脳の病変が原因），中毒性精神病（体外から入った化学物質（有機溶剤など）が原因）やてんかん発作にみられ，外界に存在しない物体，動物，風景，人物などが見えたりする。

● 幻聴や体感幻覚：主に統合失調症にみられる。

● これらの症状は，否定せず本人にとっての事実として認めることが必要。

妄想

☐ **12** 妄想では，現実に合わない誤った考えに強い確信をもち，間違いを認めない。　　　　○

☐ **13** 妄想は，強く説得すれば間違いを認める。　　　　✘ 間違いを認めないのが特徴。

☐ **14** 妄想は，統合失調症でしばしばみられる。　　　　○

☐ **15** 老年期に幻覚や妄想状態を呈する患者は，男性に多い。　　　　✘ 女性に多い。

☐ **16** 老年期うつ病は，被害妄想が生じやすい。　　　　○

要点整理

● 妄想には，被害妄想，関係妄想，誇大妄想，罪業妄想（取り返しのつかない大罪をおかしてしまったと後悔する）などがあり，老年期は被害妄想が多い。

● 罹患率は，統合失調症は性差がないが，老年期の妄想は女性に多いといわれる。

> うつ状態のみの**単相性**と，躁とうつを繰り返す**両相性**がある。
> うつ病では，憂うつな気分や悲哀感に支配され，意欲の減退や興味の喪失もみられる。周期的にうつ状態が現れ，朝がひどく，午後から夕方にかけて軽くなる日内変動もみられる。自殺率も高い。

ここがでる!! 一問一答 ○×チェック

☐ **1** うつ病では，食欲不振，倦怠感，性欲低下など身体的訴えが多い。　○

☐ **2** うつ病では，気分を晴らそうと活発に動く。　✖ 同じところを歩き回るといったことはあるが，気分を晴らすための行動はない。

☐ **3** うつ病は，悲しい出来事や困難な状況などが誘因となるとされる。　○

☐ **4** うつ病の患者の気分が落ち込んでいる場合，励まし，元気づけることが重要である。　✖ 症状を悪化させるおそれがある。

☐ **5** うつ病の患者の自殺に至る危険信号として最も重視すべきものに「家族に迷惑をかけている」という言動がある。　○

☐ **6** 気分障害（躁うつ病）の患者は，躁状態では気分は爽快で疲れを感じない。　○

☐ **7** 気分障害（躁うつ病）では，躁状態やうつ状態は人により固定しており，交互に繰り返し出現することは少ない。　✖ 交互に示すものもある。

☐ **8** 初老期うつ病・老年期うつ病は，幻聴がしばしばみられる。　✖ 幻聴がみられる場合，統合失調症等が考えられる。

☐ **9** うつ病では，意欲の減退，欲動の低下，自発性の欠如，睡眠障害といった身体的症状が現れる。　○

☐ **10** 老年期のうつ病は，青年期に比べ再発することが少なく，1～2週間で軽快する。　✖ 青年期，老年期とも再発しやすい。治療を行わない場合，半年から1年以上続く。

障害の理解

161

☐ **11** 高齢者の気分障害（躁うつ病）では，感情失禁を伴うことは少ない。 ✖ 少ないということはない。

要点整理

● 気分障害（躁うつ病）のさまざまな症状を理解しているかが問われている。

● 幻覚はみられず，自殺率の高い精神障害であることがポイント。

● 初老期・老年期にうつ病は多くみられる。

● 厚生労働省・警察庁の「令和5年中における自殺の状況」によると，1998年（平成10年）以降自殺者の数は14年連続で3万人を超える状況が続いていたが，2012年（平成24年）は15年ぶりに3万人を下回り，2023年（令和5年）は2万1837人となって，前年に比べ少し減少した。性別では，男性が全体の約70%を占め，年齢別では「50歳代」「40歳代」「70歳代」「60歳代」の順となっている。動機の1位は「健康問題」，2位「経済・生活問題」，3位「家庭問題」，4位「勤務問題」となっている。

**点UP!**

統合失調症（schizophrenia）の陰性症状に関して，〇×を付けなさい。
（第 27 回問題 89 改変）

☐ 感情の動きが乏しくなる。	〇
☐ 誰（だれ）かに支配されているような感覚を抱く。	✘ 「させられ体験」は陽性症状。
☐ あるはずのない声が聞こえる。	✘ 幻聴は陽性症状。
☐ 危険な状態にあると思い込み，強い不安や敵意を抱く。	✘ 妄想は陽性症状。
☐ 話の内容が次々に変わり，まとまりがない。	✘ 支離滅裂な言動は陽性症状。

統合失調症（schizophrenia）の特徴的な症状として，最も適切なものを 1
つ選びなさい。（第 31 回問題 90 より）

1　妄想
2　躁（そう）うつ
3　強迫観念
4　振戦せん妄
5　見捨てられ不安

1
陽性症状，陰性症状，認知機能障害がある。妄想は，陽性症状の1つ。

ワーク1 発達障害

発達障害は，自閉症スペクトラム障害，限局性学習障害（SLD），注意欠陥多動性障害（ADHD）のほか，言語の障害，協調運動の障害などがある（なお，DSM-5-TRでは，「注意欠如多動症」が用いられている）。

自閉症スペクトラム障害は，①社会的なコミュニケーションおよび相互関係における持続的障害，②限定された反復する行動・興味・活動，の2つに特徴づけられる障害である。

自閉症スペクトラム障害の主な特性

①社会的なコミュニケーションおよび相互関係における持続的障害	・人として求められる社会性や情緒的な交流に問題がある。 ・まなざしやジェスチャーなど言語を使わないコミュニケーションができにくい。 ・他者との年齢相応の関係がもてない。
②限定された反復する行動・興味・活動	・同じことばかりを繰り返す。 ・日常生活で融通が利かない。 ・同一性への固執，習慣への頑ななこだわりがある。 ・言語や非言語に表れる儀式的な行動パターンがある。 ・興味が限定され執着がある。 ・感覚の過敏性や鈍感性がある。

ここがでる!! 一問一答 ○×チェック

□ **1** 注意欠陥多動性障害（ADHD）の子どもは，中度・重度の知的障害や自閉症が認められないにもかかわらず，「不注意」「多動性」「衝動性」などによって日常生活に困難を伴う。　**○**

□ **2** 自閉症スペクトラム障害の特性として，コミュニケーションの障害があげられる。　**○**

□ **3** 限局性学習障害は，行動が常同的・反復的といわれる。　**✗** 自閉症スペクトラム障害

□ **4** 自閉症スペクトラム障害のある人への対応として，予定の変更があるときは，メモや絵を使って予告することがあげられる。　**○**

● 発達障害者支援法における「自閉症，アスペルガー症候群その他の広汎性発達障害」は，DSM-5 における自閉症スペクトラム障害（DSM-5-TR では，「自閉スペクトラム症」が用いられている）という診断名に該当する。

● 同法の「発達障害」の定義は改正されていない。

押さえておこう

発達障害の種類

種類	特性
注意欠陥多動性障害	①不注意（集中力がない），②多動性（じっとしていられない），③衝動性（順番を待てない）の3つの柱が特徴。
限局性学習障害	読み，書き，算数の特異的な障害。全般的な知的障害は伴わない。対応としては，個別の指導プログラムを作成・実行する。
コミュニケーション障害群	言葉の発達の問題を中心に効果的なコミュニケーション，社会参加，学業成績などに制限がある。言葉の理解と表現のいずれか，または両方に問題があるなどさまざまである。
運動障害群	チック障害，常同運動障害，発達性協調運動障害がある。
チック障害	多彩な運動チックと音声チックの両方が，ある時期に存在し，1年以上持続しているもの。小児期に多く，男児に多い。チックとは，突発的かつ不規則に，まばたきなど一定の行動を繰り返すこと。
常同運動障害	反復し，駆り立てられるように見え，かつ外見上，無目的な運動行動（頭を打ちつける，自分にかみつく，自分の身体をたたくなど）で，社会的，学業的またはほかの活動が障害されたりする。発達期早期に発症する。
発達性協調運動障害	はっきりとした麻痺などはないにもかかわらず，日常の生活を営むうえで身体の動きに問題があることをいう。身体の動きの問題には，不器用さ（物を落とす，物にぶつかる），運動技能（はさみを使う，自転車に乗るなど）の遅さと不正確さがあげられる。

高次脳機能障害

ワーク1 ▶ 高次脳機能障害

高次脳機能障害は，交通事故による外傷性脳損傷，脳卒中による脳血管障害等の後遺症であり，言語，記憶，判断，注意，学習などの機能が障害された状態を指す。

ここがでる!! ☞ 一問一答 ○×チェック

☐ **1** 高次脳機能障害の症状である半側空間無視の場合，患側の注意を欠いて壁や物にぶつかるので，声をかけて注意を促す必要がある。　**○**

☐ **2** 左半側空間無視は，大脳の左半球の病変が大きく関与している。　**✕** 右半球の病変が大きく関与。

☐ **3** 高次脳機能障害の場合，おむつ等が汚れても不快感を訴えないことがある。　**○**

☐ **4** 高次脳機能障害の場合，少し前にしたことを忘れたり，ガスの消し忘れなど，日常生活に支障をきたすような記憶障害が起こりやすい。　**○**

☐ **5** 高次脳機能障害は，注意集中や意欲発動性の低下がほとんどみられないので，社会的行動面は安定している。　**✕** 社会的行動障害などのため，不安定となる。

☐ **6** 遂行機能障害のため，日常生活や仕事の内容を計画して実行できない。　**○**

☐ **7** 注意障害のため，突然興奮したり，怒り出したりする。　**✕** 社会的行動障害

☐ **8** 高次脳機能障害による着衣失行のある人に対しては，着衣の方法を毎回変えるように勧める。　**✕** 毎回同じ着衣の方法にする。

要点整理

高次脳機能障害の症状

注意障害	ぼんやりしてミスをしたり，2つのことが同時にできず混乱する。
記憶障害	新しい出来事を覚えられない，同じことを何度も質問する。
失行	運動機能は損なわれていないが，目的に沿った適切な行動がとれなくなる。衣服の上下，左右を間違える着衣失行などがある。
遂行機能障害	計画を立てて物事を実行できない，決まった方法にこだわり状況に応じた判断ができない，人に指示してもらわないと何もできない。
社会的行動障害	依存，退行，対人関係がうまくいかない，ちょっとしたことで感情を爆発させる。

※その他，半側空間無視，半側身体失認，失語等の症状もある。

障害の理解

167

難病

> 難病とは，原因不明で確かな治療法もなく，徐々に進行していき，重い身体の障害や後遺症のある疾患の総称である。

ここがでる!! 一問一答 ○×チェック

☐ **1** 筋萎縮性側索硬化症（ALS）が進行した場合，体動困難が生じるので，褥瘡の予防のために体位変換を行う。 | ○

☐ **2** 筋萎縮性側索硬化症の主な症状として，嚥下障害や筋力低下がみられる。 | ○

☐ **3** 筋萎縮性側索硬化症にみられる特徴的な障害として，感覚障害がある。 | ✗ 感覚障害は現れにくい。

☐ **4** 脊髄小脳変性症の主な症状として，運動失調がみられる。 | ○

☐ **5** パーキンソン病における精神症状として，躁症状がみられる。 | ✗ うつ症状がみられる。

☐ **6** 全身性エリテマトーデス（SLE）の重い症状の1つに，腎障害がある。 | ○

☐ **7** 網膜色素変性症の初期症状として，夜盲が現れる。 | ○

☐ **8** 進行性筋ジストロフィー症（PMD）は，運動神経麻痺による機能障害である。 | ✗ 遺伝性で，筋肉が徐々に萎縮する。

☐ **9** 進行性筋ジストロフィー症は，這って自力移動が可能な場合には，和式の生活様式のほうが介助を必要としないことが多い。 | ○

☐ **10** 進行性筋ジストロフィー症において，ADL（日常生活動作）で最後まで自立しているのは，排泄動作である。 | ✗ 最後には寝たきりの全面介助となる。

☐ **11** 進行性筋ジストロフィー症は，移動が全介助になった場合は，電動車いすの使用で生活範囲を拡げることができる。 | ○

☐ **12** 進行性筋ジストロフィー症は，遺伝性の疾患である。 | ○

- 進行性筋ジストロフィー症は，筋線維に変性が生じ，幼児期は歩行が不安定となり，その後歩くことができなくなる。這っての移動，車いす生活，そして寝たきりとなり，呼吸不全等になり生命維持が困難になっていく。
- 筋萎縮性側索硬化症は，四肢の運動障害から始まり，嚥下障害，構音障害，呼吸障害などが生じる。感覚障害や排尿障害は現れにくく，視力・聴力・内臓機能も正常であることが多い。

嚥下障害を引き起こす難病として，適切なものを1つ選びなさい。

（第28回問題92より）

1　潰瘍性大腸炎（ulcerative colitis）

2　悪性関節リウマチ（malignant rheumatoid arthritis）

3　筋萎縮性側索硬化症（amyotrophic lateral sclerosis：ALS）

4　クローン病（Crohn disease）

5　広範脊柱管狭窄症（extended spinal stenosis）

3

筋萎縮性側索硬化症（ALS）は，運動筋が広範囲で障害される難病。感覚障害は少なく，視力や聴力は保たれる。咽頭，舌の筋肉が徐々に低下し，嚥下困難等を引き起こす。意識は最後まで正常。

医療的ケア

　第36回では，出題数は5問であった。出題範囲は，「医行為」「医療的ケアを実施できる条件」といった医療的ケアの総論的内容が第一にあげられる。第36回では，呼吸器官の部位に関する問題が出題された。これは【こころとからだのしくみ】の分野の問題といってよい。

　次に，「喀痰吸引」「経管栄養」といった介護福祉士に認められた医行為があげられ，ここが出題の中心となるであろう。その他，他科目と重複する部分ともなるが，「緊急時の対応」「服薬管理」「感染症対策」など周辺的な分野も必要な知識として求められるであろう。

　出題の中心となる「喀痰吸引」は，口腔内，鼻腔内，気管カニューレ内部のそれぞれの基礎的知識と具体的な実施手順，特に，急変時や事故対応などは出題されやすいので押さえておこう。「経管栄養」は，胃ろう，腸ろう，経鼻経管栄養のそれぞれの基礎的知識と具体的な実施手順を中心とし，【こころとからだのしくみ】の領域とも重なる。第34回では，ガス交換に関する問題，第35回では，経管栄養に関連して「口腔ケア」に関する問題と，嚥下機能に関連して「誤嚥予防」に関する問題が出題された。【こころとからだのしくみ】と重複するが，呼吸器や消化器官の役割といった医学的な知識も求められる。

　全体的には，介護福祉士に求められている役割，医療職との連携・協働といったところと，利用者の安心・安全を重視して学んでおくとよいであろう。

ワーク1　医療的ケア―医行為

　2011年（平成23年）6月に社会福祉士及び介護福祉士法が改正され，介護福祉士は，「専門的知識及び技術をもって，身体上又は精神上の障害があることにより日常生活を営むのに支障がある者につき心身の状況に応じた介護（喀痰吸引その他のその者が日常生活を営むのに必要な行為であって，医師の指示の下に行われるものを含む。）を行い，並びにその者及びその介護者に対して介護に関する指導を行うことを業とする者」となった（同法第2条第2項）。また，介護福祉士は，保健師助産師看護師法の規定にかかわらず，診療の補助として喀痰吸引等を行うことを業とすることができるものとなった（同法第48条の2第1項）。これによって，2016年度（平成28年度）以降の介護福祉士養成課程および実務者研修において医療的ケア（喀痰吸引等）の教育が必須になった。

ここがでる!!　一問一答　〇×チェック

☐ **1** 介護福祉士が実施可能な行為は，喀痰吸引（口腔内，鼻腔内，気管カニューレ内部）と経管栄養（胃ろう，腸ろう，経鼻経管栄養）である。

〇

☐ **2** 介護福祉士による喀痰吸引等は，看護師の指示のもとに行われる。

✕ 医師の指示。

☐ **3** 介護福祉士は，ストマ装具のパウチにたまった排泄物を捨ててもよい。

〇 医行為として規制する必要のない行為。

☐ **4** 介護福祉士は，軽微な切り傷，やけど等について，専門的な判断や技術を必要としない処置をしてもよい。

〇 医行為の範囲外。

☐ **5** 治療等を受ける本人や家族が，医師による説明を十分に理解したうえで同意することをスタンダードプリコーションという。

✕ インフォームド・コンセント

☐ **6** 医療法では，「医療は，生命の尊重と個人の尊厳の保持」を旨として行われるべきであることが規定されている。

〇

□ **7** 介護福祉士は，救急車が到着する前に利用者の呼吸が停止していても，人工呼吸を行ってはならない。 **✖** 緊急避難的行為として許される。

□ **8** 介護福祉士の業であって，医師の指示のもとに行われる喀痰吸引等を規定した法律は，医師法である。 **✖** 社会福祉士及び介護福祉士法

□ **9** 医療行為としての喀痰吸引等を行うための指示書は，医師が作成する。 **◯**

□ **10** 喀痰吸引等を行うためには，実地研修を修了する必要がある。 **◯**

□ **11** 社会福祉士及び介護福祉士法で規定されている介護福祉士ができる経管栄養の行為として，栄養剤の注入がある。 **◯**

□ **12** 介護福祉士は，糖尿病に伴う管理が必要な利用者の爪切りを行うことができる。 **✖** 糖尿病等の疾患に伴う専門的な管理が必要な場合はできない。

医療的ケア

要点整理

- 医行為は，厚生労働省の通知で「医師の医学的判断及び技術をもってするのでなければ人体に危害を及ぼし，又は危害を及ぼすおそれのある行為」と解釈されている。医行為の範囲以外の行為（原則として医行為でないものと原則医行為として規制する必要がないものに分かれる）と，医行為として，社会福祉士及び介護福祉士法施行規則で認められた喀痰吸引（口腔内，鼻腔内，気管カニューレ内部），経管栄養（胃ろう，腸ろう，経鼻経管栄養）を区別する。医師の指示のもとに行う診療の補助であることにも注意。

- 2022 年（令和 4 年）12 月に，介護現場で実施されることが多いと考えられる行為であって，原則として医行為ではないと考えられる 19 の行為が示されたことも確認しておこう。

清潔保持と感染予防

感染の原因となる病原体が含まれているもの（感染源）との接触を断つ必要がある。感染予防の最も有効な方法は，手洗いである。手洗いは，「流水にまさる消毒剤はない」といわれ 15 秒以上かけて行う。消毒は，病原体を死滅させ感染を防ぐ方法である。消毒剤を用いるときも流水で手を洗ってからが効果的といわれる。エタノール含有の速乾式手指消毒液を用いる。また，食器，下着などの消毒，滅菌を行い，滅菌された器材に素手で触れた場合は，「不潔」と考えて使用しない。同時に，感染を受けないように抵抗力を高めることが必要。予防接種を受ける場合もある。

ここがでる!! 一問一答 ○×チェック

1 感染予防のため，利用者の健康観察を毎日行う。	○	
2 感染予防のため，介護行為ごとに手洗いを行う。	○	手洗いは，石けんと流水で行う。
3 感染予防のため，発熱がある介護福祉職はマスクをして業務を行う。	✖	周囲の人に感染させないよう業務を休むべきである。
4 利用者の血液が手に付着した場合は，お湯でしぼったタオルで拭き取る。	✖	洗い流し，消毒液で消毒する。
5 感染症でない利用者の尿汚染シーツは，ビニール袋に密閉する。	○	
6 口腔内や鼻腔内の喀痰吸引をする場合，滅菌の手袋をする必要はない。	○	
7 手指の清潔の際，石けんと逆性石けんは併用しない。	○	殺菌力が減る。
8 スタンダードプリコーションにおいて，感染する危険性のあるものとして取り扱う対象に，唾液がある。	○	
9 滅菌物には，有効期限がある。	○	

要点整理

- 消毒は，病原性の微生物を死滅させること，または弱くすること，滅菌とはすべての微生物を死滅させること，または除去することをいう。消毒では，すべての微生物を死滅させることはできない。なお, 滅菌物の使用の際には，①滅菌ずみの表示，②有効期限，③開封していないことの３つを確認する。
- 感染症や疾患の有無に関係なく，排泄物や血液，汗を除く体液（唾液），損傷皮膚等を潜在的な感染源とみなして，手袋，マスク，エプロンなどを装着して対応する予防策を，スタンダードプリコーション（標準予防策）という。

次のうち，スタンダードプリコーション（標準予防策）において，感染する危険性のあるものとして取り扱う対象を１つ選びなさい。(第31回問題109より)

1　汗

2　唾液

3　経管栄養剤

4　傷のない皮膚

5　未使用の吸引チューブ

2

　健康状態の変化には，脳血管障害，心筋梗塞，心不全，高熱，肺炎，脱水，薬の副作用などさまざまな原因が考えられる。早い対処が必要であり，介護福祉士が応急手当を行うこともある。

ここがでる!! 一問一答 ○×チェック

健康状態を把握する項目（バイタルサインなど）

☐ **1** 高齢者が意識を失っている場合，容態が急変することはないので，寝かせて意識の覚醒を待つ。

✖ 容態は急変しがちなので，医師に連絡する。

☐ **2** 緊急時には，体温，脈拍，呼吸の状態を把握することは重要であり，介護福祉士が行っても支障のない観察技術である。

○

☐ **3** 喘息発作を起こしたので，座位を保たせ枕を抱くような姿勢で深呼吸をさせた。

○ 起座位によって呼吸がしやすくなる。

☐ **4** 利用者の様子がふだんと違っていたため，軽く肩をたたいて名前を呼んだが返事がなかったので，大声で呼びかけながら身体をゆすった。

✖ まず，軽く肩をたたきながら呼びかけをして意識状態を確かめるが，身体をゆすると状態悪化につながる。

☐ **5** パルスオキシメータによる酸素飽和度の測定で，健康な人の基準値は 95 ～ 100％である。

○

要点整理

● 「あわてず，さわがず，沈着冷静」という態度が求められる。

● 正確な情報，事実の把握が重要であり，これらが利用者の生命を左右する。

急変状態の把握

☐ **6** 気道に食物が入り，むせたので，頭部を低くして背部をたたいた。

○

☐ **7** 意識がなく呼吸や脈拍がない場合には，介護福祉士の判断で緊急救命処置を行い，医療機関に連絡するかまたは救急車を要請する。　〇

☐ **8** 意識がない場合は，舌根（ぜっこん）の沈下による気道の閉塞（へいそく）を予防する体位をとる。　〇

☐ **9** 心肺蘇生（しんぱいそせい）は，胸骨圧迫（きょうこつあっぱく）30回と人工呼吸2回の組み合わせを継続して行う。　〇

要点整理

● 緊急時には，介護福祉士の判断で応急処置を行うこともある。なお，AED（自動体外式除細動器）は，電気ショックが必要な心臓に対し，心臓の動きを戻すことを試みる医療機器で，一般市民も使用できる。

ワーク4 ▶ 受診時の介助

①受診前は主治医に相談するなど，判断を仰ぐ（あお）。また，医療機関までの交通手段や階段・エレベーターの有無などを確認しておく。

②受診時には介護の担当者が同行し，利用者の日常生活の状況，経過，現在の状態などをわかりやすく書いたメモを持参する。

③受診後は，チーム間で報告をする。

ここがでる!! 🖐 **一問一答　〇×チェック**

受診時の利用者への介助

☐ **1** 利用者が急性の腰痛で動けなくなったため，かかりつけの医師を介して専門医を紹介してもらい，往診を依頼した。　〇

☐ **2** 継続通院治療中の利用者が急に体調の不良を訴えたが，休日だったので経過を観察し，主治医には休日明けに相談することにした。　✕ 休日でも状態を報告し，指示を仰ぐ。

☐ **3** 体温37.2℃で食欲がなく，何となく呼吸が苦しい様子の一人暮らし高齢者に対し，受診を勧めると同時に，かかりつけ医に連絡した。　〇

● 高齢者は，容態が急変することもあるので，たとえ休日であろうと適切な判断が介護福祉職には要求される。介護福祉職として，日常の介護において留意すべきことである。

家族への援助

☐ **4** 一人暮らしの利用者が受診する場合は，身内に連絡をとって同行してもらうことが好ましい。 〇

☐ **5** 受診時に家族の同行者がいれば，介護福祉職は同行する必要はない。 ✖ 日常の状態を知っている介護福祉職の同行は必要。

☐ **6** 本人の受診に家族とともに同行する場合，介護福祉職は，診断結果についての説明を家族が医師から直接聞けるように配慮する。 〇

☐ **7** 体重の著しい減少などで客観的に受診の必要があると判断されるのに，本人がそれを拒んだので，家族の協力を得て再度受診を勧めた。 〇

● 介護福祉職は，あくまでも側面的な援助者である。家族の同行は可能な限り必要であり，利用者の精神的な動揺の緩和や安心などさまざまな面で重要である。

ワーク1 ▶ **喀痰吸引の目的と領域**

- 気道の確保：分泌物や痰が気道にたまることなどによって，窒息や呼吸困難のおそれがある。
- 肺炎などの感染症予防：上気道内の喀痰や分泌物の誤嚥によって，誤嚥性肺炎を引き起こすおそれがある。

| 介護福祉士が行うことができる吸引の領域 | 介護福祉士が行うことができない吸引の領域 |

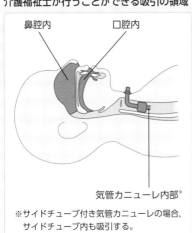

鼻腔内　　口腔内

気管カニューレ内部※

※サイドチューブ付き気管カニューレの場合，サイドチューブ内も吸引する。

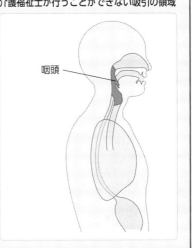

咽頭

医療的ケア

ここがでる!! 一問一答 ○×チェック

☐ **1** 介護福祉士が行う口腔内および鼻腔内の喀痰吸引は，喉頭の手前までである。

✕ 咽頭の手前までを限度とする。

☐ **2** 気管カニューレ内部の喀痰吸引では，突然死，呼吸停止，大量出血による窒息などの危険性に注意する。

○

☐ **3** 喀痰吸引の主な目的は，誤嚥性肺炎を予防することである。

○

☐ **4** 気管カニューレ内部は，せん毛がないことから喀痰が上がってきにくいため，吸引によって排出を助ける必要がある。

○

☐ **5** 喀痰吸引を必要とする利用者への生活支援として，室内　　○
の空気を清浄に保つことがあげられる。

┌─ 要点整理 ──────────────────────────────────
│ ● 喀痰吸引について，社会福祉士及び介護福祉士法施行規則で定める医師の指
│ 　 示のもとに行われる医行為の範囲は，
│ 　 ①口腔内の喀痰吸引 ⎫
│ 　 　　　　　　　　　　⎬ 咽頭の手前までを限度とする
│ 　 ②鼻腔内の喀痰吸引 ⎭
│ 　 ③気管カニューレ内部の喀痰吸引
│ 　 の3つである。
└──

ワーク2 ▶ 喀痰吸引が必要な状態

● 痰が増加している状態
● 咳をするための喉の反射や咳の力が弱くなり，痰を出しにくい状態
● 痰が硬くなり，排出しにくい状態

ここがでる!! 🖝 一問一答 ○×チェック

☐ **1** 塵や異物をとらえた余剰な分泌物を痰という。

○ 呼吸器系でつくら
れた粘液に限り，
鼻腔経由のものは
除く。

☐ **2** 痰がたまることで空気の通り道を塞いでしまっている状
態を，低酸素状態という。

✗ 気道閉塞。低酸素
状態とは，痰がた
まることでからだ
の酸素が不足する
こと。

☐ **3** からだのなかの水分が不足している場合は，痰の粘性が
弱くなる。

✗ 痰が乾燥して粘性
が強くなる。

☐ **4** 喀痰吸引を実施し，吸引物に血液が少量混じっていた場
合，介護福祉士は，鼻腔と口腔の中を観察するとよい。

○

☐ **5** 気管カニューレ内部の喀痰吸引で，指示された吸引時間
よりも長くなった場合，吸引後に注意すべき項目として，
動脈血酸素飽和度があげられる。

○

● 痰が増加する原因として，感染症，誤嚥性肺炎のほか，からだが異物と判断してしまうような治療器具等が，口や鼻から入れっ放しになっていることなどがあげられる。また，気道に入った異物は，粘液でとらえられ，その下のせん毛が外に向かって異物を移動し，咽頭で痰として体外に排出される。

喀痰吸引を必要とする利用者に対する生活支援として，適切なものを1つ選びなさい。（第30回問題111より）

1　口腔内の乾燥を保つ。

2　室内の空気を清浄に保つ。

3　室内の湿度を30％以下に保つ。

4　水分摂取を控える。

5　仰臥位から側臥位への体位変換を控える。

2
喀痰吸引を必要とする人は，空気中の塵や埃，細菌やウイルスなどの異物を吸い込んだときに，体外に排出する力が弱い。室内は，換気など空気を清浄に保つ配慮が必要。

医療的ケア

かくたんきゅういん
喀痰吸引の方法

①吸引用カテーテル接続	手洗い →手袋・マスク装着 →カテーテルと吸引管接続 →カテーテル接続部分を折り曲げて閉塞 →吸引圧を−20KPa（−150mmHg）に調整（陰圧になることを確認） →少量の水道水を吸引してカテーテルを湿らせる
②口腔内，鼻腔内の吸引	声かけをしながら口腔内，鼻腔内にカテーテルの先を回しながら挿入 →吸引開始 →ねじるようにカテーテルを抜き，分泌物を吸引 →1回の吸引は10秒から15秒以内が望ましい
③カテーテルの片づけ	アルコール綿でカテーテル外部の付着物を拭き取る →水道水でカテーテル内部の付着物を洗い流す →バルブを閉じ，接続部からカテーテルを外し，捨てる
④利用者と分泌物の観察	記録

かくたんきゅういん
喀痰吸引の留意点

・マスク，手袋を着用する…感染源にならないように
・吸引カテーテルの先端10cmは触れない（清潔区域，感染の防止）
・嘔吐反射を防ぐため，口蓋垂を刺激しないよう挿入する
・鼻腔内吸引では顔を上向き…頸部を**伸展位**にする
・カテーテルのピストン運動は行わない
・適切な吸引圧で行う
・分泌物が多いときは，吸引を数回行う
・吸引前後は，カテーテル内腔に**水を通す**
・1日1回，吸引瓶を交換する
・痰がかたい場合は，摂取水分量を検討する
・利用者が腹部痛・呼吸苦を訴える場合は，吸引を中止し医師に連絡する
・気道粘膜の出血等で量が多いときは，顔を横に向けて誤嚥を防ぐ
・利用者が嘔吐した場合は，顔を横に向けて誤嚥を防ぐ
・気管カニューレ下端より，肺側の気管内まで吸引チューブを挿入しすぎた場合，①迷走神経反射，②気管支攣縮，③低酸素状態となり，心停止を招いたり，正常呼吸が保てなくなったりする危険性があるので，心拍や呼吸数の減少に注意

□ **1** 吸引前に，利用者に説明を行い，同意を得る。
○

□ **2** 喀痰吸引を行う前の準備では，利用者への吸引の説明は，初回に一度行うだけでよい。
✖ 吸引のたびに行う。

□ **3** 喀痰吸引が必要な利用者に対して，入浴時は，その前後に吸引を行う。
○

□ **4** 吸引チューブは，清潔に保持してあれば，利用者全員同じものを使用してよい。
✖ さまざまな材質や太さがあるため，利用者に合ったものを使用する。

□ **5** 重力を利用した姿勢をとることで，痰を出しやすくすることを体位ドレナージという。
○

□ **6** 気管内吸引で，1回の吸引時間は15秒以内である。
○

□ **7** 吸引圧は，500〜600mmHgとする。
✖ 150mmHg程度

□ **8** 気管内吸引は，無菌操作で実施する。
○

□ **9** 鼻腔内吸引では，吸引チューブを回転させることで効率よく吸引できる。
○

□ **10** 鼻腔内吸引では，吸引圧をかけた状態で吸引チューブを挿入するとよい。
✖ 皮膚を傷つけるため，チューブを折り曲げるなどして圧をかけない状態で挿入する。

□ **11** 鼻腔内吸引では，鼻翼から一定の距離で固定して吸引する。
✖ 少しずつ回転させ，抜きながら行うとよい。

□ **12** 臥床時に痰が口腔内にたまってきた場合，上半身を10〜30度挙上した姿勢で，痰の吸引を行う。
○

□ **13** 1回で痰の吸引がうまくいかなかった場合，再度吸引を行うときには，利用者の呼吸が落ち着いたことを確認する。
○

□ **14** 人工呼吸器を使用している人の喀痰吸引は，吸引を終了した後，人工呼吸器の作動状況を確認する。
○

□ **15** 気管カニューレ内部の吸引では，滅菌された洗浄水を使用する。
○

☐ **16** 吸引圧は，口腔内（こうくうない）より気管カニューレ内部のほうを高くする。 　✖ 医師の指示に従う。

要点整理

● ドレナージとは体内の余分な水分などを抜き取ること。

● 1回の吸引は，長くても15秒以内とし，できるだけ短時間で行う。気管カニューレ内部の吸引は，無菌的に行い，滅菌手袋を使用する。カテーテルのピストン運動は行わない。呼吸状態を観察し，必要なときには医師を呼ぶ。

10点UP!

口腔内（こうくうない）・鼻腔内（びくうない）の喀痰吸引（かくたんきゅういん）に必要な物品の管理に関して，〇×を付けなさい。
（第32回問題112改変）

☐ 吸引チューブの保管方法のうち，乾燥法では，浸漬（しんし）法に比べて短時間で細菌が死滅する。 　✖ 浸漬法は吸引チューブを消毒液に漬けて保管するので乾燥法に比べて細菌が死滅しやすい。

☐ 浸漬法（しんしほう）で用いる消毒液は，72時間を目安に交換する。 　✖ 24時間おき

☐ 吸引チューブの洗浄には，アルコール消毒液を用いる。 　✖ 外側を清浄綿等で拭き，内側は洗浄水を吸引して汚れを落とす。

☐ 吸引チューブの洗浄水は，24時間を目安に交換する。 　✖ 8時間おき

☐ 吸引物は，吸引びんの70〜80％になる前に廃棄する。 　〇

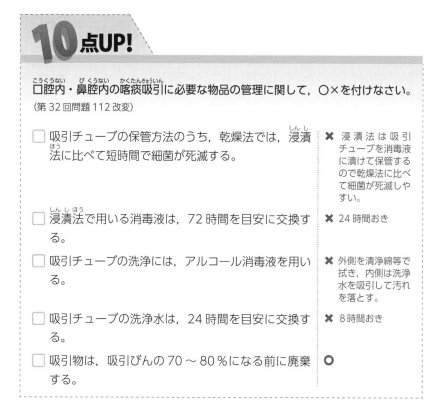

3 経管栄養

ワーク1 ▶ 経管栄養

　経管栄養の目的は，口から食事を摂れない人や，口からの食事では栄養摂取が不十分な人に，鼻や胃，腸からチューブを挿入して栄養剤（流動食）を注入し，生命や健康の維持・改善を行うことである。

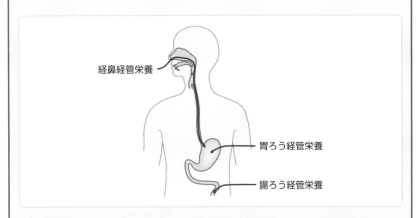

経鼻経管栄養

胃ろう経管栄養

腸ろう経管栄養

胃ろう栄養チューブの種類

	ボタン型 （チューブがないタイプ）	チューブ型 （チューブが長くついているタイプ）
バルーン型 （バルーンがついているタイプ）		
バンパー型 （ストッパーの形状がバルーンでないタイプ）		

腹壁
胃壁
胃内

☐ **1** 胃ろうの造設時には，開腹手術が必要である。

✖ 局所麻酔で行う経皮内視鏡的胃ろう造設術もある。

☐ **2** 胃ろうは，終生使用しなければならない。

✖ 状態が改善され，口からの摂取に戻すことも可能。

☐ **3** 胃ろうで使用されるチューブのうち，ボタン型は自己抜去しにくい。

○ チューブ型よりも体外に出ている部分が少ないので自己抜去しにくい。

☐ **4** 胃ろうで使用されるチューブのうち，バルーン型は破裂したりする短所がある。

○ 内部ストッパーの中に蒸留水を入れて膨らませているので，破裂したりする。

☐ **5** 胃ろうを造設すると，口からの食物摂取はできなくなる。

✖ 口からの食物摂取も可能。

☐ **6** 経管栄養を行っている利用者の口腔ケアでは，上顎部は，口腔の奥から手前に向かって清拭するとよい。

○

要点整理

● 経鼻経管栄養チューブの挿入留置は，必ず医師・看護師が行う。介護福祉士は，チューブの抜去，出血，嘔吐，誤嚥など利用者の状態の変化に注意する。

経鼻経管栄養法	方法	①流動食は直射日光を避けて保存し，使用時は38〜40℃に温める ②1回の量は200〜400mlとする ③利用者を半座位にする ④利用者に説明する ⑤チューブが胃に到達しているか確認する（看護職） ⑥流動食を30分〜2時間程度かけて注入する ⑦呼吸の状態，吐き気，腹痛，嘔吐，下痢などがないか確認する ⑧白湯を30〜50ml流し，チューブ内の洗浄をする ⑨終了後も30分程度上体を起こしておき，逆流や誤嚥を予防する
	留意点	①注入時，チューブが胃内に挿入されているか確認する ②注入中，注入直後は呼吸の状態，吐き気，腹痛，嘔吐，下痢などがないか確認する。嘔吐があれば直ちに注入を中止し，誤嚥を防ぐために顔を横に向ける ③安心・安全で苦痛の少ないケアを心がける ④チューブの汚れや口腔内の汚れに注意する ⑤チューブの曲がりや閉塞などに注意する ⑥逆流や誤嚥に注意する
胃ろう栄養法	方法	①人肌程度に栄養剤を温める（栄養剤はチューブの先端まで満たす） ②利用者の上半身を30〜45度か90度に起こす ③栄養剤の量，種類，注入速度を医師の指示書で確認する ④クレンメ（点滴の滴下の調節弁）が閉まっているか確認する ⑤カテーテルとチューブを接続する ⑥点滴速度を決め，投与を開始する ⑦呼吸の状態や吐き気，嘔吐，下痢などがないか確認する ⑧投与後，必要な水分を投与する ⑨チューブを外し，チューブからカテーテルチップシリンジで白湯を30〜50ml流し，栄養剤や薬を流す ⑩終了後，30分程度座位で過ごし，逆流や誤嚥を予防する
	留意点	①胃ろうの周囲に発赤，かぶれ，出血があれば医師に報告する ②口腔ケア，清潔の保持を心がける ③必ず医師の指示書で栄養剤の内容や注入速度などを確認する ④投与中の吐き気，嘔吐，下痢，呼吸などに注意する ⑤実施中，腹部圧迫は厳禁 ⑥チューブの曲がりや自己抜去がないか確認し，しっかり固定する

医療的ケア

☐ **1** 胃ろうによる経管栄養では，栄養剤を利用者のところに運んだ後の最初の行為として，本人であることの確認を行う。

〇

☐ **2** 経管栄養をしている場合，口腔から食物を摂取していないので，口腔ケアは不要である。

✖ 唾液が分泌されないので，汚れがたまりやすい。

☐ **3** 口腔ケアを始めるときに経管栄養チューブの固定テープがはがれていたら，介護福祉士がテープを留め直してもよい。

✖ 胃にあるチューブが抜けている可能性もあるので，医療職に報告する。

☐ **4** 胃ろう造設者の栄養剤の注入時は，仰臥位にする。

✖ 上半身を 30 ～ 45 度か 90 度に起こす。仰臥位は食道に逆流しやすく，誤嚥性肺炎を起こす可能性がある。

☐ **5** 胃ろう造設者が下痢のときは，栄養剤の注入速度を遅くする。

〇 少しずつ注入する。

☐ **6** 胃ろう造設者は，そのままで入浴してもよい。

〇

☐ **7** 経管栄養でも，嘔吐による誤嚥性肺炎を起こす。

〇

☐ **8** 経鼻栄養で注入前に空気を入れるのは，チューブの閉塞予防のためである。

✖ 胃内に正しく挿入されていることの確認。

☐ **9** 経鼻栄養で注入後に白湯を流すのは，チューブの閉塞予防のためである。

〇 栄養剤を洗い流す。

☐ **10** 経鼻栄養で栄養物を体温程度に温めるのは，下痢の予防のためである。

〇

☐ **11** 経管栄養で，栄養剤の注入速度が速いと，下痢を起こすことがある。

〇

☐ **12** 半固形タイプの栄養剤は，食道への逆流を改善することが期待できる。

〇

☐ **13** カテーテルチップシリンジは，1 回使用したら廃棄する。

✖ 洗浄・消毒して再利用する。

☐ **14** 経管栄養チューブの確認において，固定テープがはずれ │ **O**
てチューブが 10 cm 抜けていた場合，看護職に状況を
報告する。

☐ **15** イルリガートル（注入ボトル）を用いた経鼻経管栄養で │ **O**
は，栄養剤の液面は，胃から 50 cm ほど高くする。

要点整理

● 経管栄養剤は，直射日光を避け，常温で保存する。

● 胃部からイルリガートル（イリゲーター）内の栄養剤の液面は，50 cm に
調整する。

● 実施にあたっては，半座位の姿勢に体位を整える（終了後も 30 分から 1 時
間保つ）。仰臥位は，食道に逆流しやすく，嘔吐や誤嚥性肺炎が起こりやす
くなる。

● 注入速度が速いと，嘔吐，下痢や急速な高血糖症状を引き起こすので注意す
る。

● 注入速度が遅いと，拘束時間が長くなり活動を制限されてしまうので注意す
る。

● 胃ろうの栄養チューブは，1 日に 2 ～ 3 回回転させ癒着や圧迫防止をするが，
これは介護福祉士が行うことはできない。

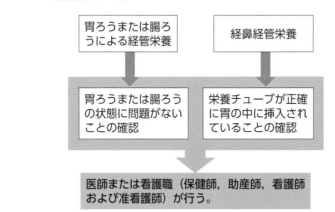

介護の基本

学習のポイント

　本科目は，第36回試験において10問出題された。この科目は，【人間の尊厳と自立】と同じ科目群で，両科目で12問である。

　出題基準の中項目「介護福祉士の役割」では，確実に点数を得るためにも，よく出る条文と，過去問を中心とした学習で頻出ポイントを押さえておくことが必要である。

　その他のポイントとして，中項目の「リハビリテーション」の理念が繰り返し出題されている。また，大項目の「介護を必要とする人の生活を支えるしくみ」は，介護サービス計画（ケアプラン），介護支援サービス（ケアマネジメント）を押さえておくとともに，介護保険のサービスの種類や報酬などは，【社会の理解】の「介護保険制度」と併せてまとめておこう。地域連携も出題が多い。大項目「介護福祉士の倫理」は，介護福祉士にとって必要不可欠な知識である。身体拘束の禁止や個人情報の保護とともに「日本介護福祉士会倫理綱領」にも目を通しておくと理解が深まる。中項目「事故防止，安全対策」，それに関連した災害時の避難所での対応などが出題されているが，第35回では，利用者の危険を回避するための介護福祉職の対応に関する問題，第36回では，避難誘導に関する図記号の問題が出題されている。中項目「感染対策」は近年注目されているところでもある。第36回では介護における感染症対策が出題されている。インフルエンザやノロウイルス，MRSA（メチシリン耐性黄色ブドウ球菌），新型コロナウイルス感染症などの感染予防の知識については要注意である。施設等での対応も問われる可能性がある。大項目「介護従事者の安全」も，過去に労働基準法や労働安全衛生法が出題されているので，過去問を確認しておこう。

ワーク1 ▶ 介護福祉士

介護福祉士は，1987年（昭和62年）に制定された社会福祉士及び介護福祉士法に規定された国家資格。2007年（平成19年）に改正され，定義規定や義務規定が見直された。信用失墜行為の禁止，秘密保持義務，名称の使用制限などが規定されていたが，誠実義務，資質向上の責務が加えられ，連携規定も，認知症等の心身の状況に応じた介護の提供のための福祉サービス関係者等との連携に改められた。

ここがでる!! 👉 一問一答 〇×チェック

介護福祉士資格

☐ **1** 禁錮※以上の刑に処せられた者は，刑の執行終了後においても介護福祉士となることはできない。
※ 「禁錮」は「拘禁刑」に改められる（2025年（令和7年）6月1日施行）。

✕ 刑の執行後，または執行を受けなくなった日から起算して2年を経過すれば介護福祉士になれる。

☐ **2** 社会福祉士及び介護福祉士法には，欠格事由は規定されておらず，誰でも介護福祉士になることができる。

✕ 社会福祉士及び介護福祉士法第3条に欠格事由が規定されている。

☐ **3** 介護福祉士は，介護に関する指導は行わない。

✕ 介護に関する指導も業務。

☐ **4** 2017年（平成29年）の「求められる介護福祉士像」で，介護福祉士は，介護職のなかで中核的な役割を担うと示されている。

〇

要点整理

● 2007年（平成19年）の法改正で，定義規定が見直され，「介護」は，「入浴，排せつ，食事その他の介護」から「心身の状況に応じた介護」に改められた。
● 2011年（平成23年）の法改正で，介護福祉士は，2016年（平成28年）4月より一定の条件のもとで喀痰吸引，経管栄養を実施できるようになった。

信用失墜行為の禁止

☐ **5** 介護福祉士には,信用失墜行為の禁止義務はない。

✗ 社会福祉士及び介護福祉士法第45条に信用失墜行為の禁止が規定されている。

誠実義務

☐ **6** 2007年(平成19年)の法改正で,個人の尊厳の保持や利用者の立場に立った日常生活における自立支援など,「誠実義務」が新たに規定された。

○

要点整理

● 信用失墜行為の禁止は,繰り返し出題されている。

● 2007年(平成19年)の改正で誠実義務が加えられ,「その担当する者が個人の尊厳を保持し,その有する能力及び適性に応じ自立した日常生活を営むことができるよう,常にその者の立場に立って,誠実にその業務を行わなければならない」として,個人の尊厳の保持,自立支援が規定された。

● 2010年(平成22年)12月の障害者自立支援法(現・障害者総合支援法)改正に関連して,下線部の「その有する能力及び適性に応じ」が削除された。

秘密保持義務

☐ **7** 介護福祉士は,正当な理由がなく,その業務に関して知り得た人の秘密を漏らしてはならない。

○

☐ **8** 介護福祉士は,介護福祉士でなくなった後においても,その業務に関して知り得た人の秘密を漏らしてはならない。

○

要点整理

● 介護福祉士でなくなった後においても守秘義務があることが一番よく問われている。とにかく受験直前に条文を読んでおくことが必要である。

介護の基本

登録等

☐ **9** 介護福祉士国家試験に合格するだけで，介護福祉士になることができる。

✖ 登録が必要。

☐ **10** 介護福祉士となる資格を有する者は，登録証の交付を受けていなくても，介護福祉士の名称を使用することができる。

✖ 登録証の交付が必要。

☐ **11** 2007年（平成19年）の法改正で，「資質向上の責務」が義務づけられ，一定期間後に資格の更新が必要となった。

✖ 「資質向上の責務」は義務づけられたが，資格更新までは規定されていない。

要点整理

● 介護福祉士は，国家試験の合格だけでは，介護福祉士を名乗れない。氏名，生年月日等の登録が必要となる。

● 2007年（平成19年）の改正で，「資質向上の責務」として資格取得後の自己研鑽（じこけんさん）が規定され，「介護を取り巻く環境の変化による業務の内容の変化に適応するため，介護等に関する知識及び技能の向上に努めなければならない」こととなった。

連携

☐ **12** 2007年（平成19年）の法改正で，福祉サービスおよび保健医療サービス等のさまざまな関係者との連携など，「連携」について見直された。

◯

☐ **13** 介護福祉士は，その業務を行うにあたっては，認知症などの状況に応じて，福祉サービス関係者等との連携を保たなければならない。

◯

☐ **14** 介護福祉士は，その業務を遂行（すいこう）するにあたって，利用者に主治の医師がいるときは，その指導を受けなければならない。

✖ 精神保健福祉士法第41条第2項には「指導」の規定があるが，社会福祉士及び介護福祉士法には，このような規定はない。

☐ **15** 介護福祉士は，自らの待遇改善（みずか）のために，ほかの関連する業務に従事する者と積極的な連携を図ることとされている。

✖ 自らの地位や待遇改善のための連携は規定されていない。

● 連携については，2007年（平成19年）の法改正で「その業務を行うに当たっては，その担当する者に，認知症であること等の心身の状況その他の状況に応じて，福祉サービス等が総合的かつ適切に提供されるよう，福祉サービス関係者等との連携を保たなければならない」となったので注意。

10点UP!

社会福祉士及び介護福祉士法における介護福祉士に関して，○×を付けなさい。（第26回問題18，第30回問題18改変）

☐ 介護福祉士の業務を社会福祉士が行うことは禁じられている。	✗ 介護福祉士は業務独占ではない。
☐ 介護福祉士は，その業を辞した後は秘密保持義務が解除される。	✗ 介護福祉士でなくなった後も秘密保持義務が課せられる。
☐ 介護福祉士の行う介護は，「入浴，排せつ，食事その他の介護」から「心身の状況に応じた介護」に法改正された。	○
☐ 介護福祉士は，環境上の理由により日常生活を営むのに支障がある者に対して介護を行うことが規定されている。	✗ 「身体上又は精神上の障害があることにより日常生活を営むのに支障がある者」に対して介護を行う。
☐ 介護福祉士は信用失墜行為をした場合，罰則により1年以下の懲役または30万円以下の罰金に処せられる。	✗ 介護福祉士の登録の取り消し，または期間を定めて介護福祉士の名称の使用を停止する。

利用者の自由を守る，プライバシーをおかさない，自己決定を尊重する，信用失墜行為の禁止，利用者の秘密保持義務，福祉サービス関係者等との連携，人間性を高めるといったものがある。

ここがでる!! 一問一答 ○×チェック

日本介護福祉士会倫理綱領（「倫理綱領」）

☐ **1** 「倫理綱領」では，介護福祉士は，常に専門的知識・技術の研鑽に励むとともに，豊かな感性と的確な判断力を培い，深い洞察力をもって専門的サービスの提供に努めることとしている。 **○**

☐ **2** 「倫理綱領」では，介護福祉士は，介護福祉サービスの質的向上に努め，自己の実施した介護福祉サービスについては，常に専門職としての責任を負うこととしている。 **○**

☐ **3** 「倫理綱領」では，プライバシーの保護に関しては，社会福祉士及び介護福祉士法と重複するため，規定していない。 **✗** 第3項に規定されている。

☐ **4** 「倫理綱領」では，介護福祉士は，利用者に最適なサービスを総合的に提供していくため，福祉，医療，保健その他関連する業務に従事する者と積極的な連携を図り，協力して行動することとしている。 **○**

☐ **5** 「倫理綱領」では，介護福祉士は，暮らしを支える視点から利用者の真のニーズを受け止め，それを代弁していくことも重要な役割であると確認したうえで，考え，行動することとしている。 **○**

☐ **6** 「倫理綱領」では，介護福祉士は，すべての人々が将来にわたり安心して質の高い介護を受ける権利を享受できるよう，介護福祉士に関する教育水準の向上と後継者の育成に力を注ぐこととしている。 **○**

- 倫理綱領は大きく2つに分かれている。
- 利用者を対象：利用者の基本的人権の擁護，利用者本位，利用者の自己決定の尊重，利用者の自立支援，利用者ニーズの代弁
- 専門職として：専門的サービスの提供，プライバシーの保護，総合的サービスの提供と積極的な連携・協力，地域福祉の推進，後継者の育成

利用者と介護従事者の関係

☐ **7** 受け持ち利用者の問題は，できるだけ自分一人で解決する。 ✖ 同僚や他職種との連携・協力が不可欠。

☐ **8** 利用者の生活習慣のうち，集団生活に好ましくないと考えられる行動は，ただちに禁止する。 ✖ 受容も必要。信頼関係のなかで改めていく。

☐ **9** 利用者の持ち物は，介護従事者の価値観だけで判断し，勝手に処分してはならない。 ◯

☐ **10** 認知症の高齢者の金銭全般について，介護従事者が代わって管理する。 ✖「金銭全般」の管理は不適切。

☐ **11** 利用者が自己主張の強い性格をもっている場合には，利用者の意思を無視して援助をしても差し支えない。 ✖ 個別性を尊重し，受容する。無視して援助してはならない。

☐ **12** 利用者から，入院しているほかの利用者の病状を聞かれたが話さなかった。 ◯

要点整理
- **介護従事者は，利用者の主体性を尊重して介護を行う。**
- **介護のプロとして要介護者を危険な状態に陥らせないように，専門的知識と技術の習得が必要である。**

介護の基本

プライバシーの保護

☐ **13** 利用者のプライバシーは，正当な理由がない限り，ほかの人に漏らしてはならない。　　　　　　　　　**O**

☐ **14** 利用者のプライバシーにかかわる情報を他機関の専門職に提供する必要があるときは，原則として利用者の了解を得なければならない。　　　　　　　　　　**O**

☐ **15** 人種，信条，社会的身分，病歴，犯罪歴など不当な差別または偏見が生じる可能性のある要配慮個人情報の取得については，原則として本人の同意を得ることが義務化された。　　　　　　　　　　　　　**O**

☐ **16** 業務が忙しかったので，施設の廊下で職員同士の打ち合わせを行った。　　　**✕** プライバシーが保てない。

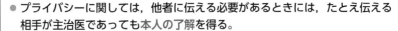

要点整理

- プライバシーに関しては，他者に伝える必要があるときには，たとえ伝える相手が主治医であっても**本人の了解**を得る。

- プライバシーにかかわる情報交換の際，してよいことと悪いことの境界について，よく問われる。

- 近年は，ジェンダーや LGBT に関連して，「これまでの自分の常識」にとらわれない対応も求められている。

3 介護福祉における自立支援

ワーク1 ▶ 自己決定

利用者が自らの意思で自立の方策を決定することをいう。人格の尊重と，自らの問題は自らが判断し決定していく自由があるという理念に基づく。

ここがでる!! 一問一答 ○×チェック

☐ **1** 在宅ケアで家族の意思や決意は最も重視される側面であるから，本人よりも家族の意思を最優先させる必要がある。

✗ 本人の意思を優先させる。

☐ **2** 自分にかかわる決定がなされる会議に本人が参加を求めるとき，参加する機会が配慮されるべきである。

○ 可能な限り，利用者自身が自分の願い，希望を述べる機会をもつようにする。

☐ **3** 自己決定とは，他者から援助を受ける状況にあっても，利用者は自分で選択し決定する権利があることを認めることである。

○

☐ **4** 自己決定が困難な認知症の高齢者の場合，介護福祉職の意思決定が優先される。

✗ 本人の意思決定が優先される。

☐ **5** 入浴を拒否している認知症の高齢者に対し，介護福祉職が入浴介護をしないのは，自己決定の尊重とはいえない。

○

要点整理

- 家族関係をどう考えるかである。
- 家族の意思を尊重することも大切であるが，本人よりも家族の意思を優先させることは不適切である。

エンパワメント・ストレングスの視点

- エンパワメント：1976年，ソロモン（Solomon, B.）によって用いられた用語。「スティグマ化されている集団の構成メンバーであることに基づいて加えられた否定的な評価によって引き起こされたパワーの欠如状態を減らすことを目指して，クライエントもしくはクライエント・システムに対応する一連の諸活動にソーシャルワーカーがかかわっていく過程」と定義する。
- ストレングス：個人・グループ・家族・コミュニティには「できること」と「強み」があり，また，クライエントを取りまく環境には多くの活用できる「資源」があるという考え方。

ここがでる!! 一問一答 ○×チェック

☐ **1** エンパワメントの考え方は，クライエントが自ら力を回復し，自分たちを取り巻く問題状況を解決していけるようにするというものである。 **○**

☐ **2** エンパワメントアプローチとは，利用者の潜在能力や可能性の強化と環境の改善を含めた主体的な問題解決を支援する援助方法である。 **○**

☐ **3** 利用者はエンパワメントアプローチをされることで，自己決定能力が高まる。 **○**

☐ **4** ストレングスの視点は，日常生活の条件をできるだけ，障害のない人と同じにすることをいう。 **✕** 個人の特性や強みを見つけて，生かす支援を行う。

要点整理

- エンパワメントは，アメリカの公民権運動やブラック・パワー運動にその源をみることができ，自己決定する力を抑圧された人々の主体性を回復するもので，ソロモンによって提唱された。
- クライエントの健康や強さの側面を重視する「強さ志向の視点」の必要性を強調している。

ワーク1 ICF（国際生活機能分類）

　ICF（国際生活機能分類）は，ICIDH（国際障害分類）と異なり，プラスの用語を用いている。機能障害を「心身機能（身体系の生理的機能（心理的機能を含む））・身体構造（器官・肢体とその構成部分などの身体の解剖学的部分），生命レベル」，能力障害を「活動（課題や行為の個人による遂行），生活レベル」，社会的不利を「参加（生活・人生場面へのかかわり），人生レベル」と変更し，マイナス面を示す場合は，「機能障害（心身機能と身体構造の制限）」「活動制限」「参加制約」と表現している。

- 活動制限：個人が活動を行うときに生じる難しさのこと。
- 参加制約：個人が何らかの生活・人生場面にかかわるときに経験する難しさのこと。
- 環境因子：人々が生活し，人生を送っている物的な環境や社会的環境，人々の社会的な態度による環境を構成する因子のこと。
- 個人因子：性別，年齢，性格，生活歴など，個人の生活や人生に特有な特徴などのこと。

ICF（国際生活機能分類）　構成要素間の相互作用

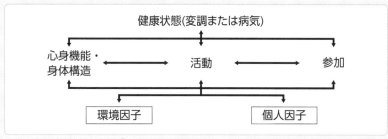

出典：障害者福祉研究会編『ICF国際生活機能分類——国際障害分類改定版』中央法規出版，2002年

ICIDH（国際障害分類）　障害構造モデル

Disease or Disorder → Impairment → Disability → Handicap
病気／変調　　　　　　機能障害　　　　能力障害　　　社会的不利

□ **1** 医学モデルから社会モデルへの転換として，ICF（国際生活機能分類）を位置づけた。

✘ 医学モデル（障害を個人の問題ととらえる）と社会モデル（障害を社会によってつくられた問題ととらえる）の統合。

□ **2** ICIDH（国際障害分類）における能力障害を，ICFでは参加制約に置き換えた。

✘ 「活動」に置き換えた。

□ **3** ICIDHよりも，環境および環境と個人の相互作用を重視したモデルとしてICFが提案された。

○

□ **4** ICFは，心身機能の障害による生活機能の障害を分類するだけではなく，活動や社会参加に着目している。

○

□ **5** ICFにおける活動とは，生活・人生場面へのかかわりのことである。

✘ 設問は参加についての記述。活動とは，課題や行為の個人による遂行のこと。

□ **6** ICFにおける参加とは，課題や行為の個人による遂行（すいこう）のことである。

✘ 設問は活動についての記述。参加とは，生活・人生場面へのかかわりのことである。

□ **7** ICFにおける生活機能は，健康状態と背景因子との間の相互作用とみなされる。

○

□ **8** ICFにおける障害とは，機能障害（構造障害を含む），活動制限，参加制約のすべてを包括した用語である。

○

□ **9** ICFの背景因子に環境因子は含まれていない。

✘ 背景因子とは，環境因子と個人因子のことをいう。

□ **10** 活動は，能力と実行状況で評価される。

○

□ **11** ICFにおける環境因子として，「娘が近隣に住み，毎日訪問していること」があげられる。

○

- ICF は，健康状況等を表現するための共通言語確立などが目的であり，個人の「生活機能」を，「心身機能・身体構造」「活動」「参加」という3つの概念と，「環境因子」「個人因子」の2つの背景因子から全体的にとらえる相互作用モデルである。

- 障害に対する肯定的表現，環境の重要性が意識され，背景因子として，環境因子（家族・仲間・地域活動，自宅周辺の坂道や段差など）と個人因子（年齢・性別・性格など）の導入，さらにバリアフリー，社会参加が求められている。

- 選択肢を読んで，生命レベル，生活レベル，人生レベルを見分けることが重要。

ICF（International Classification of Functioning, Disability and Health：国際生活機能分類）の社会モデルに関する記述として，最も適切なものを1つ選びなさい。（第30回問題87より）

1　障害は，個人の問題である。	**4**
2　障害は，病気・外傷などから直接的に生じる。	
3　障害は，専門職による個別的な治療で解決する。	
4　障害は，環境によって作り出されるものである。	
5　障害への対処では，個人のよりよい適応と行動変容が目標とされる。	

ICF（International Classification of Functioning, Disability and Health：国際生活機能分類）の視点に基づく環境因子と心身機能の関連を表す記述として，最も適切なものを1つ選びなさい。（第32回問題19より）

1　電気スタンドをつけて，読書を楽しむ。	**5**
2　車いすを使用して，美術館に行く。	
3　聴力が低下すると，コミュニケーションがうまくとれない。	
4　ストレスが溜まると，活力が低下する。	
5　床面の性状が柔らかいと，バランスを崩す。	

5 高齢者の生活

ワーク1 ▶ **高齢社会白書，国民生活基礎調査**

「高齢社会白書」は，高齢化の状況や，政府の行う高齢社会への対策・施策を明らかにしているもので，高齢社会対策基本法に基づき，毎年政府が国会に提出している年次報告書。「国民生活基礎調査」は，厚生労働省が政策の基礎資料とするため，保健，医療，福祉，年金，所得等の国民生活の基礎的事項を調査したもの。なお，具体的な高齢者施策の対象となるのは，65歳以上である。

ここがでる!! 🔑 一問一答 ○×チェック

☐ **1** 2020年（令和2年）の「患者調査」によると，全国の医療施設での受療患者数は，65歳以上が「入院」の7割以上を占めている。 **○**

☐ **2** 2017年（平成29年）版の「高齢社会白書」によると，2025年（令和7年）の認知症高齢者数に関する推計値は約700万人である。 **○**

☐ **3** 2018年（平成30年）版の「高齢社会白書」によると，65歳以上の者の家庭内事故の発生割合が最も高い場所（屋内）は，居室である。 **○**「居室」「階段」「台所・食堂」の順に多い。

☐ **4** 2023年（令和5年）版の「高齢社会白書」によると，65歳以上の高齢者の約8割が社会活動に参加している。 **✗** 65歳以上の高齢者のうち，51.6％が社会活動に参加している。

☐ **5** 2019年（令和元年）版の「高齢社会白書」によると，60歳以上の人の約半数が，「自宅で最期を迎えたい」と考えている。 **○** 51.0％

☐ **6** 2022年（令和4年）の「国民生活基礎調査」によると，65歳以上の者のいる世帯構造別の構成割合は，「単独世帯」「夫婦のみの世帯」「三世代世帯」の順に多い。 **✗**「夫婦のみの世帯」「単独世帯」「親と未婚の子のみの世帯」の順に多い。

□ **7** 2022年（令和4年）の「国民生活基礎調査」によると，一人暮らしの高齢者は，65歳以上の者のいる世帯の約3割を占めているが，その6割以上が女性である。

○ 65歳以上の者のいる世帯の31.8％が一人暮らし。その64.1％が女性。

□ **8** 2022年（令和4年）の「国民生活基礎調査」によると，高齢者世帯の所得を種類別にみると，「稼働所得」が最も多く，次いで「公的年金・恩給」「財産所得」の順となっている。

✗ 「公的年金・恩給」「稼働所得」「財産所得」の順。

要点整理

- 介護福祉士として，日本の高齢者の動向を把握しておくことが求められる。
- これまで家族が担っていた介護の役割を，家族機能の低下によって社会が代替する「介護の社会化」を理解しておこう。
- 世帯ごとの平均所得や人員構成のほか，高齢化の状況，高齢社会対策の実施状況などの大まかな流れを把握しておこう。

6 介護を必要とする人の生活を支えるしくみ

ワーク1 ▶ 地域連携

地域住民や利用者に共通する課題を取り上げ，それに対応する個人レベルや組織的な取り組み，制度的な地域連携がある。

ここがでる!! 一問一答 ○×チェック

☐ **1** 地域連携の方法には，地域の社会資源への関与がある。 **○**

☐ **2** 地域診断の主たる方法には，実態調査による必要な資料収集だけでなく，既存の文献，資料による分析，専門家およびサービスの担い手や利用者などからの情報収集などがある。 **○**

☐ **3** 地域の福祉ニーズや課題は対象分野により異なるため，各種の専門機関，ボランティア組織，行政機関などは対象分野ごとに活動することが望ましい。 **✗** 互いに協力し合っていくことが望ましい。

☐ **4** 住民がボランティア活動に参加しやすいように，ボランティアセンターの機能を有した活動の拠点をつくることが大切である。 **○**

☐ **5** ボランティアコーディネーターの役割の1つは，ボランティア希望者が登録をする前に，利用者と直接接触してニーズを把握してもらうことである。 **✗** 希望者の動機等を把握し，利用者のニーズなども加味するが，登録前の接触は望ましくない。

☐ **6** 相談支援専門員は，障害福祉サービスのサービス担当者会議を開催する。 **○**

☐ **7** 民生委員は，社会奉仕の精神をもって，住民の立場に立って相談に応じ，必要な援助を行い，社会福祉の増進に努める者である。 **○**

要点整理

● 地域連携については，行政や住民との関係が重要である。

● 各種機関，行政と協働しながら，利用者，住民が主体的に参加できるよう，かかわることが大切である。

● 相談支援専門員は，障害者総合支援法で特定相談支援事業所などに配置され，障害者が自立した地域生活を営むための支援などを行う。

ワーク2 ▶ ケアマネジメント

　ケアマネジメントとは，利用者が，適切な時期に適切な状態で，必要とするすべてのサービスを受けられるように，各サービスの調整を図るための援助の技術である。

　介護保険法では，高齢者の自立の支援とサービスの選択を確保するために，ケアマネジメントの手法を導入した。ケアマネジメントの過程は，①入口，②アセスメント（課題分析，ニーズの把握），③ケース目標の設定とケアプラン（介護サービス計画）の作成（サービス担当者会議における今後のサービス提供方針の検討），④ケアプランの実施，⑤評価，⑥再アセスメントである。

ここがでる!! 🖊 一問一答 ○×チェック

☐ **1** ケアマネジメントには，サービス利用者や介護者の参加が必要で，その意向や要望を配慮（はいりょ）したケアプランを作成することとされている。　○

☐ **2** ケアマネジメントでは，公的な社会資源ばかりでなく，親族やボランティアなどのインフォーマルな資源も視野に入れたケアプランを作成していく必要がある。　○

☐ **3** ケアマネジメントにおけるアセスメントとは，介護福祉職が専門的観点から診断し，それに基づいて援助の方法を決定することである。　✗ 利用者の観点に立ち，援助の方法を決定する。

☐ **4** ケアマネジメントの過程は，ケアプランの実施をもって終了する。　✗ 評価や再アセスメントも行われる。

☐ **5** 利用者を取り巻く人間関係や組織との関係を視覚的に把握・理解する方法としてエコマップを作成する。　○

要点整理

- ケアマネジメントの目的は，利用者が地域で快適に生活できるように自立を支援することにある。試験では，介護保険制度と関連した内容が出題されることが多い。

- 介護保険法では，ケアプランは，利用者が居宅介護支援事業所の介護支援専門員に依頼し作成してもらうか，施設に入所している利用者の場合は，施設の介護支援専門員によって作成される。

- 本人の作成したケアプランも認められていることが問われているので注意。

- ケアプランの作成にあたっては，家族・親族や地域住民からの援助についても考慮する必要があることを理解しておこう。

介護保険制度の居宅サービスにおけるケアマネジメントに関する次の記述について，○×を付けなさい。

(第24回問題25，第32回問題23，第33回問題10改変)

☐ 利用者や家族は，居宅サービス計画の立案・作成にかかわることができない。
✖ 利用者や家族もかかわる。

☐ アセスメントは利用者及び家族に面接して行う。
〇

☐ 家族は，サービス担当者会議のメンバーに含まない。
✖ 家族もサービス担当者会議のメンバーに含まれる。

☐ 介護支援専門員は，居宅サービス計画を民生委員に知らせる義務がある。
✖ 民生委員が居宅サービス計画に位置づけられていなければ，知らせる義務はない。

☐ 少なくとも2か月に1回は，モニタリングの結果を記録する。
✖ 少なくとも1か月に1回は利用者の居宅で面接を行い，モニタリングの結果を記録する。

☐ 訪問介護事業所のサービス提供責任者は，訪問介護計画書を作成する。
〇

☐ 居宅サービス計画の作成は，原則として要介護認定の後に行う。
〇

高齢者の福祉にかかわる施設

- 老人福祉施設：老人デイサービスセンター，老人短期入所施設，養護老人ホーム，特別養護老人ホーム，軽費老人ホーム，老人福祉センター，老人介護支援センター（在宅介護支援センター）の7施設
- 老人福祉施設以外の施設：有料老人ホーム，老人休養ホーム，老人憩の家など

ここがでる!! 🡆 一問一答 ○×チェック

養護老人ホーム

☐ **1** 養護老人ホームは，入所要件として経済的理由が付されている。

   ○「経済的理由」とは，本人の属する世帯が生活保護を受けている場合などである。

☐ **2** 養護老人ホームの入所要件は，要介護認定を受けていることである。

   ✕ 入所要件に「要介護認定を受けていること」は，規定されていない。

☐ **3** 養護老人ホームは，65歳未満の者はどんな理由であってもその利用は認められない。

   ✕ 原則65歳以上が対象だが，一定要件を満たせば60歳以上，さらには例外として60歳未満も可。

☐ **4** 市町村は，必要に応じて養護老人ホームへの入所措置を採らなければならない。

   ○

要点整理

養護老人ホーム

- 環境上の理由，経済的理由により居宅で養護を受けることが困難な者を入所対象とする。「経済的理由」が入所要件にあるのが，養護老人ホームとほかの老人福祉施設との区別のポイントである。
- 介護保険法上の特定施設入居者生活介護の対象となっている。
- 措置施設（自治体が必要性を判断して入所を行う）であることにも注意。

介護の基本

軽費老人ホーム（ケアハウス）

☐ **5** 軽費老人ホーム（ケアハウス）は要介護度が重い人の入居を目的にしている。

✗ 入居対象は，身体機能の低下等により自立した日常生活を営むことに不安がある者で，家族による援助を受けることが困難な者。

☐ **6** 軽費老人ホームでは，原則的に入居者への給食サービスは行わない。

✗ 適切な時間に栄養等を考慮した食事を提供しなければならない。

☐ **7** 軽費老人ホームには生活相談員がおかれている。

○

要点整理

軽費老人ホーム（ケアハウス）

● 介護保険法上の特定施設入居者生活介護の対象となっているので注意。

有料老人ホーム

☐ **8** 有料老人ホームは，老人福祉法で定義されている。

○ 老人福祉法第29条に規定されている。

☐ **9** 有料老人ホームは，老人福祉施設の1つである。

✗ 有料老人ホームは，老人福祉法に規定する老人福祉施設ではない。

☐ **10** 有料老人ホームを設置する場合，設置者は，都道府県知事に届け出なければならない。

○ 事前届出が必要。

要点整理

有料老人ホーム

● 老人福祉法では，老人を入居させ，入浴，排せつ若しくは食事の介護，食事の提供又はその他の日常生活上必要な便宜であって厚生労働省令で定めるものの供与をする事業を行う施設であって，老人福祉施設，認知症対応型老人共同生活援助事業を行う住居その他厚生労働省令で定める施設でないものと定義されている。

● 有料老人ホームが，老人福祉法に規定されていることが，問題を解くポイントとなる。

その他

☐ **11** 老人福祉法に定める老人福祉施設とは，老人デイサービスセンター，老人短期入所施設，養護老人ホーム，特別養護老人ホーム，軽費老人ホームの5種類である。

　✕ ほかに，老人福祉センター，老人介護支援センターがある。

☐ **12** 施設に入所できる年齢は，養護老人ホームと特別養護老人ホームでは65歳以上，軽費老人ホームでは60歳以上を原則としている。

　〇

☐ **13** サービス付き高齢者向け住宅は，地域密着型サービスの1つである。

　✕ 高齢者の居住の安定確保に関する法律によって創設された登録制の高齢者住宅。

☐ **14** サービス付き高齢者向け住宅の入居者は，必要に応じて，介護保険サービスの利用ができる。

　〇

☐ **15** 認知症対応型共同生活介護（グループホーム）での介護は，利用者のなじみのある人や店との関係は継続していくことが望ましい。

　〇

☐ **16** 介護医療院では，入所者のためのレクリエーション行事を行うよう努める。

　〇

213

- 2011年（平成23年）4月の高齢者の居住の安定確保に関する法律の改正により，高齢者専用賃貸住宅，高齢者円滑入居賃貸住宅，高齢者向け優良賃貸住宅の制度が2011年（平成23年）10月に廃止され，サービス付き高齢者向け住宅となった。
- 有料老人ホームは，サービス付き高齢者向け住宅として登録することも可能となった。

ユニット型特別養護老人ホームに関する次の記述について，○×を付けなさい。（第24回問題21，第27回問題24，第29回問題23改変）

□ 共同生活室は施設に1つあればよい。	✖ ユニットごとに設ける。
□ ユニットとは洗面設備と居室の組合わせのことである。	✖ 少数の居室と共同生活室により一体的に構成される場所。
□ 入居者相互の社会的関係を築くように支援する。	○
□ 居室で食事をするように支援する。	✖ 共同生活室や食堂で食事をする。
□ ユニットを担当する職員は，一定期間固定して配置する。	○
□ 家族や友人などが，気軽に宿泊できるように配慮する。	○

7 多職種連携

ワーク1 多職種連携（チームアプローチ）

福祉・医療など異なる専門性をもつ多職種が，共通の目的と理念をもち，利用者のケアの方向性に関する情報を共有して課題の解決に取り組むなど，チームとなって利用者を支え合うことで，それぞれの専門性を活かした効果的なサービスを提供することに意義がある。

ここがでる!! 一問一答 ○×チェック

☐ **1** 退院後の在宅生活支援では，医療職がリーダーシップをとり続ける。

✕ チームアプローチが重要となる。

☐ **2** 薬剤師は，薬剤の処方を行う。

✕ 調剤は行えるが，薬剤の処方は行えない。

☐ **3** 管理栄養士は，調理技術の合理的な発達を図る。

✕ 調理師の説明。

☐ **4** 看護師は，療養上の世話の一環として，服薬指導ができる。

○

☐ **5** 視能訓練士は，嚥下障害（えんげしょうがい）のリハビリテーション評価を行う。

✕ 嚥下訓練は主として言語聴覚士が行う。

☐ **6** 介護の現場におけるチームアプローチでは，チームメンバーの役割分担を明確にする。

○

要点整理

● 多職種連携において誰（だれ）の指示を受けるのか，というところがポイントである。

● 看護師は，主治の医師または歯科医師の指示を受け，准看護師は，医師，歯科医師または看護師の指示を受けて業務を行う。

● 理学療法士，作業療法士は，医師の指示のもとに理学療法や作業療法をそれぞれ行う。

ワーク1 ▶ 介護における安全の確保

　　介護福祉士は，専門職として，利用者の安全の確保，事故防止対策，感染対策，薬剤の取り扱いに関する知識や技術を身につけておかなければならない。また，1件の重大事故の背景に，29件の軽傷を伴う事故，300件のヒヤリ・ハットする体験があるという，労働災害の調査から見出された事故の重大性と発生頻度の関係を示した「ハインリッヒの法則」を覚えておこう。

ここがでる!! 　一問一答　○×チェック

☐ **1** 介護事故の予防のため，過去のヒヤリ・ハット事例を参考にする。

○

☐ **2** 介護事故予防マニュアルに従えば，事故は起きない。

✕ マニュアルに従っていても事故が起きることはある。

☐ **3** 介護事故が発生した場合，都道府県知事に報告する。

✕ 介護保険法に基づく事業者は，市町村，利用者の家族に報告する。

☐ **4** 指定介護老人福祉施設は，事故の状況および事故に際して採った処置についての記録は，その記録の完結の日から2年間保存しなければならない。

○

☐ **5** 介護事故の対応について，あらかじめ事故防止対応マニュアルを施設で定めて，周知することが望ましい。

○

☐ **6** ヒヤリ・ハット報告書と事故報告書は分けて記載する。

○

要点整理

- 原子力発電所の事故ではないが，事故は起きる可能性がある。
- 事故を未然に防止することや，発生した事故を速やかに処理することで，施設などの損害を最小限に食い止めるリスクマネジメント（危機管理）が重要である。

 点UP!

利用者の安全を確保するために留意すべきことについて，○×を付けなさい。

(第 26 回問題 28，第 28 回問題 29，第 31 回問題 24 改変)

☐ リスクマネジメントは，事故が起きてからその体制を検討する。　✖ 事故が起きる前から検討する。

☐ 利用者のけがや事故の原因の 1 つに，生活を制限されることから生じるストレスがある。　○

☐ 施設内では，介護福祉職が取り扱いに慣れた歩行器を優先して使用する。　✖ 利用者に適したものを使用する。

☐ 利用者本人に対して，積極的に身体拘束への同意を求める。　✖ 身体拘束は緊急やむを得ない場合をのぞき，原則禁止。

☐ 事故報告書は，管理者以外，閲覧することができないように管理・保管する。　✖ 同じ事故を繰り返さないよう情報は共有する。

☐ 職員に対して安全に関する研修を定期的に行う。　○

☐ ヒヤリ・ハット事例の収集・分析が事故を防ぐことにつながる。　○

災害対策基本法には，「避難所における生活環境の整備等」と「避難所以外の場所に滞在する被災者についての配慮」が規定されている。また，市町村長には，避難行動要支援者名簿の作成が義務づけられている。

ここがでる!! 一問一答 ○×チェック

☐ **1** 災害対策基本法に基づき，避難行動要支援者名簿の作成が，施設長に義務づけられている。　**✕** 市町村長

☐ **2** 施設が作成する非常災害対策計画の内容は，職員間で十分に共有する。　**○**

☐ **3** 災害時，避難所での高齢者への介護職員の対応として，深部静脈血栓症の予防のために運動をすることを勧める。　**○**

☐ **4** ユニット型指定地域密着型介護老人福祉施設の利用者数は，災害などの事情があっても定員数以内とする。　**✕** 災害などやむを得ない事情があれば超えてもよい。

☐ **5** 介護老人福祉施設は，大規模災害時は，災害派遣医療チーム（DMAT）の活動拠点本部になることが義務づけられている。　**✕** 適当な場所として選定されるが，義務づけられているわけではない。

☐ **6** 介護老人福祉施設の入所者は，原則として福祉避難所の対象外である。　**○**

要点整理

● 福祉施設は，福祉避難所の開設や地域の救援活動の拠点としての取り組みが求められる。

● 近年の災害は，大規模なものが多く，日頃からさまざまな対策を策定することが大切となる。

● 福祉避難所の対象は，高齢者・障害者・妊産婦・乳幼児・医療的ケアを必要とする者・病弱者等，避難所生活において何らかの特別な配慮を必要とする者およびその家族まで含まれる。

　感染とは，細菌（0.5 〜 2 μm 前後の大きさ）やウイルス（20 〜 300 nm 前後の大きさ）などの病原性微生物が体内に侵入し，生育，増殖することをいう。感染症とは，感染により個体の組織変化が生じたり，生理的機能を障害する疾病をいう。結核は結核菌（細菌），インフルエンザはウイルスによる感染。

ここがでる!! 🖝 **一問一答 〇×チェック**

ウイルス肝炎

☐ **1** B 型肝炎は，ウイルスが原因の疾患である。　　　　〇

☐ **2** B 型肝炎の感染経路には，性行為感染，輸血感染，母子感染，医療事故感染がある。　　　　〇

☐ **3** B 型肝炎ウイルスは，血液を介して感染する。　　　　〇

☐ **4** C 型肝炎ウイルスは，肝臓がんの発症に関与する。　　　　〇

要点整理

● 肝炎の原因の多くはウイルスによるものである。

● A 型肝炎は，かつては流行性肝炎と呼ばれ，経口により感染する。海外での生水や魚介類の生食は危険。

● B 型肝炎と C 型肝炎は，血液による感染経路をもち，肝臓がんへ進行するといわれ，C 型肝炎は肝硬変の原因として最も多い。B 型肝炎ウイルスキャリアの母親が出産した新生児にはワクチン，免疫グロブリンの投与が行われている。

● B 型肝炎はインターフェロンを用いる療法があるが，C 型肝炎は 65 歳以上の高齢者には特にインターフェロンの副作用が強く，慢性肝炎ワクチンは開発途上にある。

介護の基本

219

MRSA（メチシリン耐性黄色ブドウ球菌）

☐ **5** MRSA（メチシリン耐性黄色ブドウ球菌）は，社会福祉施設，病院などで院内感染の1つとして重要視されている。　　〇

☐ **6** MRSA感染は，日和見感染症ともいわれる。　　〇

☐ **7** MRSA感染は，高齢者に多い感染症である。　　〇

☐ **8** MRSAは，基礎疾患のある者に発症することが多い。　　〇

☐ **9** MRSAの保菌者の居室では，履物を交換する。　　✕　手洗いと手指の消毒，手袋・ガウン・マスクの装着，医療器具等の洗浄・消毒が有効。

要点整理

● MRSA（メチシリン耐性黄色ブドウ球菌）は，院内感染の原因として知られ，接触感染が多い。多種類の抗生物質に抵抗力を示し，投薬の効果が低い菌である。

● 日和見感染症ともいわれ，その名のとおり，健康な人が感染しても症状はないが，高齢者などでは死に至ることもある。

AIDS（後天性免疫不全症候群）

☐ **10** AIDS（後天性免疫不全症候群）は，免疫機能の減退が現れる。　　〇

☐ **11** AIDSの感染経路は，性行為，輸血などである。　　〇

☐ **12** AIDSは，飛沫感染する。　　✕　性行為，輸血および血液製剤，母子感染，臓器移植感染や医療事故感染による。

要点整理

● AIDS（後天性免疫不全症候群）は，HIV（ヒト免疫不全ウイルス）による続発性免疫不全症である。エイズ予防法に規定されていたが，感染症の予防及び感染症の患者に対する医療に関する法律（感染症法）で5類感染症に位置づけられた。

感染症対策

☐ **13** 病院や施設に入所したことで新たに発症するのは，日和見感染である。

✖ 日和見感染は，免疫力の低下により発症する。環境的原因ではない。

☐ **14** 肺結核は，主に経皮感染する。

✖ 空気感染

☐ **15** ぞうきんやモップは，使わないときも湿らせておく。

✖ 洗浄，消毒，乾燥が有効。

☐ **16** ノロウイルスの感染経路は，主に接触感染である。

✖ 主に経口感染。

☐ **17** ノロウイルスによる嘔吐物・便の処理には，マスクを着用する。

◯

☐ **18** ノロウイルスは，感染性胃腸炎を起こす。

◯

☐ **19** ノロウイルスによる嘔吐物のついた衣服の処理は，嘔吐物を取り除いた後，次亜塩素酸ナトリウム溶液につける。

◯

☐ **20** 手洗いは，液体石鹸よりも固形石鹸を使用する。

✖ 液体石鹸のほうがよい。

☐ **21** 排泄の介護は，利用者ごとに手袋を交換する。

◯

- 感染対策の3原則

  ①感染源の排除（嘔吐物，排泄物，血液，体液などが感染源となる）

  ②感染経路の遮断（感染源を持ち込まない，持ち出さない，拡げない）

  ③宿主（ヒト）の抵抗力の向上

- 接触感染（経口感染を含む）：手指・食品・器具を介して伝播する頻度の高い伝播経路。（ノロウイルス，腸管出血性大腸菌，MRSA（メチシリン耐性黄色ブドウ球菌））

- 飛沫感染：咳，くしゃみ，会話などで，飛沫粒子（5 μm 以上，1 μm は1000分の1 mm）を吸い込むことで感染。1 m 以内に落下。空中を浮遊し続けることはない。（インフルエンザウイルス，風疹ウイルス）

- 空気感染：咳，くしゃみ等で飛ばした飛沫核（5 μm 未満）を吸い込むことで感染。空中に浮遊し空気の流れにより飛散する。感染者と離れた場所にいても感染する。（結核菌，麻疹ウイルス）

  ＊なお，新型コロナウイルスは，空気感染するともいわれ，密閉した空間をつくらないことが大切。

  ＊インフルエンザウイルスは，接触感染により感染する場合がある。また空気感染の可能性も報告されている。

- 血液媒介感染：病原体に汚染された血液や体液，分泌物が針刺しなどにより体内に入ることで感染する。（B型肝炎ウイルス，C型肝炎ウイルス）

感染対策に関する次の記述について，○×を付けなさい。(第 28 回問題 30 改変)

- ☐ 下痢・嘔吐(おうと)が続く介護福祉職は，マスクをして業務を行う。   ✖ 病院を受診し休養する。

- ☐ 汚れが目に見える場所を消毒することが，感染症予防に有効である。   ✖ 目に見えない場所ほど感染予防が必要。

- ☐ モップを使う床掃除の場合は，乾いたモップで汚れを拭き取る。   ✖ 最初にぬれたモップで行い，その後乾いたモップで乾拭きするとよい。

- ☐ 手袋を着用していれば，排泄物(はいせつぶつ)や嘔吐物(おうとぶつ)を触った後の手洗いを省略してもよい。   ✖ 手洗いは必ず行う。

- ☐ 固形石鹸(せっけん)よりも液体石鹸の方が望ましい。   ○

介護老人福祉施設の感染対策に関する次の記述について，○×を付けなさい。
(第 31 回問題 25 改変)

- ☐ 感染対策のための委員会を開催することは任意である。   ✖ 委員会を設置し定期的に開催。

- ☐ 手洗いは，消毒液に手を浸して行う。   ✖ 液体石鹸と流水を使用。

- ☐ 洗面所のタオルは共用にする。   ✖ 使い捨てのペーパータオルを使用。

- ☐ 入所者の健康状態の異常を発見したら，すぐに生活相談員に報告する。   ✖ 医師や看護師など医療関係者に報告。

- ☐ おむつ交換は，使い捨て手袋を着用して行うことが基本である。   ○

介護の基本

経口的与薬法には，薬剤をそのまま服用するものと，舌下粘膜から吸収させる舌下錠がある。非経口的与薬法には，注射，吸入，座薬，軟膏，点鼻，点眼のような外用薬も含まれる。

ここがでる!! 一問一答 ○×チェック

☐ **1** 舌下錠は，かまずに水で飲み込むのがよい。

✘ かまずに舌の下に置き，舌下粘膜から吸収させる。舌の下は血管が多いため吸収が速い。

☐ **2** 座薬は体温によって溶けるようにつくられているため，冷蔵庫に保管するのがよい。

○

☐ **3** 薬の服用を忘れがちな高齢者には，1回分ずつに分けて包装しておくなどの工夫が必要である。

○

☐ **4** 認知機能障害は，服薬状況を悪くする要因となる。

○

☐ **5** 服用した記憶が曖昧な場合，再度服用してもらう。

✘ 医師や薬剤師の指示を受ける。

☐ **6** 高齢者の睡眠薬の使用では，翌朝まで作用が残ることがあるので注意を要する。

○

要点整理

● 与薬は看護師など医療従事者が医師の指示のもとで行うもので，介護保険施設では，看護師が管理する。介護福祉職の業務範囲ではない。服薬の介助をする場合，薬の副作用に関する知識なども学んでおくことで，利用者の安全を確保することも求められていることを忘れないようにしよう。

● 「原則として医行為でないもの」として点眼薬の点眼などの行為が認められている。点眼の際，容器の先端は，まつ毛に触れさせない。

点UP!

服薬に関して，○×を付けなさい。

(第 24 回問題 27，第 32 回問題 52，第 34 回問題 81 改変)

☐ 朝，薬を飲み忘れたので昼に 2 回分の内服を勧める。 ✖ 医療職に報告し，指示を仰ぐ。

☐ カプセル剤が飲みにくい場合は，中身を出して内服するよう勧める。 ✖ 処方されたとおりに服用する。

☐ 湿布薬は皮膚に発赤があっても，同一部位に貼るよう勧める。 ✖ 発赤がある部位は避けて貼る。

☐ 容器の先がまつ毛に触れずに点眼するよう勧める。 ○

☐ 座薬の挿入後は，薬が排出されないことを確認する。 ○

☐ 座薬の挿入時は，仰臥位（背臥位）で膝を伸ばす。 ✖ 側臥位で軽く膝を曲げる。

☐ 認知症の人に抗精神病薬を用いた薬物療法の副作用として，誤嚥のリスクが高くなることがあげられる。 ○

介護の基本

9 介護従事者の安全

ワーク1 介護従事者の安全と健康管理

介護従事者は，労働者であり，労働基準法や労働安全衛生法に基づき職場における労働条件の整備，安全と健康の確保が求められる。

ここがでる!! 一問一答 ○×チェック

☐ **1** 労働安全衛生法は，従業員が20人以上の職場に衛生委員会の設置を義務づけている。
✘ 従業員50人以上に配置が義務づけられている。

☐ **2** 労働基準法は，労働者の労働条件の望ましい基準を定めている。
✘ 望ましい基準ではなく，最低基準。

☐ **3** 労働基準法は，労働者の安全と健康を確保することを目的としている。
✘ 労働基準法ではなく，労働安全衛生法の目的である。

☐ **4** 介護従事者の労働時間は，労働安全衛生法に規定されている。
✘ 労働安全衛生法ではなく，労働基準法に規定されている。

☐ **5** 労働者が業務上負傷した場合，使用者は必要な療養の費用を負担しなければならない。
○

☐ **6** 腰痛予防のため，介護従事者は日頃から，前傾中腰姿勢での介護を心がける。
✘ 前傾中腰姿勢は，腰への負担が大きい。

☐ **7** 腰痛予防の体操として，静的ストレッチングが効果的である。
○

☐ **8** 腰痛予防のため，介護従事者の体幹を45度程度ひねって介護する。
✘ からだをひねらないことが大切。

☐ **9** ストレスに対しては自分に合った適切な対処法をもつとよい。
○

☐ **10** ストレスチェック制度は，労働者のメンタルヘルス不調の未然防止が主な目的である。
○

226

11 ストレスチェックを実施した結果は，実施者から事業者に対して通知することが義務づけられている。

✖ 本人の同意のない限り，通知は禁止されている。

12 労働安全衛生法は，労働災害の防止に関する措置への労働者の協力を規定している。

○

13 利用者から暴力を受けたので，「やめてください」と伝え，上司に相談した。

○

14 燃え尽き症候群（バーンアウト）の特徴として，無気力感，疲労感や無感動がみられる。

○

要点整理

- 労働基準法は，労働条件の最低基準を設定している。
- 労働安全衛生法は，労働基準法とあいまって，職場における労働者の安全と健康の確保，快適な職場環境の形成を促進するための法律。
- ストレスチェック制度は，労働者50人以上の事業場の事業者に義務づけられている。実施者は，産業医が中心的役割を担うことが望ましいとされる。

介護の基本

育児休業・介護休業

　育児休業，介護休業等育児又は家族介護を行う労働者の福祉に関する法律（育児・介護休業法）は，育児や家族の介護を行う労働者を支援する目的で，出生時育児休業（産後パパ育休），育児休業，介護休業，子の看護休暇，介護休暇について定める。

出生時育児休業（産後パパ育休），育児休業，介護休業，子の看護休暇，介護休暇

出生時育児休業 （産後パパ育休）	・子の出生後 8 週間以内に， 4 週間まで取得可能。 ・原則，休業の 2 週間前までに申し出る。 ・分割して 2 回取得可能（初めにまとめて申し出ることが必要）。 ・労使協定を締結している場合に限り，労働者が合意した範囲で休業中に就業することが可能。
育児休業	・育児休業期間は，原則として子が 1 歳になるまでの期間であるが，最長で 2 歳まで延長可能。 ・原則，休業の 1 か月前までに申し出る。 ・分割して 2 回取得可能（取得の際にそれぞれ申し出る）。 ・原則，就業不可。
介護休業	・ 2 週間以上要介護状態が続いている家族を介護するためのもの。 ・対象家族 1 人につき， 3 回を上限，通算93日まで取得可能。 ・対象家族は，配偶者，父母，子，配偶者の父母，祖父母，兄弟姉妹および孫（別居の者も含む）。
子の看護休暇	・小学校就学前の子が病気やけがをした場合，1 人につき，1 年に 5 日（子が 2 人以上の場合は10日）まで取得可能（時間単位で取得可能）。
介護休暇	・要介護状態にある対象家族の介護などの世話を行う場合，1 人につき，1 年に 5 日（対象家族が 2 人以上の場合は10日）まで取得可能（時間単位で取得可能）。 ・世話には，「通院等の付添い」「介護サービスの提供を受けるために必要な手続きの代行」などがある。

☐ **1** 介護休業とは，10週間以上要介護状態が続いている家族を介護するためのものである。

✗ 2週間以上

☐ **2** 介護休業は，対象家族1人について，通算して31日の期間を限度とする。

✗ 93日。なお，対象家族1人につき，3回まで分割取得が可能。

☐ **3** 介護休業の対象となる家族には，別居の祖父母が含まれる。

○

☐ **4** 要介護状態にある家族を1人介護する場合，1年度に5労働日を限度に，介護休暇を取得することができる。

○ 時間単位で取得可能。

☐ **5** 要介護状態にある家族の通院の付き添いに，介護休暇を使うことはできない。

✗ 通院の付き添いにも使える。

☐ **6** 育児休業期間は，子が満3歳になるまでである。

✗ 最長2歳まで。

介護の基本

要点整理

● 休業期間，対象年齢などがよく問われる。

● 2016年（平成28年）の育児・介護休業法改正により，1歳6か月に達した時点で保育所に入れないなどの場合，再度申し出ることで育児休業期間を2歳まで延長できることになったことに注意。

● 育児休業給付金・介護休業給付金の支給を受けるには，事業主を経由して管轄のハローワーク（公共職業安定所）に申請する。

● 近年，育児や介護など本来大人が担うとされているものを子どもが日常的に行っている「ヤングケアラー」問題もある。子どもやその家庭への適切な支援をしていくことが求められている。

コミュニケーション技術

学習のポイント

　本科目は，第36回試験において6問出題された。第35回から新しい出題基準となり，【人間関係とコミュニケーション】が2問から4問に増えたことにより【コミュニケーション技術】が2問減ったためである。なお，この科目は，【人間関係とコミュニケーション】と同一科目群である。出題基準の中項目の「コミュニケーションの実際」では，「話を聴く技術」「感情を察する技術」「意欲を引き出す技術」「意向の表出を支援する技術」「納得と同意を得る技術」といった基本的なコミュニケーション技術を具体的に活用することが求められる。第36回では，事例問題が4問出題された。利用者への状況に応じた具体的な「言葉かけ」が選択肢となる形式が出題された。応用力が問われる問題が多くなってきた。

　中項目の「障害の特性に応じたコミュニケーションの実際」では，視覚障害，聴覚・言語障害，認知・知的障害，精神障害など各障害の特性に応じた対応の基本が問われる。こうした具体的コミュニケーション能力は日頃の援助にも有効であるため，きちんと押さえておくことが重要となる。

　また，介護チームとしての報告，記録，具体的な職員間の連携なども出題されている。業務のなかで考えながら力をつけていくことも大切である。

　中項目の「チームのコミュニケーションの実際」は，介護における記録の意義，目的，種類，方法，共有化，個人情報の取り扱いなど多岐にわたる。過去問を繰り返し解いておけば問題ないであろう。

ワーク1 ▶ 質問の種類

- 開かれた質問：「どんな」「どのように」など自由な応答を促す質問。
- 閉じられた質問：「はい」「いいえ」で答えられる質問。2〜3の単語で短く答えられる質問。

ここがでる!! 👉 一問一答 ○×チェック

☐ **1** 「どんなふうにつらいですか」と質問するのは，開かれた質問にあたる。 ○

☐ **2** 閉じられた質問を使うと，利用者は自らの考えや気持ちを具体的に述べることができる。 ✗ 開かれた質問のほうが，利用者の思いを聞き出すことが可能。

☐ **3** 利用者の思いを引き出すためには，「はい」「いいえ」で簡単に答えられる質問が有効である。 ✗ 自分の言葉で表現しやすい答えができるように，開かれた質問をすることが有効。

☐ **4** 「なぜ」「どうして」の聞き方は，相手が問い詰められているように感じることがある。 ○

☐ **5** 開かれた質問をする目的として，漠然としていて伝わらない利用者の考えを明確にすることがあげられる。 ○

☐ **6** 初対面の人と関係を構築するために，介護福祉職は，相手のペースに合わせて，表情を確認しながら話すとよい。 ○

☐ **7** 利用者とコミュニケーションをとるときは，上半身を少し利用者のほうへ傾けた姿勢で話を聞くとよい。 ○

☐ **8** アサーティブコミュニケーションとは，介護福祉職と利用者双方の気持ちを尊重しながら，介護福祉職の気持ちを伝えるコミュニケーション技法である。 ○

- 人が人に伝える意味内容は，90％あまりが言語以外の手段によって行われる非言語的コミュニケーションによるともいわれる。
- 利用者をよく知るとともに自分自身をよく知ることも必要である。

10点UP!

直面化の技法に関する次の記述のうち，最も適切なものを1つ選びなさい。
(第32回問題27より)

1　利用者の感情と行動の矛盾点を指摘する。

2　うなずきやあいづちを用いて，利用者の話を促す。

3　利用者が話した内容を，整理して伝える。

4　利用者が話した内容を，別の言葉を使って簡潔に返す。

5　「はい」や「いいえ」だけで答えられる質問をする。

1
直面化の技法とは，物事を逃げずに見つめることを意味し，考えと現実の不一致を見つけ，非審判的態度でこれらの不一致を相手に指摘する技法である。

次のうち，閉じられた質問として，適切なものを1つ選びなさい。
(第35回問題74より)

1　「この本は好きですか」

2　「午後はどのように過ごしますか」

3　「困っていることは何ですか」

4　「どのような歌が好きですか」

5　「なぜそう思いますか」

1
ほかの選択肢は，開かれた質問。

コミュニケーション技術

2 障害の特性に応じた コミュニケーション

ワーク1 視覚障害

視覚障害者にはさまざまな生活上の問題があることを理解する。特に，話す相手の表情が確認できないので，介護福祉職側から声をかけて会話の区切りや終わりがわかるようにする。

ここがでる!! 一問一答 ○×チェック

☐ **1** 視覚障害者に家を聞かれて「左側の3階建てのビルから2軒目です」と具体的に説明した。

✖ クロックポジションなどを用いて，方位・方向を説明する。

☐ **2** 視覚障害者と出会ったときは，声をかけるだけでなく，軽く触れるとコミュニケーションがとりやすい。

○

☐ **3** 視覚障害者には，コミュニケーションと安心感を深めるために，必ず誘導（手引き）を行う。

✖ 声をかけ，手の甲に軽く触れてから状況に応じて介助する。

☐ **4** 階段を降りるときは，介護福祉職と視覚障害者が歩調を合わせて横に並んで降りる。

✖ 介護福祉職は先に一歩降り，利用者を誘導する。

☐ **5** 網膜色素変性症では，求心性の視野狭窄のため，文字を拡大すると読みやすくなる。

✖ 網膜色素変性症は，視野の中心部だけで認知するので拡大すると読みにくくなる。

要点整理

● 視覚障害者は，周囲の状況がわからず不安な状態にある。声かけを忘れず，また対象に軽くタッチさせるなどの配慮も必要である。

　伝音性難聴は，外界からの音を伝える部分（外耳（音を集める），中耳（気圧の調節をする），耳小骨（音を伝える））の障害により生じる。感音性難聴は，内耳（聞こえと平衡感覚を司る）から大脳皮質の音を感じる部分の神経系までの障害である。

ここがでる!! 一問一答 ○×チェック

☐ **1** 感音性難聴の人の場合，周囲の騒音に影響されやすいことから，一般に耳のそばで大きな声で話すことがよい。

✖ 聞き取りやすいように，ゆっくりわかりやすい言葉で話す。

☐ **2** 感音性難聴のほとんどは，低音域に聴覚レベルの低下が認められ，女性の声のほうが聞こえやすい。

✖ 高音域が聞き取りにくく，男性の声のほうが聞こえやすい。

☐ **3** 感音性難聴の特徴は，音がひずんで聞こえるので，どのような音か聞き分けることが難しい。

○

☐ **4** 高齢になってからの中途失聴者のコミュニケーション手段として，手話が有効である。

✖ 手話の習得には時間がかかるため，有効ではない。

☐ **5** 補聴器使用に効果が認められるのは，主として感音性難聴の場合である。

✖ 伝音性難聴

☐ **6** 老人性難聴で耳かけ型補聴器を両耳で使用している人との1対1のコミュニケーションでは，正面で向き合って話しかけるとよい。

○

要点整理

● 老人性難聴は，感音性難聴の一種である場合が多い。高音域が聞き取りにくくなり，テレビの音を大きくする，後ろから声をかけても振り返らない，耳鳴りを訴える，会話でつじつまの合わないことを言うなどの徴候がある。

● 補聴器の効果が高いのは，伝音性難聴である。

● 「音を伝える障害」の伝音性難聴と「音を感じる障害」の感音性難聴として区別しておこう。

コミュニケーション技術

失語症とは，脳梗塞(のうこうそく)や脳出血などによって脳が損傷され，すでに獲得していた「話す」「聞く」「書く」「読む」といった言語能力が障害を受けた状態をいう。損傷部位によって，運動性失語症（ブローカ失語症→自発話表出困難，復唱困難）と感覚性失語症（ウェルニッケ失語症→言語理解困難，復唱困難）に分けられる。

構音障害とは，口唇(こうしん)，舌，口蓋(こうがい)などの構音器官の問題により，話す機能が障害を受けた状態をいう。

ここがでる!! 🖙 一問一答 ○×チェック

☐ **1** 重度の運動性失語症のある人とのコミュニケーションでは，ひらがなで筆談(ひつだん)する。

✗ 重度の運動性失語症の人は，ひらがなを読むことも書くことも難しいことが多い。

☐ **2** 運動性失語症のある人と話す際は，二者択一の問いかけはしない。

✗ 答えやすいように「はい」「いいえ」の二者択一で答えられる閉じられた質問を用いるのがよい。

☐ **3** 構音障害のある人には，障害の程度によってはコミュニケーションエイドが有効である。

○ 五十音表の使用も有効である。

☐ **4** 構音障害のある人には，ゆっくりと文節を区切って話すように促す。

○

要点整理

● 構音障害のある人は正確に発音することが難しいため，話がうまく相手に伝えられないもどかしさや不安を感じている。

● 介護福祉職は，自分が聞き取れたとおりに言葉を繰り返し，聞き取れないところは再度言ってもらうなどして，話が伝わっていることを確認しながら会話をすることが重要である。

- 手話：手の位置，動きなどの組み合わせによる言語。
- 読話：相手の唇の動き，表情などで会話を理解する方法。
- 筆談：文字によるコミュニケーション。
- 空書：空中に人差し指で文字を書き表す。1～1.5ｍの距離をとり，楷書でゆっくり，はっきり書く。
- トータルコミュニケーション：アメリカで始まり，聴能・口話法を総合した手指方式。

ここがでる!! 一問一答 ○×チェック

☐ **1** 手話を介してのコミュニケーションでは，口の動きや顔の表情は重要な要素とはならない。 ✖ 重要な要素となる。頬や口唇の動き，顔の表情などを目で観察する。

☐ **2** 聴覚障害者とのコミュニケーション手段は，多くの場合手話が用いられるので，介護福祉職は手話を覚えることが望ましい。 ○

☐ **3** 手話による通常のコミュニケーションの場合も，問題の性質によっては筆談を併用するとよい。 ○

☐ **4** 読話とは，発話者の口唇周辺の動きから音声を推測する方法のことをいう。 ○

☐ **5** 聴覚障害者が読話によって理解する場合，日常的内容の会話が適している。 ○

☐ **6** 盲ろう者のコミュニケーション手段は，手書き文字，指点字，触手話などいくつかの方法が工夫されている。 ○

☐ **7** 重度の運動性失語症のある人とのコミュニケーションとして，いくつかの絵の中から選んで，指を指してもらう方法がある。 ○

要点整理

● 言語概念習得後に聴覚障害者となった人には，手話の習得が困難な場合もあり，筆談が有効となる。また，ファックスやメールも，通信手段として効果的である。

● 聴覚障害については，相手が理解したと介護福祉職が思っても本人は理解していない場合もある。細かい内容は伝わりにくいので本人の理解を確認しておく。

10点UP!

言語障害の人のコミュニケーションに関する次の記述について，〇×を付けなさい。(第24回問題36，第26回問題33，第32回問題29，第33回問題32改変)

☐ 感覚性失語のある人には，五十音表を用いる。

✗ 会話の内容の理解が困難なため，五十音表は有効でない。

☐ 感覚性失語のある人には，絵カードを用いる。

✗ 運動性失語症では有効だが，感覚性失語症では理解困難なため，有効でない。

☐ 運動性失語のある人には，大きな声で話をする。

✗ 聴力は低下しないので，大きな声は必要ない。

☐ 運動性失語のある人には，「はい」「いいえ」で答えられる質問をする。

〇 閉じられた質問が有効。

☐ 運動性失語のある人には，絵や写真など視覚化された情報を用いる。

〇 言葉で表現することは困難だが，視覚情報を理解する力は比較的保たれている。

☐ 構音障害のある人には，閉じられた質問の活用を控える。

✗ 閉じられた質問が有効。

3 チームのコミュニケーション

ワーク1 記録の重要性

　記録は，介護福祉職同士，医療関係者などの他職種の人々が利用者の情報を共有し，協力して質の高い介護を行うために記されるものである。プライバシーの保護のためにも，正当な理由なくして利用者や家族，関係者以外に公表することはできない。

ここがでる!! 一問一答 ○×チェック

情報の共有

☐ **1** 介護の記録は，複数の介護福祉職が適切なサービスを提供する際の資料として役立つ。　○

☐ **2** 利用者にかかわるすべての者が，互いの記録や情報を共有し，利用者の自立援助に活用する。　○

☐ **3** 介護福祉職間で報告・連絡をし合う場合，事実と意思は区別しながら内容を1つひとつ確認し，必要に応じてメモをとる。　○

☐ **4** ヒヤリ・ハット事例を共有する目的は，苦情への対応のためである。　✕ 事故の予防のためである。

☐ **5** 介護記録は，個人のプライバシーに関するものであり，正当な理由なくして関係者以外に公表することはできない。　○

☐ **6** 介護の記録は，介護福祉職以外の誰もがいつでも読める状況にあると，情報の共有化に役立つ。　✕ プライバシーの保護のためにも保管には注意が必要。

要点整理

● 介護福祉職が情報を共有することは大切であるが，公表にはプライバシーへの配慮と本人の承諾が必要である。日頃からプライバシーには敏感になろう。

記録の留意点

☐ **7** 記録は介護計画の実施・評価に役立てるものであり，介護福祉職の主観的な判断を記入しないほうがよい。　✖ 利用者に必要なことは主観的な内容も記入する。

☐ **8** 利用者本人が介護福祉職に話した内容は，客観性に乏しいため，記録する必要はない。　✖ 利用者の気持ちを理解するためには必要。

☐ **9** 行った介護の記録に，記録者の署名をする。　◯

☐ **10** 介護記録は，介護を実施したその日のうちに行う。　◯

☐ **11** 記録の修正は，修正液で行う。　✖ 改ざんが疑われないよう二重線を引き，訂正印を押す。

☐ **12** 介護記録は，介護に関する裁判の際，証拠として採用されることはない。　✖ 採用されることもある。

☐ **13** ほかから得た情報は，情報源も書く。　◯

要点整理

● 利用者の会話や感情表現は，情報として大切なものであり，利用者の理解のためにも必要である。

● 記録を行う際は，介護福祉職の主観的判断と事実を混同しないようにする。利用者に起こったことをそのまま記録する。

記録の管理

☐ **14** 勤務時間内に記録できなかった場合は，自宅で行う。　✖ プライバシー保護から許されない。

☐ **15** すぐに記録できるよう記録類は机の上に広げておく。　✖ 第三者に見られる危険性がある。

☐ **16** 情報保護のため電子メールで利用者情報を送信する。　✖ 個人情報が漏洩する危険性がある。

要点整理

● 記録は，プライバシー保護の点から，鍵のかかるところに保管しておく。

● 記録は2年間の保存が義務づけられているので注意。

介護におけるチームのコミュニケーションとして,「報告」「連絡」「相談」は欠かせない。また, 報告の留意点として「報告するタイミング」「いつ, 何を, どうした」「誰に報告するか」「文書か口頭か」「客観的事実とそれに対する報告者の判断」「苦情や事故の迅速な報告」があげられる。

ここがでる!! 一問一答 ○×チェック

☐ **1** 息子の介護を受けている母親の腕につねられたようなあざを発見したので, 事業所の上司に相談した。　　　**○**

☐ **2** 状況を報告するときは, 状況を詳細に述べてから結論を報告する。　　　**✕** 重要な結論を先にし, 必要ならば状況を説明する。

☐ **3** 指示を受けた仕事の報告は, 指示者へ行う。　　　**○**

☐ **4** 利用者の家族から苦情を受けた場合, 上司に対して自分が責任をもって苦情処理をすると報告した。　　　**✕** 事実を報告し判断を仰ぐ。自己判断は適切でない。

☐ **5** 利用者の家族から苦情があった場合, 上司にすぐに口頭で概要を報告してから, 文書を作成して報告した。　　　**○**

要点整理

● 客観的事実を具体的かつ正確に報告する。

● その際, 報告者の解釈や主観的な意見はきちんと区別して報告する。

コミュニケーション技術

ICT（Information and Communications Technology：情報通信技術）を使った介護記録と情報管理の留意点として，最も適切なものを1つ選びなさい。(第26回問題34より)

1 USBフラッシュメモリは，紛失や盗難の危険性が低い。

2 記録者以外が，入力したデータを修正してもよい。

3 データは気づいた時にバックアップ（backup）すればよい。

4 ウイルス対策ソフトを用いても，情報は漏れることがある。

5 パスワードは変更しない。

4
ウイルスに感染しないよう，バージョンアップをして常に最新の状態にしておく。

介護福祉職が行う報告に関する記述について，○×を付けなさい。
(第27回問題38，第30回問題33，第34回問題33改変)

☐ 口頭での報告では，結論を述べてから事故に至る経過を説明する。

○

☐ 自分の主観的意見を中心に報告する。

✖ 客観的事実を中心に報告する。

☐ 報告の内容にかかわらず，報告のタイミングは上司の都合に合わせる。

✖ 緊急性の高い内容は速やかに報告する。

☐ 抽象的な表現に整理して報告する。

✖ 具体的な表現に整理して報告する。

☐ 利用者の家族から苦情があったので，上司に苦情の内容について，時間をかけて詳しく口頭で報告した。

✖ 簡潔に口頭で報告し，その後文書を作成し，報告する。

生活支援技術

学習のポイント

本科目は，国家試験の出題の中心となる科目といえる。第 36 回試験において 26 問出題された。

近年の過去問では，「視覚障害者の外出支援」「パーキンソン病の姿勢反射障害」「消化管ストーマを造設している人」「関節リウマチのある人」「片麻痺で立位歩行が可能な人」「遂行機能障害のある利用者」「頸髄損傷の利用者」「腸管出血性大腸菌で下痢が続いている利用者」「弛緩性便秘の利用者」「高次脳機能障害による着衣失行のある人」「左半側空間無視のある利用者」「慢性閉塞性肺疾患」「四肢麻痺」「逆流性食道炎」などのように疾患名や具体的な状態を示したうえでの支援を問う問題が目立っている。入浴時の観察，耳の清潔，歯ブラシの使用といった日常生活での支援方法，昼夜逆転状態などのそれぞれの状態に応じた介護や支援のポイントを押さえておかないと解けなくなる。そのためには，利用者の医学的な理解や家族環境など，さまざまな情報を総合的に判断する力が求められる。

また，第 34 回では，夜勤のある職員が良質な睡眠をとるための生活習慣に関する問題も出題されている。健康管理は【介護の基本】でも出題されているので効率よくまとめておこう。次に，人生の最終段階（終末期）に関する問題は，毎回出題されている。第 36 回では，デスカンファレンスの目的について出題されている。臨終時の対応やグリーフケアなど家族への対応も含めて，用語の意味内容と併せてきちんと押さえておこう。第 36 回では，福祉用具に関する問題も 2 問あった。近年，各出題基準からまんべんなく出題されている。内容は基礎的なものであり，日常業務において基本に忠実に繰り返し実施することで確実に点がとれるので，理論と併せてじっくり学習しよう。

ワーク1 ▶ 生活の理解

利用者の価値観や生活習慣は，社会文化的な影響を強く受けている。

ここがでる!! 一問一答 ○×チェック

☐ **1** 利用者の価値観や生活習慣に基づいた支援をするためには，利用者の生活歴を知ることも重要である。 ○

☐ **2** 自分の死後，障害のある娘のことを心配している利用者に対し，娘の生活を支えることのできる制度のしくみについて説明した。 ○

☐ **3** 生活支援の基本的視点として，生活モデルより医学モデルを尊重する。 ✗ 生活モデルを尊重する。

☐ **4** 生活支援を行うときの視点として，介護福祉職のもつ知識より，経験を重視する。 ✗ 根拠に基づいた知識と技術を重視する。

☐ **5** 生活支援を行うときは，利用者のできないことに焦点をあてる。 ✗ 利用者のできることに焦点をあてる。

☐ **6** 介護福祉職は，利用者の意思を尊重し，見守り，支えていく支援が大切である。 ○

要点整理

- 例えば，施設での生活は，一律に進められがちである。しかし，利用者はそれぞれ独自の習慣をもっている。その独自の習慣を利用者の生活してきた環境から理解し，それを尊重する。
- 信頼関係に基づいた個別性や多様性を踏まえた援助が大切となる。

2 自立に向けた居住環境の整備

ワーク1 高齢者の住生活

　安全で安心して暮らせる生活環境の整備が必要となる。杖・歩行補助具や車いすの使用の想定，手すりの設置，床や浴室での滑りにくい床材の使用，段差解消，照明や音環境，換気などへの配慮が必要とされる。

ここがでる!! 🖐 一問一答 ○×チェック

起こりやすい事故

☐ **1** 高齢者の住居内の事故は，床や出入口，階段などで起きることが多い。　**○**

☐ **2** 火災時の避難のために，寝室から屋外やベランダなど2方向への避難路を確保しておく必要がある。　**○**

☐ **3** 高齢になるにしたがい，嗅覚が低下してガス漏れなどに気づきにくくなる。　**○**

☐ **4** ヒートショックは，熱湯や熱風を浴びることで生じるやけどのことである。　**✕** 急激な温度変化によって血圧が急上昇し，心臓に負担がかかること。

☐ **5** トイレに床置き式の小型パネルヒーターを置いてヒートショックを防ぐとよい。　**○**

要点整理

● 家庭内の不慮の事故は，浴槽などでの溺死，スリップやごくわずかな段差でのつまずきなどによる同一平面上での転倒，階段やステップからの転落などが多い。その7割が高齢者である。

● 転倒予防として，床からベッドのマットレス上部までの高さは35〜45cm程度（身長の4分の1くらい）にするとよい。

● 2022年（令和4年）の「人口動態統計（確定数）」によると，65歳以上の者の家庭内の不慮の事故による死亡順位は，1位「不慮の溺死及び溺水」，2位「その他の不慮の窒息」，3位「転倒・転落・墜落」となっている。

高齢者にとって快適な居住環境

☐ **6** 高齢者の居住環境として，居室内の障害物を取り除いて室内を歩きやすい状態にすることが望ましい。 ｜ ○

☐ **7** 居室の整理整頓は，闘病意欲や精神的安定に作用する。 ｜ ○

☐ **8** 居室は，利用者の移動時の安全を確保するために，毛足の長いじゅうたんを敷きつめるのがよい。 ｜ ✖ 毛足の長いじゅうたんは転倒しやすくなる。

☐ **9** 廊下の足元には，夜間照明をつける。 ｜ ○

☐ **10** 複数の利用者が居住する部屋では，介護福祉職の目が行き届くように，カーテンやスクリーンは使用しない。 ｜ ✖ プライバシーの配慮が必要。

要点整理

● 数字の丸暗記はすぐ忘れる。施設のなかの蹴上げや踏面を一度実際に計ってからだで覚えてみよう。

ワーク2 ▶ 居住環境の整備

高齢者の居住環境については，次のことに注意する。
① これまでの生活習慣を大切にする。
② 自立した生活を確保する。
③ 疾病や障害が生じたときは，ADL（日常生活動作）に適した環境を整備する。
④ 安全性に配慮する。

ここがでる!! 一問一答 ○×チェック

住宅改修

☐ **1** 居室の整備では利用者の ADL（日常生活動作）を重視し，生活習慣は考えなくともよい。 ｜ ✖ 環境の変化はストレスとなる。今までの生活習慣も尊重する。

☐ **2** 車いす使用者にとっては，外開き扉より引き戸がよい。 ｜ ○

☐ **3** 関節リウマチのある人の住まいに手すりをつける場合，握らずに利用できる平手すりがよい。 ｜ ○

☐ **4** 洗面・浴室・トイレを総称してサニタリーといい，それ　○
らは高齢者の居室に隣接していることが望ましい。

☐ **5** 介護保険の給付対象となる住宅改修として，和式便器を　○
洋式便器に取り替えることがある。

☐ **6** 取り外し可能な手すりを設置することは，介護保険の給　✕ 取り外し可能な手
付対象となる住宅改修に含まれる。　　　　　　　　　　　　 すりは福祉用具貸
　　　　　　　　　　　　　　　　　　　　　　　　　　　　　 与の対象となる。

☐ **7** 車いすを使用する居室の床は，畳から板製床材（フロー　○
リング）にする。

要点整理

● 手すりや滑り止めの工事，転倒防止への配慮などは，自分の老後を考えるに
あたっても重要。

● 資金力のある若いときに老後に備えた住宅設計をしたほうが経済的でもあ
り，効率的である。

サニタリー・寝室等の整備

☐ **8** ベッドの高さは，利用者が安全に昇降できるように，座　○ 端座位で足底が床
位のときに足底が床につく程度が適当である。　　　　　　　 につく35〜45cm
　　　　　　　　　　　　　　　　　　　　　　　　　　　　　 が適切（身長の4分
　　　　　　　　　　　　　　　　　　　　　　　　　　　　　 の1くらいと考え
　　　　　　　　　　　　　　　　　　　　　　　　　　　　　 る）。

☐ **9** 和式トイレは，腹圧が加わり排便しやすいため，高齢者　✕ 足への負担がかか
に最も適している。　　　　　　　　　　　　　　　　　　　　 るため，洋式トイ
　　　　　　　　　　　　　　　　　　　　　　　　　　　　　 レが望ましい。

要点整理

● トイレのドアの設置についてよく問われている。

● 最も望ましいのは引き戸であり，取っ手は棒型がよい。構造上，無理な場合
は外開きでもよい。

照明

☐ **10** 照明の工夫は，転倒防止策の1つとして考えられる。　○

生活支援技術

□ **11** 高齢者や障害者の住居は，可能な限り自立が達成できる ○
ような工夫がなされるとともに，照明などによる安全性
にも十分配慮<ruby>配慮<rt>はいりょ</rt></ruby>すべきである。

□ **12** 住宅照度基準では，居間での団らんには 50 ルクス程度 ✕ 200 ルクス
が適切とされている。

□ **13** 居室については適正照度を保つことが大切であるが，ト ✕ 転倒などの危険が
イレ，浴室，廊下<ruby>廊下<rt>ろうか</rt></ruby>などの場所は多少暗いほうが落ち着き ある。
を与えてよい。

> **要点整理**
>
> ● 高齢になると環境への順応力は低下するため，明るいところから暗いところ
> への移動などは，目が順応するのに時間がかかる。環境を常に一定に保つこ
> との大切さを理解しておこう。

温湿度・換気

□ **14** 寝室とトイレの温度差，脱衣室と浴室の温度差をなるべ ○ ヒートショックを
く少なくすることが望ましい。 起こす危険性があ
る。

□ **15** 冷房は外気温との差を大きくせず，除湿するほうが健康 ○
によい。

□ **16** 居室の温度調節は，利用者に確認をとることなく室温を ✕ 利用者の温度感覚
測定して判断するのがよい。 を確認する。

□ **17** 新しい家具や建材から発生するガスは，目や鼻を刺激す ✕ 新建材などに含ま
るが身体には害はない。 れるホルムアルデ
ヒドなどが原因と
されるシックハウ
ス問題が注目され
ている。

> **要点整理**
>
> ● 快適な室内気候は，一般に温度は冬季 20℃前後，夏季 26℃前後，湿度は
> 40 ～ 60 ％，気流は 0.5m ／秒以下である。
>
> ● 各部屋の温度差はなるべく小さくし，冷暖房器具を使用する場合は，外気温
> との差が 5 ～ 7℃となるよう注意する。
>
> ● 室内作業では，換気に留意する。塩素系漂白剤は，酸性のものと混ぜると有
> 毒な塩素ガスを発生し，死に至ることもあるので注意。

バリアフリー

- [ ] **18** バリアフリーとは，障害のある人たちの行動を妨げている障壁を除去することである。　**O**

- [ ] **19** 高齢者，障害者等の移動等の円滑化の促進に関する法律（バリアフリー新法）は，バリアフリーの取り組みは「共生社会の実現」「社会的障壁の除去」に資することを旨として行わなければならないと規定する。　**O** バリアフリー新法の基本理念に規定されている。

- [ ] **20** 不特定かつ多数の者が利用する施設では，身体障害者補助犬の同伴を拒んではならない。　**O** 身体障害者補助犬法第9条

要点整理

● バリアとは，「壁」の意味である。かつては，障害のない環境という意味で用いられたが，最近では心のバリアフリーなど多方面からとらえられている。

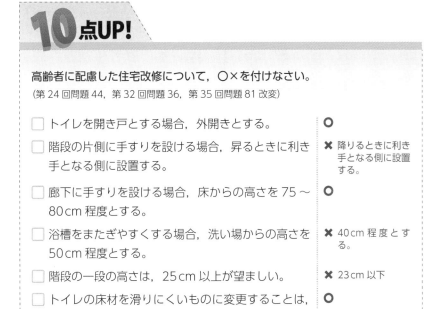

10点UP!

高齢者に配慮した住宅改修について，O×を付けなさい。
（第24回問題44，第32回問題36，第35回問題81 改変）

- [ ] トイレを開き戸とする場合，外開きとする。　**O**

- [ ] 階段の片側に手すりを設ける場合，昇るときに利き手となる側に設置する。　**✗** 降りるときに利き手となる側に設置する。

- [ ] 廊下に手すりを設ける場合，床からの高さを75〜80cm程度とする。　**O**

- [ ] 浴槽をまたぎやすくする場合，洗い場からの高さを50cm程度とする。　**✗** 40cm程度とする。

- [ ] 階段の一段の高さは，25cm以上が望ましい。　**✗** 23cm以下

- [ ] トイレの床材を滑りにくいものに変更することは，介護保険の給付対象となる住宅改修である。　**O**

生活支援技術

3 移動の介護

視覚障害のある人の歩行介助では，介助者が半歩前に出て，介助者の肘よりもやや上の腕を軽くつかんで持たせる。手が右か左かは状況によるが，視覚障害者を安全な側に保って歩行させることが大切である。

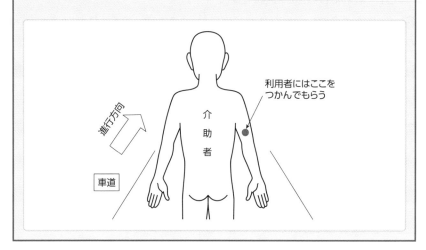

利用者にはここを
つかんでもらう

進行方向

介
助
者

車道

ここがでる!! 一問一答 ○×チェック

視覚障害者

☐ **1** 視覚障害のある人の移動の介護において，介護福祉職は，利用者の手首を握って誘導する。

✗ 利用者に介護福祉職の肘の少し上を握ってもらい，利用者の半歩前を歩く。

☐ **2** 視覚障害のある人とバスに乗る場合，介護福祉職は先に乗る。

○ 電車の場合も同じ。

☐ **3** 視覚障害のある人の移動の介護において，エスカレーターから降りる場合，介護福祉職は後から降りる。

✗ 利用者と同じタイミングで降りる。

☐ **4** 視覚障害のある人の外出に同行し，トイレを使用するときは，トイレ内の情報を提供する。

○

□ **5** 視覚障害のある人の移動の介護において，白杖を使用している場合，介護福祉職は後ろに立ち，声かけによって誘導する。

✘ 歩調を合わせて歩く。

□ **6** 視覚障害のある人と駅のホームで電車を待つ場合，介護福祉職は利用者を点字ブロックの上に誘導する。

✘ 点字ブロックよりも内側に誘導する。

□ **7** 視覚障害のある人へのガイドヘルプで，いすを勧める場合は，口頭でいすの位置，形状を説明すればよい。

✘ いすの背もたれや座面にタッチさせてから説明する。

□ **8** 視覚障害のある人の外出支援で，利用者から一時離れるときは，柱や壁に触れる位置まで誘導する。

〇

片麻痺のある人

□ **9** 右片麻痺の利用者が2動作歩行をするときは，杖と左足を同時に出すよう声かけする。

✘ 杖と右足（患側）を同時に出す。

□ **10** 右片麻痺の利用者が3動作歩行をするときは，杖，左足，右足の順で声かけする。

✘ 杖→右足（患側）→左足（健側）の順。

□ **11** 右片麻痺の利用者が階段を上るときは，杖，左足，右足の順で声かけする。

〇

要点整理

- 視覚障害や全身性障害のある人などに対する外出時の移動介護などの援助をガイドヘルプという。障害者総合支援法においては，障害者へのガイドヘルプとして，重度訪問介護，行動援護，重度障害者等包括支援が行われている。なお，視覚障害者へのガイドヘルプについては，同行援護として行われている。
- 片麻痺のある人の杖歩行で階段を昇降するときの足の動きは，上りも下りも「杖が先，健側が上」と覚える。

　車いすは，何らかの理由で歩行能力が低下した人の移動や日常生活，職業的自立の目的で使われる。障害者総合支援法において，車いす，電動車いすは補装具の種目となっている。日常生活用具と区別しておこう。

ここがでる!! 一問一答　○×チェック

☐ **1** 身体機能が低下した高齢者には，外出時に車いすを常用するように勧める。

　✖ 介護福祉職の一方的な判断で決定はできない。常用は医師の判断が必要。

☐ **2** 車いすは，要介護者を移動させることが目的なので，介護福祉職の身体に合った車いすを選択する。

　✖ 要介護者の使用用途と身体状況に適合していることが大切。

☐ **3** 電車に乗り込むときには，電車に対して車いすが直角になるようにして，前向きで進む。

　○

☐ **4** 車いすからの移乗は，車いすのブレーキをかけてから行う。

　○

☐ **5** 車いすから乗用車への移乗の際は，患側から乗車できるようにする。

　✖ 健側

☐ **6** 介助が必要な片麻痺のある人のベッドから車いすへの移乗の際には，車いすはベッドに対して平行に置く。

　✖ 健側に対して15～20度。

☐ **7** スライディングボードは，立ち上がり介助に利用する。

　✖ 座位の状態でベッドから車いすへの移乗等に利用。

☐ **8** エレベーターに乗るときは，正面からまっすぐに進む。

　○

車いすの介助の留意点

場所		ポイント
坂道，段差	上り	前向き，ブレーキはかけない。
	下り	後ろ向き，ブレーキはかけない。
不整地		前輪を上げる。
ベッドから車いすへの移乗		斜め接近法では，健側に対し15 ～ 20度の位置に車いすを置く。介護福祉職は，重心を安定させ，車いすへ足先と身体を向ける。スライディングボードを用いる場合は，ベッドを車いすの座面より少し高くする。
車いすからベッドへの移乗		ベッド側に健側がくるように車いすを置く。

点UP!

標準型車いすを用いた移動の介護に関する次の記述のうち，最も適切なものを１つ選びなさい。（第33回問題41より）

1 急な上り坂は，すばやく進む。

2 急な下り坂は，前向きで進む。

3 踏切を渡るときは，前輪を上げて駆動輪でレールを越えて進む。

4 段差を上がるときは，前輪を上げて進み駆動輪が段差に接する前に前輪を下ろす。

5 砂利道では，駆動輪を持ち上げて進む。

3

杖や歩行器は，使用者が歩行可能であることを前提とし，歩行補助具ともいう。T字杖や多点杖，前腕固定型杖（ロフストランドクラッチ）や前腕支持型杖（プラットホームクラッチ，リウマチ杖），歩行器やシルバーカーなど，さまざまな種類があるため，利用者の状態を見極め，その人に最も適したものを使用してもらうことが重要である。

ここがでる!! ▶ 一問一答 ○×チェック

☐ **1** 四脚杖よりT字杖のほうが安定している。

✕ 四脚杖のほうが支持基底面積が広く安定している。

☐ **2** ロフストランドクラッチは，関節リウマチがある人に適している。

✕ 前腕を固定するため，症状を悪化させる可能性がある。

☐ **3** 歩行器型杖（ウォーカーケイン）は，歩行が比較的安定している場合に用いる。

✕ 歩行が安定しない人が用いる。

☐ **4** 歩行器は，杖に比べて安定性がある。

○

☐ **5** 杖の握り部分を利用者のウエストの高さに合わせる。

✕ 大転子部に合わせる。

要点整理

● 歩行補助具の使用は，他人に依存することなく，自らの力で自立できることが目的となる。

● 前腕固定型杖（ロフストランドクラッチ）：握力の弱い人，手首に力が入りにくい人に適している。

● 前腕支持型杖（プラットホームクラッチ）：「リウマチ杖」とも呼ばれ，手首，肘に障害があり自由に伸ばせない人に適している。

● 歩行器型杖（ウォーカーケイン）：四脚杖より安定性が優れているが，重量があり，持ち手を握るため，手首に負担がかかる。

● 多点杖：T字杖より安定性がある。持ち手を握るため，手首に負担がかかる。

● 松葉杖（脇支え杖）：重い荷重に耐え，前腕固定型杖より安定性があり，下半身に障害がある人に用いられる。

移動補助具について, ○×を付けなさい。

(第 25 回問題 45, 第 31 回問題 43, 第 36 回問題 105 改変)

☐ スクーター型電動三輪車は, 頸髄損傷 (cervical cord injury) の人に適している。　✖ 姿勢保持が困難なため, 適していない。

☐ ステッキ型杖は, 失調性歩行のある人に適している。　✖ 失調性歩行のある人は, ステッキ型杖では安定することが難しく, 適していない。

☐ 四輪歩行車は, 杖歩行の安定した人に適している。　✖ 杖歩行では, 安定した歩行ができない人に適している。

☐ 交互型四脚歩行器は, 片麻痺のある人に適している。　✖ 体幹のバランスがよい人に適している。

☐ 前腕支持型杖 (プラットホームクラッチ) は, 関節リウマチの利用者に適している。　○

☐ 握力の低下がある利用者が使用する杖には, ロフストランドクラッチが適している。　○

褥瘡は，からだの骨張った部分に持続的な圧力が加わり，血液の循環障害が生じて組織が壊死するものである。

ここがでる!! 一問一答 ○×チェック

☐ **1** 褥瘡は，長時間の皮膚の圧迫，寝具による摩擦，皮膚の湿潤，低栄養などによって発生する。　**○**

☐ **2** 褥瘡は皮膚に生じた創なので，創の原因になるような身体の動かし方を避けることが予防の第1原則である。　**✗** 定期的な体位変換が必要。

☐ **3** 仰臥位の場合，褥瘡が最もできやすい部位は肩甲骨周辺である。　**✗** 仰臥位の場合，臀部（仙骨部）が一番できやすい。

☐ **4** 褥瘡の発生が疑われるような発赤があるときは，その部位のマッサージは禁止する。　**○**

☐ **5** 褥瘡の予防のため体位変換をして側臥位にした場合，膝を重ねる。　**✗** 支持基底面積を広くし，体圧を分散させる。

☐ **6** 脊髄損傷による対麻痺での車いす生活で褥瘡が生じやすいのは坐骨結節部である。　**○**

要点整理

● 褥瘡予防は，介護福祉職に必須の知識であり，栄養状態と褥瘡の発生の関係がよく問われる。予防法は，次のようなことが考えられる。

①身体の同一部分を長時間圧迫せず，最低2時間ごとに体位変換を行う。

②寝具，寝衣の湿潤を避ける。

③身体，寝具などの清潔を保つ。

④シーツ，寝衣のしわをつくらない，糊づけをしない。

⑤たんぱく質やビタミンの多い食事をとり，栄養状態を保持する。

● 赤くなった部分へのマッサージ，ドライヤーの風あて，日光浴は禁止である。エアマットを使用していても，体位変換は必要。

● 体位変換の技術として，利用者を仰臥位から側臥位にする場合，利用者の膝を立て小さな力でからだを回転する「トルクの原理」を用いて，介護者の負担を軽くする工夫も必要である。

4 身じたくの介護

ワーク1 ▶ 身じたく

　身じたくは，整容，口腔の清潔，衣服の着脱などによって自分らしさを表現する手段として必要である。身じたくによって社会生活が豊かになり，精神的な満足感や生活意欲を高めることができる。

ここがでる!! 一問一答 ○×チェック

☐ **1** 巻き爪の予防には，爪の両端を斜めに切るバイアス切りがよい。

✘ バイアス切りは切りすぎとなる。爪の両端は角をわずかに切る。

☐ **2** 鼻毛は毛抜きで抜く。

✘ 長い部分のみを切る。

☐ **3** 耳掃除は，中耳まで行う。

✘ 外耳の約1cmの範囲まででよい。

☐ **4** 顔面の麻痺側に食物残渣が生じやすい。

○

☐ **5** 口腔ケアは，肺炎の予防に効果がある。

○

☐ **6** 口腔ケアの目的の1つに，唾液の分泌の抑制がある。

✘ 唾液の分泌を促進させる。

☐ **7** 入れ歯は，熱湯で消毒する。

✘ 変形を避けるため，流水で洗う。

☐ **8** 片麻痺がある場合，ズボンは健側からはく。

✘ 患側からはく（脱健着患）。

☐ **9** 左片麻痺の利用者が，前開きの上着をベッド上で臥床したまま脱ぐときは，介護福祉職は利用者が着ている上着の左上肢の肩口を広げておくとよい。

○

☐ **10** 認知症のある利用者の衣服は，介護福祉職にとって介助しやすい物を優先する。

✘ 利用者の好みで選択する。

☐ **11** 爪切りは，爪の先端の白い部分を1mmぐらい残して切る。

○ 爪切り後は，やすりをかけて滑らかにする。

☐ **12** 口臭の原因になりやすい状態として，歯周病があげられる。

○

257

13 胃ろうによる経管栄養を行っている場合，口から食べないので口腔ケアは必要ない。 ✖ 唾液の分泌による自浄作用が低下し細菌感染も起こりやすいため必要。

要点整理

- 認知症のある利用者は，身じたくの介助に対して無関心であったり抵抗する場合もあるが，**可能な限り自力で行えるような援助，安心感が得られるような援助**をする。
- 自分のおかれた状況に混乱し，不安になる利用者もいるので**安心できる環境づくりや利用者をよく知ることが大切**となる。

10点UP!

介護を必要とする高齢者の衣服と，その支援に関する次の記述のうち，最も適切なものを1つ選びなさい。(第28回問題45より)

1 片麻痺の高齢者には，支援者が着脱させやすい前あきの上着の購入を勧める。

2 左片麻痺がある場合は，左半身から脱ぐように勧める。

3 生活のリズムを保つために，昼と夜とで衣服を替えるように勧める。

4 衣服は気候に合わせて支援者が選ぶ。

5 季節に関係なく，保温性よりも通気性を重視した衣類を勧める。

3
昼と夜とで衣服を着替えることで，生活にメリハリがつく。日々の生活リズムを整えることになる。

10点UP!

ベッド上で全介助を要する利用者の口腔（こうくう）ケアの基本的留意点について，○×を付けなさい。

(第 24 回問題 47，第 26 回問題 44，第 27 回問題 45，第 34 回問題 38 改変)

	うがいができる場合，ブラッシング前にうがいをする。	○
	舌の汚れを取り除く。	○
	義歯をつけたまま行う。	✗ はずす。
	硬い毛の歯ブラシを使う。	✗ 柔らかめのものを使用。
	仰臥位（ぎょうがい）で行う。	✗ 座位，前屈した姿勢。寝たきりの場合は側臥位にする。
	経管栄養が終わってすぐの口腔ケアは避ける。	○
	歯ブラシを小刻みに動かしながら磨く。	○
	使用後の歯ブラシは，柄の部分を上にしてコップに入れて保管する。	✗ 柄の部分を下にする。

5 食事の介護

> 寝食分離が大原則。起座位をとり，できるだけ自分で食べられるように工夫して介助することが大切である。
>
> 摂取量や食事内容，食事中の様子や動作，満足感などを観察し，楽しく食欲をそそるような介助，誤嚥の防止などが必要である。

ここがでる!! 一問一答 ○×チェック

誤嚥への配慮

☐ **1** 誤嚥とは，食物が食道に詰まってしまうことである。　✗ 気管に入ること。

☐ **2** 食事をするときの最も安全で安楽な体位は，仰臥位である。　✗ むせのひどい場合などは，仰臥位だと誤嚥しやすくなる。

☐ **3** 片麻痺のある人の食事介助では，誤嚥を防ぐために麻痺側は上にし，可能な限り上体を起こし，顎を引いた姿勢にするとよい。　○

☐ **4** 食事中は，できる限り話しかけないで早く食べられるようにする。　✗ 早く食べることで誤嚥する危険性が高まる。楽しみながら食べることも大切。

☐ **5** 誤嚥を防ぐためには，食事をゼリー状にしたり，とろみを加えるなどの工夫が必要である。　○

要点整理

● 障害者や高齢者は，食事の際に誤嚥しやすく，窒息の危険がある。

● 本来胃に入る飲食物が気管に入ってしまうことのないように，食事の介護では，嚥下のたびに，完全に飲み下したことを確認したうえで次の食物を口に運ぶ必要がある。

● 車いすでの食事は，座位姿勢の調整などにより誤嚥しないように配慮する。

● ドライマウスの予防には，水分の多い食物を摂取するとよい。

食事の介助

☐ **6** 初めにお茶や汁物で口の中を湿らせてもらう。　　○

☐ **7** 座位のとれない人にベッド上で食事介助をする場合には，ベッドを 30 〜 60 度に起こす。　　○

☐ **8** 高齢者の食事は，酸味の強いほうがむせにくいので，合わせ酢などは酸味を強くする。　　✕ 酸味は刺激が強いのでむせを起こしやすい。

☐ **9** 高齢者の食事は，唾液の分泌量が減少するので，調理形態を工夫する。　　○

☐ **10** 咀嚼機能に障害のある者には，その機能が回復するまで，食事回数は 1 日 1 回とすることが原則である。　　✕ 食事回数を増やして摂取する。食べやすく調理することも必要。

☐ **11** 視覚障害の人への食事の提供は，クロックポジションで説明する。　　○

☐ **12** 嚥下障害の人への食事の温度は，体温と同程度にする。　　✕ 温かいものは温かく，冷たいものは冷たい状態で提供する。

☐ **13** いすに座っている右片麻痺の利用者の食事介助時には，一口ごとに飲み込みを確認するとよい。　　○

☐ **14** 加齢に伴う嚥下機能低下の原因として，喉頭挙上の不足があげられる。　　○

☐ **15** 食事時に座位の保持が困難な利用者には，体幹訓練を理学療法士に依頼するとよい。　　○

☐ **16** 逆流性食道炎の症状がある利用者には，1 日の食事は回数を分けて少量ずつ食べるように勧める。　　○

要点整理

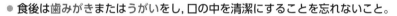

● 食後は歯みがきまたはうがいをし，口の中を清潔にすることを忘れないこと。

● ふだん食事の後に歯みがきをしない人も多いかもしれないが，自分がそうだからといって，利用者への歯みがきを怠ってはならない。

Fさん（80歳，女性）は，普段の食事は自立している。日常生活では眼鏡がないと不自由である。ある日，いつもより食事に時間がかかっていた。介護福祉職が確認したところ，Fさんは，「眼鏡が壊れて使えなくなってしまった」と答えた。

食事をとるプロセスで，Fさんが最も影響を受ける段階として，正しいものを1つ選びなさい。（第33回問題102より）

1　先行期

2　準備期

3　口腔期
こうくう き

4　咽頭期

5　食道期

1
眼鏡が壊れると，視覚により食物を認知するのに時間がかかる。

摂食・嚥下の5分類

①先行期（認知期）	②準備期	③口腔期
食物を認知する時期。食事を見て条件反射的に唾液が分泌される。	食物を口に取り込み，食塊を整える時期。捕食・咀嚼・食塊形成の3段階がある。	食塊を咽頭に移送する時期。口唇ではなく，舌が食塊を咽頭に送り込む。
④咽頭期	⑤食道期	
食塊が咽頭を通過する時期。軟口蓋が鼻腔，喉頭蓋が気管をふさぎ，食塊は咽頭を通過する。	食塊が食道から胃に移送される時期。咽頭期以降の運動は不随意（無意識）に行われる。	

寒天は，海藻（天草，おごのり）が原料で，主成分は，多糖類。ゼラチンは，動物（牛や豚）の骨や皮が原料で，主成分はたんぱく質。

ここがでる!! 👉 **一問一答　○×チェック**

☐ **1** ゼラチンは沸騰（ふっとう）した湯で溶かす。

✖ 溶解の最適温度は40～50℃。

☐ **2** 寒天は常温で固まる。

○

☐ **3** ゼラチンは粘（ねば）りがなく口溶けも悪く，寒天は軟（やわ）らかく弾力性があり，口溶けもよい。

✖ ゼラチンは体温で溶けるので口溶けがよい。寒天は体温では溶けない。

☐ **4** 寒天の成分は多糖類を含むが，消化しにくいので低カロリーである。

○

☐ **5** 腸の蠕動運動（ぜんどううんどう）の低下に対しては，食物繊維（しょくもつせんい）の多い食品を取り入れる。

○

要点整理

● 寒天，ゼラチンは，嚥下食（えんげしょく）としてよく使用される。

● 加熱によって融解（ゆうかい）（溶けはじめ，ゆるくなる状態），溶解（完全に溶けた状態）することをゾル化といい，これを冷却すると凝固（ぎょうこ）（ゲル化）する。「ヨウカイゾル」と覚えておこう。

ワーク3 ▶ 食塩の摂取制限

食塩の摂取過多により，細胞外液量や心拍出量が増加し，血管を収縮させるため高血圧となり，循環器疾患に悪影響を及ぼす。

ここがでる!! 🖘 一問一答 ◯×チェック

☐ **1** 高血圧症の予防のためには食塩の過剰摂取を避け，1日20g未満にすることが望ましい。

✕ 厚生労働省では現在1日の塩分摂取量を男性7.5g未満，女性6.5g未満としている。

☐ **2** 高血圧の予防では，調味料だけでなく，加工食品から摂取するナトリウムのコントロールについても注意する必要がある。

◯

☐ **3** みそ10gとしょうゆ10gを比べたとき，塩分量が多いのはみそである。

✕ しょうゆの塩分含量12〜16％，みその塩分含量6〜13％。

☐ **4** 慢性腎不全の利用者には，レモンや香辛料を利用し，塩分を控えた味つけにするとよい。

◯

要点整理

- 1日の塩分摂取量について，世界保健機関（WHO）では1日5g未満と勧告している。高血圧の予防には，少ない摂取量が望ましい。
- 「日本人の食事摂取基準（2020年版）」では，食塩相当量は男性7.5g未満，女性6.5g未満が目標量である。
- 高血圧および慢性腎臓病（CKD）の予防のための目標量では男女ともに6.0g未満となっている。

> 糖尿病の予防には，脂肪や砂糖，アルコールの摂りすぎに注意し，過食を避け，バランスのとれた食事，薄味，適正なエネルギー摂取を心がけることである。

ここがでる!! 👉 **一問一答　○×チェック**

☐ **1** 糖尿病は，肥満を避けるために，標準体重を基本に摂取エネルギーの摂りすぎを防ぐようにすることが大切である。 　**○**

☐ **2** 糖尿病の予防として，食事時間を規則正しく，過食を避けて，栄養素のバランスをとる。 　**○**

☐ **3** 訪問介護員（ホームヘルパー）が，糖尿病のある人に対して，「お菓子はだめですよ」と注意して，お菓子相当分のカロリーを主食から減らす。 　**✕** 訪問介護員の判断で減らすことはできない。

☐ **4** 理学療法士は，糖尿病の食事メニューを考える。 　**✕** 管理栄養士

☐ **5** 糖尿病の利用者には，朝食に1日のエネルギー量の半分を配分する。 　**✕** 1日3回の食事のエネルギーバランスを考えて配分する。

要点整理

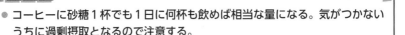

● コーヒーに砂糖1杯でも1日に何杯も飲めば相当な量になる。気がつかないうちに過剰摂取となるので注意する。

生活支援技術

動脈硬化症，心臓病などの予防の食事

> 動脈硬化症や心臓病の予防のために，塩分やコレステロールの多い食品，動物性脂肪を摂りすぎないようにする。また，たばこは血管を収縮させ血圧を上昇させる。その結果，弱くなった血管に圧力がかかり，動脈硬化を進めてしまうので注意が必要である。

ここがでる!! 一問一答 ○×チェック

☐ **1** 動脈硬化症予防の食事では，できるだけ毎日植物油を使った料理を摂る。 ○

☐ **2** 動脈硬化症予防の食事として，ドコサヘキサエン酸（DHA）を多く含む食品を摂取する。 ○

☐ **3** 高血圧症予防の食事として，カリウムの少ない食品を摂取する。 ✖ カリウムは血圧を下げるため，適度に摂取する。

☐ **4** 心筋梗塞などの虚血性心疾患の食事療法は，高血圧の管理とともにコレステロールの摂取についても注意する必要がある。 ○

☐ **5** 慢性閉塞性肺疾患のある人の食事は，1回の食事量を減らし，回数を増やす。 ○

要点整理

● 動物性脂肪の摂りすぎに注意する。

● 動物性脂肪：植物性脂肪：魚類由来の脂肪の摂取の割合は4：5：1。「ヨゴイイ（予後いい）」と覚えるとよい。

老化とともに骨のなかのカルシウムが流出し，骨がもろくなりやすい。特に閉経後の女性に多い症状である。カルシウム，動物性たんぱく質，ビタミン K，ビタミン D を多く含んだ食品を摂るとよい。

ここがでる!! 一問一答 ○×チェック

☐ **1** 骨粗鬆症の予防法は，カルシウムの多い食事を摂ることである。 ○

☐ **2** 骨粗鬆症は閉経後の食事管理のみでなく，若い頃からのカルシウムの摂取に注意する必要がある。 ○

☐ **3** 骨粗鬆症の予防として，鉄分，たんぱく質，ビタミン B_{12} を十分に摂る。 ✗ カルシウム，動物性たんぱく質，ビタミンKなどを摂る。アルコールの多飲をしない。

☐ **4** 骨粗鬆症の予防として，ビタミン D の摂取を勧める。 ○

要点整理

● 骨粗鬆症の予防には，若い頃からカルシウムを十分に摂ることである。

● 年をとって若い頃のダイエットの反動がこないように注意。

生活支援技術

6 入浴・清潔保持の介護

> 入浴前に体温や脈拍などをチェックし，排泄をすませる。湯の温度は38〜41℃程度のぬるめで，入浴時間は15分程度とし，湯に浸かる時間は5分程度が望ましい。入浴後は身体の水分を拭き取り，水分の補給，十分な休息をとる。

ここがでる!! 🖝 一問一答 ○×チェック

☐ **1** 空腹時の入浴は避ける。

○

☐ **2** 浴室より脱衣室の室温を低くする。

✘ ヒートショックを起こす可能性がある。

☐ **3** 温度の確認のために肩にお湯をかける。

✘ 手（片麻痺がある場合は健側の手）にかける。

☐ **4** 新陳代謝を抑えるために長く湯に浸かる。

✘ 長湯に新陳代謝を抑える効果はなく，湯に浸かる時間は5分程度が望ましい。

☐ **5** 入浴後は，休息をとった後に身体の水分を拭き取る。

✘ 入浴後すぐに拭き取る。

☐ **6** 入浴前後の水分補給は控える。

✘ 脱水予防のため入浴前後に水分補給をする。

☐ **7** 片麻痺のある利用者の場合，麻痺側から浴槽に入る。

✘ 湯温がわかる健側から入る。

☐ **8** 片麻痺のある利用者の場合，浴槽から出るときは，浴槽の縁やバスボードにいったん座ってもらう。

○ いったん座ってもらい，体勢を安定させる。

☐ **9** 皮膚の乾燥が強くなった高齢者の入浴介護では，こすらないように洗う。

○

☐ **10** 高血圧症と心疾患の持病がある利用者の場合，浴槽内の水位は，心臓より下にする。

○ 心臓に負担をかけないようにする。

☐ **11** 認知症の高齢者が入浴を拒否するときには，時間をおいて入浴に誘ってみる。 ⭕

☐ **12** 人工肛門（ストーマ）を設置している利用者が装具をつけたまま入浴するのは，感染を予防するためである。 ❌ 入浴によって感染するおそれはない。浴槽内の汚染を防ぐためである。

☐ **13** 入浴時のヒートショック予防として，浴室・脱衣室と居室との温度差を小さくする。 ⭕

☐ **14** 入浴には身体への浮力作用があるので，入浴中に関節運動を促すとよい。 ⭕

☐ **15** 入浴（中温浴，38 〜 41℃）は，腎臓のはたらきを促進する。 ⭕

☐ **16** シャワー浴で利用者が陰部を洗うときは，介護福祉職は背後に立って見守る。 ⭕

☐ **17** ストレッチャータイプの特殊浴槽を利用する際，背部を洗うときは，側臥位にして行う。 ⭕

要点整理

- 入浴には疲労回復や消化機能の亢進などの効果があるが，同時に高齢者にとっては，体力を消耗することにもなるため，空腹状態での入浴は避ける。
- 浴室での事故を防ぐため，低血圧の人は起立性低血圧（立ちくらみ）に注意し，高血圧の人は血圧が変動しないように注意する。
- 浴室・脱衣室と居室との温度差が大きくならないようにヒートショックにも注意する。
- 石けんは弱酸性を使うなど，高齢者の体調への配慮が正答へのポイントとなる。

清拭，手浴・足浴，洗髪の介助

- 清拭：入浴が困難な場合に，タオルなどを用いて身体を拭く清潔方法。全身清拭，部分清拭，陰部洗浄がある。
- 手浴・足浴：手浴は，1日1回以上石けんを用いて洗う。足浴は，足先だけでなく，膝に近い下肢全体を湯につけて洗う。足底は足浴用容器の底面に付いていることを確認する。アルカリ性の石けんは，刺激性が強いため，皮膚のpHに近い弱酸性がよい。
- 洗髪：頭部の皮膚と髪の毛を洗うことで，汚れを取る。シャンプーは，指の腹で頭皮を揉むようにする。すすぎ湯を流す前に，シャンプーの泡を取り除く。

ここがでる!! 🖐 **一問一答 ○×チェック**

☐ **1** 目尻から目頭に向かって拭く。 — ✘ 目頭から目尻に向かって拭く。

☐ **2** 全身清拭の場合，背部を拭くときは，健側を下にする。 — ○

☐ **3** 皮膚についた水分は，最後にまとめて拭き取る。 — ✘ 体温を奪うため，素早く拭き取る。

☐ **4** 手浴は，温めて手指を動かすことで拘縮の予防につながる。 — ○

☐ **5** 足浴は，眠気がとれて覚醒する。 — ✘ リラックスさせて睡眠を促す。

☐ **6** 足浴は，洗う側の足関節を保持しながら洗う。 — ○

☐ **7** 入浴ができない場合でも，爽快感や清潔保持のため，手浴や足浴をするとよい。 — ○

☐ **8** 洗髪の介護では，爪を立てマッサージしながら洗う。 — ✘ 頭皮を傷つけないよう指の腹を使う。

☐ **9** ケリーパッドを使用して行うベッド上の洗髪は，すすぐ前に，タオルで余分な泡を拭き取る。 — ○

☐ **10** ドライヤーは，頭皮から20cmほど離して使用する。 — ○

☐ **11** 人工透析をしている場合，柔らかいタオルでからだを洗う。 — ○

● 利用者が爽快感（そうかいかん）を得られるように，効果的・効率的に介護する。

● 全身観察の大切な機会であるため，利用者の状態をよく確認しながら行う。

利用者の状態に応じた入浴の介護として，最も適切なものを1つ選びなさい。
（第32回問題49より）

1　血液透析を受けている人は，透析直後に入浴する。

2　胃ろうを造設している人は，入浴を控える。

3　心臓機能障害がある人は，半身浴にする。

4　酸素療法を行っている人は，鼻カニューレを外して入浴する。

5　回腸ストーマを造設している人は，食後1時間以内に入浴する。

3

生活支援技術

Mさん（85歳，男性）は，通所介護（デイサービス）での入浴を楽しみにしていて，いつも時間をかけて湯につかっている。ある時，介護福祉職が，「そろそろあがりましょうか」と声をかけると，浴槽から急に立ち上がりふらついてしまった。

Mさんがふらついた原因として，最も適切なものを1つ選びなさい。

(第34回問題105より)

1 体温の上昇

2 呼吸数の増加

3 心拍数の増加

4 動脈血酸素飽和度の低下

5 血圧の低下

5

ワーク1 ▶ 排泄の介護

　排泄は，生命を維持し，健康的な生活を送るための基本である。そのため，利用者の生活習慣に合った排泄の支援が大切である。利用者の尊厳の保持に配慮し，安心できる介護を提供するという視点が必要となる。

ここがでる!! 一問一答 ○×チェック

☐ **1** 排泄の介助をするときは，利用者が気兼ねなく一人で排泄できる環境をつくる。

○

☐ **2** 右片麻痺がある利用者の場合，ポータブルトイレは，利用者の右側に置く。

✗ 左側（健側）に置く。

☐ **3** ベッド上で差し込み便器を使用し，排便するときは，便器を温めて，便器の中にトイレットペーパーを敷く。

○

☐ **4** 留置カテーテルを使用している利用者への対応として，蓄尿袋を腰より高い位置に固定する。

✗ 逆流しないよう腰より低い位置に固定する。

☐ **5** 排尿回数や尿の量・色を観察し，異常があった場合は，看護師など医療従事者に報告する。

○

☐ **6** 腸管出血性大腸菌で下痢が続いている利用者のおむつ交換後は，汚れたおむつをビニール袋に入れて，袋の口を固く縛る。

○

要点整理

● 排泄の介助をする際は，利用者の身体的側面，精神的側面，日常生活動作等，環境的側面などを考慮する。

● 退院後も自宅のトイレで自立した排泄を実現するためには，トイレまでの通路の状況を情報として知らせることも必要となる。

● 座位が不安定な人には，座位の安定を確認したり，からだを支えたりする。

生活支援技術

> 　失禁したからといっておむつにすると，利用者の心理に大きな影響を与える。利用者の尊厳を考慮し，できるだけトイレに誘導し，夜間はポータブルトイレを使用するなどにより，おむつは最後の手段と考えておこう。

ここがでる!! 🖝 **一問一答　○×チェック**

☐ **1** 腹部とおむつとの間には，指２本程度の余裕があるようにする。

○ カバーの上端は腸骨のラインに合わせる。

☐ **2** おむつ交換は，利用者の羞恥心に配慮し，手早く介助する。

○

☐ **3** 女性が使用する布おむつは，前側を厚くする。

✘ 後ろ側を厚くする。

☐ **4** 女性の陰部洗浄は肛門から恥骨の方向に拭く。

✘ 恥骨から肛門の方向に拭く。

☐ **5** おむつは汚れを内側に丸め片づける。

○

☐ **6** 排泄物で汚れた衣類をタンスに隠してしまう認知症の利用者には，タンスの中に汚れた衣類を入れられる場所を確保する。

○

要点整理

● 失禁に至るには，排泄機能，排泄動作，生理的機能，心理状態，環境・生活の状態などが要因となる。問題点を分析し，利用者が気持ちよく排泄できるよう介護を行う。

● おむつを使用する場合，利用者の自尊心を傷つけないよう配慮し，陰部に触れるときは手袋を着用し，洗浄するときは，ぬるま湯を使用する。腹部とおむつの間には，指２本が入る程度のゆとりをもたせ，テープは上から下方向，下から上方向にクロスするように止めるとよい。

下痢をしている場合は，脱水症状を起こさないよう，水分を摂ることが重要で，介護福祉職は，水分の摂取量を把握しておく必要がある。また，排泄物に直接触らないようゴム手袋を使用するなど，感染症対策も必要である。便秘の場合は，食物繊維の多い食事を摂ってもらい，朝食後にはトイレに誘導して，よい排泄習慣につなげる。

ここがでる!! 一問一答 ○×チェック

☐ **1** 下痢が続いている利用者への対応として，水分摂取を控える。 ✖ 水分補給が必要。

☐ **2** 下痢が続く利用者の排泄物は感染源として取り扱う。 ○

☐ **3** 便秘を訴える利用者には，腹圧をかけやすい姿勢で便座に座るように促す。 ○ 座位の姿勢が腹圧をかけやすい。

☐ **4** 便秘を訴える利用者には，食物繊維の少ない食品を勧める。 ✖ 食物繊維の多い食品を勧める。

☐ **5** 便秘を訴える利用者には，下行結腸，横行結腸，上行結腸の順にマッサージする。 ✖ 大腸の走行に沿った上行結腸，横行結腸，下行結腸の順。

☐ **6** 直腸性便秘のある高齢者は，朝食後，トイレに誘導するとよい。 ○

☐ **7** 高齢者の便秘は，腹筋の筋力低下が原因となる。 ○

☐ **8** 便秘は，長期臥床が原因となる。 ○

☐ **9** 胃・結腸反射を利用して生理的排便を促す場合，利用者に起床後に冷水を飲んでもらうと効果がある。 ○

☐ **10** 市販のディスポーザブルグリセリン浣腸器を用いる場合，浣腸液は，39℃〜40℃に温める。 ○

要点整理

● 排泄は，利用者ができるだけ自立し気兼ねなく一人でできるように支援する。

● 居室での排泄は，カーテンの使用，音やにおいへの配慮など，プライバシーの保護が求められる。

生活支援技術

弛緩性便秘に関する次の記述のうち，最も適切なものを1つ選びなさい。

(第32回問題105より)

1　食物繊維の摂取不足

2　排便を我慢する習慣

3　腹圧の低下

4　大腸のけいれん

5　がん（cancer）による通過障害

1

食物繊維は，腸の蠕動運動を活発にするはたらきがある。食物繊維の摂取不足は，弛緩性便秘の原因となる。

便秘の種類

機能性便秘	弛緩性便秘	大腸の蠕動運動の低下により便の通過時間が長くなる。腸管の緊張低下，食物繊維の不足，腹筋の筋力低下が原因。食物繊維の摂取，適度な運動で解消。
	けいれん性便秘	大腸がけいれんを起こして狭くなり，便が通過できない状態。過敏性腸症候群，ストレスが原因。ストレスの解消や精神的ケアで解消。
	直腸性（習慣性）便秘	直腸に便があっても便意を催さない。便意を我慢する習慣が原因。規則的な排便習慣を身につける。
器質性便秘		大腸の病気により大腸そのものが狭くなり，便が通過しにくい状態。大腸の腫瘍や炎症が原因。原因疾患の治療が必要。

※ブリストル便形状スケールでは，便秘状態（タイプ1・タイプ2），普通便（タイプ3・タイプ4・タイプ5），軟便・下痢便（タイプ6・タイプ7）に分類している。

8 家事の介護

ワーク1 ▶ 高齢者の衣生活等

　高齢者のための衣服は，年齢を感じさせないもの，快適で感性を刺激して顔色を明るくみせるようなものを選ぶことも大切である。

ここがでる!! 　一問一答　○×チェック

☐ **1** 高齢者の衣服には，ゆとり量が少ないものが適している。　✘ ゆとりをもったものが適している。

☐ **2** 高齢者の衣服には，型崩れの少ない，硬めの素材が適している。　✘ 伸縮性があり柔らかい素材が適している。

☐ **3** ポリエステルわたは，軽くて扱いやすく，吸湿性も優れている。　✘ 吸湿性は小さい。

☐ **4** 編物は，織物に比べると伸縮性，保湿性，通気性に富む。セーターや靴下はその例である。　○

☐ **5** ズボンのすそ上げの縫い目が表から目立たない手縫いの方法として，まつり縫いがある。　○

☐ **6** 高齢者が靴を選ぶとき，靴の先端部に 0.5 〜 1 cm の余裕があるものがよい。　○

生活支援技術

要点整理

● 高齢者の更衣動作に配慮し，開閉部やアームを工夫することも必要である。

● 素材ごとの特徴を理解し，そのときの利用者の状態や天候に適した衣服を選ぶことも大切である。

- 合成洗剤：石油を原料としたもので，弱アルカリ性と中性がある。
- 中性洗剤：粉石けん（弱アルカリ性）や弱アルカリ性合成洗剤より汚れ落ちが劣るが，繊維の損傷が少なく，風合いを保つことができる。

ここがでる!! 一問一答 ○×チェック

☐ **1** 洗剤は，多く使用すればするほど汚れがよく落ちる。　　✖ 適量を守る。

☐ **2** 血液などのたんぱく質の汚れには，高温での洗濯が効果的である。　　✖ 水洗いをする。

☐ **3** 綿は，塩素系漂白剤を使って漂白する。　　○

☐ **4** アセテートやナイロンの漂白は，酸素系漂白剤を用いる。　　○

☐ **5** チョコレートのしみはベンジンで処理する。　　○

☐ **6** ドライクリーニングは，主に水溶性の汚れを落とすのに適している。　　✖ 油溶性の汚れを落とすのに適している。

☐ **7** 嘔吐物で汚れたカシミヤのセーターは，塩素系漂白剤につけてから洗濯する。　　✖ 酸素系の漂白剤で消毒後，ウール用洗剤で手洗いする。

☐ **8** 衣服についたバターのしみは，しみに洗剤をしみ込ませて，布の上に置いてたたく。　　○

要点整理

- 各洗剤の特徴やどの繊維に使うのが適しているかなどの正しい洗濯方法について覚えておこう。
- 洗濯は誰もが行うことなので，日常生活のなかで確実な知識に変えていくよう心がけよう。

　人間に不可欠な栄養素のうち，糖質（炭水化物），脂質，たんぱく質（アミノ酸）は，エネルギー源となり，3大栄養素という。これに無機質（ミネラル）とビタミンが加わって5大栄養素という。

- ●ビタミンと無機質（ミネラル）：どちらもエネルギー源にはならないが，ビタミンはからだの機能を調節する重要な栄養素で，無機質は骨や歯を構成し，浸透圧やpHを調節する大切な成分である。
- ●たんぱく質：体内でアミノ酸に合成されるが，9種類の必須アミノ酸（不可欠アミノ酸）は体内では生成されず，食物から吸収される。

ここがでる!! 📢 **一問一答 ○×チェック**

ビタミン

☐ **1** ビタミンは，すべて脂肪とともに吸収される。　　❌ 脂溶性と水溶性があり，脂溶性のみ吸収される。

☐ **2** 野菜の調理方法で，ビタミンCの損失は，揚げ物より煮物のほうが大きい。　　⭕

☐ **3** 果実類は，糖分，ビタミンCの供給源であり，有機酸等に富み，快美な色と香りと味をもっている。　　⭕

☐ **4** ビタミンDは，干ししいたけに多く含まれる。　　⭕

☐ **5** ビタミンEは，食物として摂らなくても体内で紫外線の照射により生成される。　　❌ ビタミンDの説明。

☐ **6** ビタミンEが欠乏すると口唇炎や口角炎を起こす。　　❌ ビタミンB$_2$の欠乏。

☐ **7** ビタミンEは，不飽和脂肪酸の酸化防止に役立つ。　　⭕

要点整理

- ●高齢者は，栄養素全体の所要量が少なくなるが，消化吸収率も減少するため，ビタミンなどの必要量は増加する。

その他

☐ **8** 貧血の防止には，鉄分の吸収をよくするためにたんぱく　○
質やビタミンCを多く含む食事を十分に摂ることが必
要である。

☐ **9** 鉄は，血液のヘモグロビンの成分であり，不足すると貧　○ 女性の摂取基準
血になる。　　　　　　　　　　　　　　　　　　　　　は，月経の有無で
　　　　　　　　　　　　　　　　　　　　　　　　　　異なる。

☐ **10** たんぱく質は，消化酵素の作用により，アミノ酸に分解　○
され吸収される。

☐ **11** 糖質・脂質・たんぱく質は，エネルギーを供給するはた　○
らきがある。

☐ **12** たんぱく質・エネルギー低栄養状態が疑われる状況とし　○
て，1か月に3％以上の体重減少がある。

☐ **13** ナトリウムは，血圧の調節にかかわる。　　　　　　　　○

要点整理

● 鉄が不足すると貧血になる。女性の場合，月経による鉄の損失があるので成
人男性より多く摂取する必要がある。

ワーク4 ▶ 食中毒の予防

　まな板や食器の洗浄，手洗いなど原因菌をつけないこと，包丁は，刃と持ち
手の境目の部分も洗浄して消毒すること，食品をすぐに冷蔵庫に入れ原因菌を
増やさないこと，つくって保存しておく食品は，広く浅い容器に入れてすばや
く冷ますこと，摂取前に加熱・殺菌することが大切。

ここがでる!! 🔊 一問一答　○×チェック

ノロウイルス

☐ **1** ノロウイルスは，感染性胃腸炎を起こす。　　　　　　　○

☐ **2** ノロウイルスの消毒には，エタノール消毒液が有効であ　✗ 塩素系消毒剤が除
る。　　　　　　　　　　　　　　　　　　　　　　　　菌効果があり，有
　　　　　　　　　　　　　　　　　　　　　　　　　　効。

- [ ] **3** ノロウイルスは集団感染になることは少ない。　✗ 集団感染しやすい。

- [ ] **4** ノロウイルスは，夏よりも冬に多く発生する。　○

- [ ] **5** ノロウイルスによる感染症の予防のため，嘔吐物(おうとぶつ)の処理は，マスクと手袋を着用して行う。　○

腸管出血性大腸菌

- [ ] **6** ベロ毒素を産生する病原性大腸菌による食中毒の予防は，低温・冷凍処理が原則である。　✗ 熱処理が原則。

- [ ] **7** 病原性大腸菌は，血便を伴うことがある。　○

腸炎ビブリオ

- [ ] **8** 刺身などの魚類の生食は，腸炎ビブリオによる食中毒が多発する夏の間だけ注意すればよい。　✗ 初夏から初秋の海中にいるが，年間を通して気をつける。

- [ ] **9** 腸炎ビブリオは，発熱は伴わない。　✗ 腹痛，下痢，吐き気，発熱などを伴う。

サルモネラ菌

- [ ] **10** 生卵や自家製マヨネーズにより食中毒を発生するのは，サルモネラ菌であり，加熱による予防では効果がない。　✗ 熱に弱い。

- [ ] **11** サルモネラ菌は，潜伏期間(せんぷくきかん)が短く，通常2～3時間前後である。　✗ 通常5～72時間（平均12時間）

黄色ブドウ球菌

- [ ] **12** 黄色ブドウ球菌は，飲食物中で増殖するとエンテロトキシンを産生する。この毒素は，普通の調理加熱程度では不活性化されない。　○

- [ ] **13** 黄色ブドウ球菌は，通常24時間前後に発症し，高熱を伴う。　✗ 平均3時間で発症。発熱はほとんどない。

● 食中毒は，単におなかをこわすだけではなく，命を奪うこともあるため，命を守る介護福祉職にとって必ず押さえておくべき知識である。

食中毒	ポイント
ノロウイルス	冬期を中心に年間を通して中毒を発症する。主に経口感染により下痢，腹痛など感染性胃腸炎を起こす。嘔吐物は，**塩素系消毒剤**で消毒する。
腸管出血性大腸菌	手洗い，肉類の完全な加熱調理，再加熱，食材の洗浄，調理器具の洗浄，5℃以下の冷蔵などで予防する。乳幼児やからだの弱った高齢者が感染すると，生命が危険な状態となる場合もある。
腸炎ビブリオ	海でとれる**魚介類を生で食べて発症**することが多い。熱に弱い。腹痛，下痢，吐き気，嘔吐，発熱などの症状が出る。
サルモネラ菌	肉類，特に鶏肉，鶏卵が主な感染源である。生卵，ちくわ，肉，納豆などの摂取に注意する。**熱に弱い**のが特徴である。
黄色ブドウ球菌	黄色ブドウ球菌が産生するエンテロトキシンという毒素により起こる。この毒素は加熱だけでは不活性化せず，切り傷などの化膿巣に存在することが多いので，調理する際は傷が食物に触れないよう注意する。
ウエルシュ菌	シチュー，カレーなどが原因食品。加熱調理済み食品の**常温放置を避ける**。潜伏期間は6～18時間。腹痛，下痢，嘔吐を伴う。
ボツリヌス菌	いずし，自家製の瓶詰めなどが感染源。**加熱調理**する。嘔吐，視力障害，言語障害，嚥下困難などの症状が出る。重症の場合は呼吸困難を伴う。
カンピロバクター	鶏肉や飲料水が原因。半熟卵などに注意。腹痛，発熱，下痢などの症状が出る。**潜伏期間が2～7日と長い**。

※なお，近年サバやサケなどに寄生するアニサキスによる食中毒が急増している。加熱，冷凍，目視で除去するなどの予防が大切。

9 休息・睡眠の介護

安眠のためには，寝室の温度を 25℃前後，湿度を 50 ～ 60 %，睡眠中の掛け物の中を 35℃前後に保つとよい（個人差はある）。臭気がこもらないように，寝室の換気をする。また，空腹やからだの冷えは，入眠の妨げとなる。食後 2 ～ 3 時間経過していることが望ましい。

ここがでる!! 一問一答 ○×チェック

☐ **1** 部屋を暗くしたほうが睡眠が深くなるので，高齢者の居室の照明はすべて消す。

✖ 暗すぎると眠れない人もいる。転倒の危険も高い。

☐ **2** 高齢になると，一般的に夜間の睡眠時間が長くなる。

✖ 短くなるといわれる。

☐ **3** 睡眠にはリズムがあり，浅い眠りのノンレム睡眠と，深い眠りのレム睡眠を周期的に繰り返す。

✖ ノンレム睡眠は深い眠り。レム睡眠は浅い眠り。

☐ **4** 朝はカーテンを開け，日光を浴びるよう勧める。

○

☐ **5** 安眠のために日中，適度な疲労が得られる運動をするように勧める。

○

☐ **6** 昼夜逆転している利用者には，夕方に散歩するように促す。

○

☐ **7** レストレスレッグス症候群は，下肢を動かすと症状が軽快する。

○

☐ **8** 抗ヒスタミン薬を服用すると，夜間に十分睡眠をとっても日中に強い眠気がある。

○

☐ **9** 高齢者は，睡眠周期が規則的になる。

✖ 不規則になる。

☐ **10** 概日リズム睡眠障害では，夕方に強い眠気を感じて就寝し，深夜に覚醒してしまう傾向がある。

○

生活支援技術

- 高齢になると寝つきが悪く，浅い眠りになったり，中途覚醒が多くなり，朝早くから目覚めるなど熟睡感が少なくなる。不眠の原因の１つはメラトニンの減少といわれる。睡眠に関する生活習慣を把握することが重要である。

- レム睡眠：眼球が急激に上下左右に動く急速眼球運動（REM（レム））が生じる。筋肉は弛緩しているが，脳は覚醒に近い状態。夢を見る。

- ノンレム睡眠：大脳を休ませる眠りで，筋緊張を保ち，ぐっすり眠る状態。

- 睡眠薬の副作用として，ふらつきを伴うことがある。転倒を防ぐ配慮をし，医師に相談し指示に従うことなども必要となる。

- 概日リズム（サーカディアンリズム）：朝になると目覚めて活動をはじめ，夜になると眠くなるリズムのこと。

10点UP!

概日リズム（サーカディアンリズム（circadian rhythm））を回復させるための介護福祉職の関わりとして，最も適切なものを１つ選びなさい。

(第 29 回問題 59 より)

1 早朝に，高強度運動を行うように勧める。

2 起床後はカーテンを開けて，日光を浴びるように勧める。

3 夕食に，トリプトファン（tryptophan）を含む食事を提供する。

4 就寝前に，テレビを見たり，パソコンを使ったりすることを勧める。

5 平日の睡眠時間が短いときには，休日の「寝だめ」を勧める。

2
脳の松果体という組織から睡眠を促進させる作用をもつメラトニンというホルモンが分泌される。朝，日光を浴びるとメラトニンの分泌は止まる。そして，目覚めてから 14 ～ 16 時間で再び分泌を始める。

10 人生の最終段階における介護

ワーク1 ▶ 人生の最終段階における介護

終末期の介護（ターミナルケア）では，身体的苦痛，精神的苦痛，社会的苦痛，霊的苦痛の4つの痛みへの援助が求められている。日本では，霊的苦痛の問題に対して不十分な点もあるが，利用者の人生の意味や人生観への問いかけ，死への恐怖，罪の意識などに対して，全人的に支えるケアが必要となる。

ここがでる!! 👉 一問一答 ○×チェック

☐ **1** 終末期の介護に移行する時期は，介護福祉職が判断する。

✖ 医師が判断し，利用者の意向に基づき決める。

☐ **2** 終末期では，家族が利用者のそばにいやすいよう工夫する。

○

☐ **3** 終末期の介護において，マッサージや好きな音楽の鑑賞は，疼痛や不安の緩和に有効である。

○

☐ **4** 終末期の介護において，利用者が死への恐怖を訴えた場合，それを否定する。

✖ 受容，共感する。

☐ **5** 終末期に，利用者の口唇が乾燥していたので，ガーゼで湿らせた。

○

☐ **6** 利用者が危篤状態に陥ったので，介護福祉職が家族に利用者から離れているように伝えた。

✖ 家族の最期の看取りを尊重する。

☐ **7** 利用者が亡くなった後，悲嘆が長期化した遺族に対して，新しい出発ができるように支援する。

○

☐ **8** 利用者が亡くなった後，残された家族の悲しみは時間とともに消失するので，そっとしておく。

✖ 悲しみに寄り添う姿勢が大切。

☐ **9** 死別後の悲嘆からの回復には，喪失に対する心理的対処だけでなく，生活の立て直しへの対処も必要である。

○

- 家族の悲しみ（グリーフ）への援助も重要である。ターミナルケアとともに行うとよい。
- ボウルビィ（Bowlby, J.）によれば，①否認，②怒りと思慕，③混乱と絶望，④再建の過程があるという。
- キューブラー・ロス（Kübler-Ross, E.）は，死を受容する過程を第1段階：否認，第2段階：怒り，第3段階：取り引き，第4段階：抑うつ，第5段階：受容の5段階に理論化している。
- 介護福祉職は，悲しみを共有し，家族が新たな出発ができるよう援助する。
- デスカンファレンスを行い，亡くなった利用者の事例を振り返り，今後の介護に活用することも重要である。

10点UP!

終末期の介護について，○×を付けなさい。

（第25回問題60，第30回問題60，第32回問題108，第33回問題108，第35回問題30改変）

☐ 死が近づいているときの身体の変化として，喘鳴（ぜんめい）がある。　**○**

☐ 手を握るなどのスキンシップを行う。　**○**

☐ 意識がなくなれば，声かけは控える。　**✗** 人の聴覚は最期まで残るので声かけをする。

☐ 死後の処置は，家族には見せない。　**✗** 家族の希望を聞き，それに従う。

☐ グリーフケア（grief care）は，看護師に任せる。　**✗** チームアプローチが必要。

☐ 介護福祉職の死後の処置として，着物の場合は，帯（おび）紐（ひも）を縦結びにする。　**○**

☐ 死亡直前にみられる身体の変化として，下顎呼吸の出現がある。　**○**

☐ 死斑は，死後20～30分で出現し始める。　**○**

「人生の最終段階における医療・ケアの決定プロセスに関するガイドライン」（2018年（平成30年）改訂（厚生労働省））において，アドバンス・ケア・プランニング（ACP）が重要視されている。このアドバンス・ケア・プランニング（ACP）を踏まえた，人生の最終段階を迎えようとする人への介護福祉職の言葉かけとして，最も適切なものを1つ選びなさい。

(第33回問題58より)

1 「生活上の悩みごとは，近くの地域包括支援センターに相談できます」

2 「今後の医療とケアについては，家族が代わりに決めるので安心です」

3 「今後の生活について，家族や医療・介護職員と一緒に，その都度話し合っていきましょう」

4 「口から食べることができなくなったら，介護職員に相談してください」

5 「意思を伝えられなくなったら，成年後見制度を利用しましょう」

3

「人生の最終段階における医療・ケアの決定プロセスに関するガイドライン」の「人生の最終段階における医療・ケアの在り方」

医師等の医療従事者から適切な情報の提供と説明がなされ，それに基づいて医療・ケアを受ける本人が多専門職種の医療・介護従事者から構成される医療・ケアチームと十分な話し合いを行い，**本人による意思決定を基本としたうえで**，人生の最終段階における医療・ケアを進めることが最も重要な原則である。

また，本人の意思は変化しうるものであることを踏まえ，**本人が自らの意思をその都度示し，伝えられるような支援が医療・ケアチームにより行われ，本人との話し合いが繰り返し行われることが重要である。**

さらに，本人が自らの意思を伝えられない状態になる可能性があることから，家族等の信頼できる者も含めて，本人との話し合いが繰り返し行われることが重要である。この話し合いに先立ち，**本人は特定の家族等を自らの意思を推定する者として前もって定めておくことも重要である。**

11 福祉用具

ワーク1　福祉用具

福祉用具は，補装具，日常生活用具，介護保険法の福祉用具貸与，特定福祉用具販売の対象用具等で，社会参加，外出機会の拡大，快適性・効率性・介護者負担の軽減などを目的とする。

ここがでる‼ 一問一答　○×チェック

☐ **1** 障害者総合支援法で，電動車いすを購入するときに利用できるサービスとして補装具費の給付がある。　**○**

☐ **2** 「福祉用具 JIS マーク」は，国に登録された第三者認証機関によって，品質が保証された製品に付される。　**○**

☐ **3** 福祉用具専門相談員は，指定介護老人福祉施設に配置が義務づけられている。　**✗** 介護保険制度における福祉用具貸与・販売を行う事業所に配置が義務づけられている。

☐ **4** サービス担当者会議で「近所のスーパーで食材を自分で選び，購入し，食事の用意をしたい」という生活ニーズに対して，福祉用具専門相談員の助言による四輪歩行車の利用の提案をすることは適切である。　**○**

☐ **5** スライディングボードを用いたベッドから車いすの移乗では，ベッドを車いすの座面より少し低くする。　**✗** 少し高くする。

☐ **6** 片麻痺で立位歩行が可能な人が，洋式便器から立ち上がるときに利用する手すりは，便器の先端から 20 ～ 30 cm 前方の，健側の壁に設置された縦手すりを取り付けるとよい。　**○**

☐ **7** 複数の福祉用具を使用するときは，状況に合わせた組み合わせを考える。　**○**

☐ **8** 浴槽への出入りにシャワーチェアを用いるときには，浴槽より低い位置に調整する。　**✗** 高さを同じ位置にそろえておく。

- 補装具と日常生活用具の区別がよく問われる。
- 補装具はからだの一部（車いすは歩行に必要なからだと同じ），日常生活用具は日常生活を便利にするものと覚える。
- 近年は，スライディングボードなどの使用方法も問われているので，使い方を実習しておこう。

Mさん（89歳，女性）は，加齢に伴う両下肢の筋力低下がある。立位保持ができなくて，日中ベッドで臥床（がしょう）して過ごすことが多い。ベッドから車いすへの移乗は一部介助が必要であるが，車いすは自分で操作できる。
Mさんの上肢を活用した移乗介護に使用する福祉用具として，最も適切なものを１つ選びなさい。(第29回問題44より)

1 スライディングボード

2 スライディングシート（マット）

3 回転移動盤

4 介助型車いす

5 移動用リフト

1
スライディングボードの裏側に滑りどめシートがついているものを選ぶとベッドからずれにくい。

生活支援技術

介護過程

　本科目は，第36回試験において8問出題された。

　試験対策としては，「介護過程の展開のプロセス」をきちんと押さえ，そのうえで「アセスメント」「計画の立案」「実施」「評価」の各段階で，どのようなことがなされるのかをきちんと押さえておく。第36回では，事例問題が2事例出題された。脳梗塞を発症し，左片麻痺で高次脳機能障害の利用者に関する事例は，利用者の疾病や障害の状態・状況に応じて，利用者の課題を解決できるか具体的事例に即して解くことが求められている。過去問にあたると理解が深まるであろう。

　また，第35回では，介護福祉職が事例研究を行う目的に関する問題，第36回では，事例研究を行うときに遵守すべき倫理的配慮に関する問題が出題された。サービス担当者会議等において，カンファレンスをする際介護福祉職がどのような役割を果たし，どのようなチームアプローチが求められているかといったことも考える必要がある。そのためには，利用者に関する医学的な知識や障害などについて理解して，介護福祉職の立場からどのような課題解決が可能なのか，介護サービスの優先順位を総合的に整理する力が求められる。

1 介護過程の意義と基礎的理解

ワーク1 ▶ 介護過程の展開

　　介護過程は，①アセスメント→②計画の立案→③実施→④評価というプロセスを繰り返すことで展開される。

介護過程の展開イメージ

* 情報の収集
* 情報の解釈・関連づけ・統合化
* 課題の明確化

アセスメント

* 目標の達成度
* 支援内容・方法の適切性
* 今後の方針の検討
* 計画の修正の必要性

評　価　　**介護計画の立案**

* 目標の設定
* 具体的な支援内容・方法の決定

実　施

* 実施状況の把握
　・計画にもとづく実施
　・自立支援・安全と安心・尊厳の保持
　・利用者の反応・可能性
　・新たな課題

出典：介護福祉士養成講座編集委員会編『最新 介護福祉士養成講座9 介護過程 第2版』中央法規出版，4頁，2022年を一部改変

介護過程の連続的なサイクル

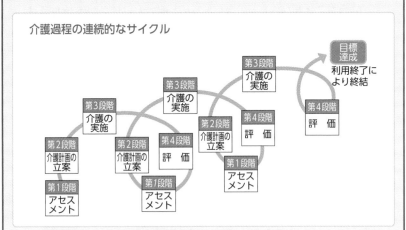

出典：介護福祉士養成講座編集委員会編『最新 介護福祉士養成講座9 介護過程 第2版』中央法規出版，7頁，2022年を一部改変

介護過程の意義と目的

☐ **1** 介護過程の展開によって，根拠（エビデンス）に基づいた介護実践を可能にする。　○

☐ **2** 介護過程では，利用者個々に適した介護を提供する。　○

☐ **3** 介護過程では，利用者の望むことをすべて取り入れる。　✗ これで利用者の生活上の課題が解消できるわけではない。

☐ **4** 介護過程の目的は，利用者の自己実現への支援である。　○

要点整理

● 介護過程とは，介護が行われるなかで利用者が望む生活を実現するためにアセスメント，計画の立案，実施，評価の段階で，客観的で科学的な思考により，目標にたどりつくための実践の過程をいう。

● 根拠（エビデンス）に基づいた介護を実践し，評価することによって，利用者の自立を支援し，QOL（生活の質）を向上させることにつながる。

10点UP!

介護過程の目的に関する次の記述のうち，最も適切なものを1つ選びなさい。
（第33回問題61より）

1 利用者の健康状態の改善

2 介護福祉職の介護観の変容

3 他職種との役割の分化

4 家族の介護負担の軽減

5 利用者の生活の質の向上

5
介護過程とは，客観的で科学的な根拠に基づいた思考と実践の過程をいう。根拠に基づいた介護を提供することで，利用者が望むよりよい生活を実現することを目的とする。

アセスメント

☐ **5** 情報収集とアセスメントをする際に，介護福祉職には先入観をもつことが必要とされる。

✘ 先入観や偏見は，誤ったアセスメントの原因となる。高い観察力と推測力，判断力が必要。

☐ **6** 介護過程における情報収集とアセスメントでは，主観的情報は分析しない。

✘ 主観的情報と客観的情報の両方を分析する。

☐ **7** 介護福祉職による情報収集では，五感を活用した観察を通して情報を集める。

○

☐ **8** 利用者の「やりたいこと」や「できること」を含めて，アセスメントする。

○

☐ **9** 生活課題は生活上の困難を発生させている原因のことである。

✘ 利用者の望む生活を実現または継続するために解決すべきこと。

☐ **10** アセスメントの目的として，生活課題の明確化があげられる。

○

計画の立案

☐ **11** 介護計画の立案にあたっては，今までの生活習慣は考慮^{こうりょ}しない。

✘ 一人ひとりの生活習慣や価値観を尊重する。

☐ **12** 目標を達成するまでの期間は設定しない。

✘ 設定する。

☐ **13** 介護計画の目標は，実現可能なものであり，具体的に表現されることが望ましい。

○

☐ **14** いったん決定した介護目標は，援助が終結するまで変更しない。

✘ 利用者の状況の変化に応じて変更することもある。

☐ **15** 長期目標と短期目標は連動させる。

○

実施

☐ **16** 介護計画の実施にあたって，利用者の反応や変化を観察する。

○

☐ **17** 介護過程の実践には，他職種との連携が必要である。

○

☐ **18** 介護過程の実施には，複数の職種がかかわるため，共通　〇
して使用できるケース記録や連絡ノートなどを用いるこ
とも情報の共有化に役立つ。

☐ **19** 「便秘の解消，苦痛のない排便」という目標の達成には，　✕ 体温変化は，排便
利用者の体温変化の把握を何よりも優先する。　　　　　　への影響が少なく
　　　　　　　　　　　　　　　　　　　　　　　　　　　　　優先度は低い。

評価

☐ **20** 介護過程における評価とは，実施した介護を具体的に記　✕ 設定した目標を利
録することである。　　　　　　　　　　　　　　　　　　用者が達成できた
　　　　　　　　　　　　　　　　　　　　　　　　　　　　かどうかを検討す
　　　　　　　　　　　　　　　　　　　　　　　　　　　　ること。

☐ **21** ほかの利用者の目標達成度と比較した評価はしない。　　〇

☐ **22** 目標が達成されれば，評価はしない。　　　　　　　　　✕ 目標の達成度を判
　　　　　　　　　　　　　　　　　　　　　　　　　　　　断するために評価
　　　　　　　　　　　　　　　　　　　　　　　　　　　　を行う。

☐ **23** 利用者本人には，評価を伝えない。　　　　　　　　　　✕ 伝える必要があ
　　　　　　　　　　　　　　　　　　　　　　　　　　　　る。

☐ **24** 支援の実施状況に関する情報を整理して，評価する。　　〇

要点整理

● 介護過程においては，記録や情報の蓄積で介護の専門性を高めることができ
る。

● 五感を活用した観察力，判断力，相手の心のなかも見抜く洞察力とともに他
職種からの情報収集も含め，介護の専門職としての立場から主観的情報と客
観的情報をきちんと分析し，実施した状況は客観的に記録することが大切と
なる。

● 客観的情報：観察可能で，誰が見ても同じ認識をもつ情報。

● 主観的情報：利用者の考え方，見方，感じ方を表現した情報。注意深い解釈
が必要となる。

生活上の課題に関する次の記述について，○×を付けなさい。

(第26回問題63，第30回問題62，第34回問題63改変)

☐ 課題が複数ある場合は，優先順位をつける。

○

☐ 潜在的なものは取り上げない。

✗ 潜在的な課題にも着目する。

☐ 問題解決思考では明確化できない。

✗ 問題解決思考とは，問題を提起して解決していく思考法。問題解決思考によって生活上の課題の明確化につながる。

☐ 個人因子による課題よりも環境因子による課題を優先する。

✗ 個人因子も環境因子と同様に重要である。

☐ 課題を抽出するためには，1つの情報を解釈すればよい。

✗ さまざまな視点から収集した情報を整理して課題を抽出する。

☐ 生活課題を明確にした後で情報を関連づける。

✗ 介護過程では，まず必要な情報を解釈し，情報の関連づけ・統合化を行った後で，生活課題を明確にする必要がある。

☐ 生活課題は，利用者が望む生活を実現するために解決すべきことを取り上げる。

○

2 チームアプローチ

ワーク1 ▶ サービス担当者会議

利用者本人の意向や希望を踏まえて，利用者や家族を含めた参加メンバーが合議してサービスや援助の質を高めるための場である。

ここがでる!! 🖐 一問一答 〇×チェック

☐ **1** サービス担当者会議は，援助目標や情報を共有する場である。

〇

☐ **2** サービス担当者会議において，アセスメントは援助活動が終結してから行う。

✗ 終結してから行うのはエバリュエーション（評価）。

☐ **3** サービス担当者会議において，介護支援専門員（ケアマネジャー）は，メンバーの役割調整も行う。

〇

☐ **4** 利用者の現在の状況を把握するサービス担当者会議には，生活歴は資料として必要ない。

✗ 利用者の背景などを知るには，生活歴が必要。

☐ **5** 訪問介護員（ホームヘルパー）が，利用者の腕につねられたようなあざを発見したので，事業所の上司に報告した。

〇

☐ **6** 訪問介護計画は，居宅サービス計画の方針に沿って作成する。

〇

要点整理

- 「ほうれんそう」＝報告・連絡・相談を忘れずに！
- 会議には，情報共有型と問題解決型がある。介護福祉職の立場から，利用者の自立支援に向けて発言内容を整理し，利用者の思いを共有し，利用者がチームアプローチの中心であることを忘れない。

10点UP!

チームアプローチ（team approach）での訪問介護員（ホームヘルパー）の役割として，最も適切なものを1つ選びなさい。（第27回問題68より）

1 配食サービスをやめて，訪問介護（ホームヘルプサービス）を増やすように計画を変更する。

2 施設への入所手続を代行する。

3 浴室を改修する見積りを業者に依頼する。

4 本人と家族の思いをケアカンファレンス（care conference）で報告する。

5 訪問介護員（ホームヘルパー）の腰痛予防対策をケアカンファレンス（care conference）で話し合う。

4
支援に対しての本人や家族の意向を把握し，代弁者として報告。

介護保険制度のサービス担当者会議に関する次の記述のうち，最も適切なものを1つ選びなさい。（第34回問題22より）

1 会議の招集は介護支援専門員（ケアマネジャー）の職務である。

2 利用者の自宅で開催することが義務づけられている。

3 月1回以上の頻度で開催することが義務づけられている。

4 サービス提供者の実践力の向上を目的とする。

5 利用者の氏名は匿名化される。

1

3 介護過程の展開の理解

ワーク1 ▶ 対象者の状態，状況に応じた介護過程の展開

対象者の疾病や生活障害といった状態や状況に応じた事例問題が提示され，それに対する介護課程の内容を問われる。

また，職場におけるケースカンファレンスなどの場で行われる事例報告，事例検討，事例研究の意義や目的を明確にしておこう。

- 事例報告：過去に実際にあった出来事という意味で用いられる。
- 事例検討（ケースカンファレンス）：事例について，その事実を振り返ることによって課題の実現ができないことの原因などを明らかにすること。
- 事例研究：事例について，その事実が起きた原因，それらへの対応などを分析して明らかにしようとする研究方法。

ここがでる!! 一問一答 ○×チェック

☐ **1** 介護計画を実施する際，介護計画の変更内容の説明は省略してもよい。
　✖ 十分な説明を行い同意を得る必要がある。

☐ **2** 利用者の自立に向けた介護過程の展開では，介護計画の最終的な評価は，理学療法士が担当する。
　✖ 介護福祉職が担当する。

☐ **3** 介護福祉職が事例研究を行う目的として，介護課程から介護実践を振り返ることがあげられる。
　○

☐ **4** 介護福祉職が，初回の面談で情報を収集するときは，目的を意識しながら話を聴く。
　○

☐ **5** 事例研究を行うときには，個人が特定できるように，氏名を記載する。
　✖ 個人が特定されないように記号化する。

☐ **6** 事例研究を行うときには，論文の一部であれば，引用元を明示せずに利用できる。
　✖ 論文のタイトル，著者，論文掲載元等を明示する。

要点整理

● 事例検討は，よりよい介護実践を見つけ出すことに焦点があり，事例研究はほかの事例に応用が利くよりよい支援の方法を一般化できるような原理原則を導き出すという学問的な側面がある。

● 事例検討や事例研究で用いる情報の取り扱いでは，対象者を特定されないよう配慮し，個人情報保護や説明・同意などの倫理的な配慮が求められているので注意。

O先生のプラス10点を目指す得点アップ特別講座

最初に出題のパターンを知ろう
―国家試験の出題文は，おおまかに5類型となる。
知識がなくても解ける問題に対応するテクニック―

　国家試験は「適切なもの」「正しいもの」を選ぶ択一試験が中心である。したがって，国語力で対応できる問題も当然ある。また，介護の分野では過去問が繰り返し出題されている。

　過去問は，制度や政策を問う分野では法改正などによって内容が適切でなくなる部分もあるが，出題者の心理を理解したり知識の確認をしたりするのには非常に大切である。言い換えれば，「合格点を取るには過去問をやっていれば十分」と言ってもよい。過去問を解くとき，解説を丁寧に読み込み，周辺の知識を広げることにも意味があるので，過去問題集を買うときは，解説が詳しく，法改正などにしっかり対応したものを選ぶ必要がある。

　問題作成の過程では，択一試験の場合，最初から誤った選択肢をつくるのは難しいため，まず出題者は「正しいもの」を作成する。正しい選択肢の文章をつくり，それを誤りの文章に加工していくことになる。正しい選択肢は加工されていないため，文章が素直な表現になる。

　一方で，誤りの選択肢を作成するときには文章の加工が行われ，どうしても文章のリズムに無理が出てくる。解答する側としては，その加工のパターンを読み取ることで，どこが誤りかを見抜くことができる。

　ここでは，その加工のパターンを5つに類型化してみる。

　なお，本講座のWEB版では，各パターンについて参考となる例題や過去問も提示している。右のQRコードを読み取って，テクニックを実際の問題で確認してみよう。

https://www.chuohoki.co.jp/movie/A047/

1　極端な表現・やわらか表現型

●誤りの選択肢の表現に注目

「極端な表現」とは，「説得」「強制的」「限られる」「除いて」「しなければ
ならない」「優先」「できない」「しなくてもよい」といった一方的な表現の
ことで，誤りの選択肢が多い。

問題文を大げさに表現したり，物事を過大に評価したりする場合もある。

一方，事例問題でやさしい表現が用いられている場合は，正しいことが多
い。これが「やわらか表現」である。特に介護系科目の問題で出題が多くみ
られる。事例問題はよく読んで，全体の流れのなかから判断すると正解に達
しやすい。

解き方 ▶ WEB 版で問題を CHECK ！

2　肯定・否定型

肯定を否定に変えるか，反対の内容が示される型は，最もつくりやすい。
肯定を否定に変えるときは文章のリズムがおかしくなりやすいので，読んで
みてそれに気づくことが大切である。「はい」（肯定）か「いいえ」（否定）か，
反対の内容が示されていて，混乱を起こしやすい問題である。

解き方 ▶ WEB 版で問題を CHECK ！

3　取り替え・混同型

似た制度や分類を取り替えて，誤りをつくる問題である。制度や医学系科
目の問題の多くはこの型となる。

解き方 ▶ WEB 版で問題を CHECK ！

4　定義型

「〜とは」という書き出しで出題されることが多い。用語の定義など，基
本がしっかりと押さえられているかが問われる。人物・業績などはテキスト
や辞典で確認すること。論旨のすり替えも多い。『介護福祉士国家試験受験

ワークブック 2025 上・下』（中央法規出版）や本書で基本をしっかりと
学んでおこう。

●**漢字やカタカナの表現をわかりやすい言葉に置き替える**
　解答のコツは，定義に相当する言葉や類語が選択肢のなかに出てくるか否
かである。

解き方　☞ WEB 版で問題を CHECK ！

5　付加・削除型

　誤りの選択肢にするために，もともと正しい文章に関係のない用語を加え
たり，部分的に削除したりするものである。似た用語が羅列されている問題
にはこの型が多い。

　また，【こころとからだのしくみ】などで，胃潰瘍（いかいよう）や廃用症候群，交感神経
などの症状や特徴を問う型も多くなった。これらの問題では，対（つい）になる用語，
例えば「交感神経」に対しては「副交感神経」を思い起こすのがよい。

解き方　☞ WEB 版で問題を CHECK ！

　以上の 5 類型を中心に，次に述べる**改正注目型**や，取り替え型の変型とし
ての**前後取り替え型**といった，出題の変型パターンもある。

過去問を何年分かの流れのなかで解いていくと，出題者の意図が読み取れる
―そのなかで解法のテクニックをみがく―

　どのような形で出題されているか，社会福祉士及び介護福祉士法の改正部
分に注目しながら第 28 回，第 35 回，第 31 回の問題を比較しつつ，解法
のテクニックを身につけてみよう。

第28回問題18

　社会福祉士及び介護福祉士法に基づいて，介護福祉士に課せられている誠実義務に関する次の記述のうち，最も適切なものを1つ選びなさい。

1　常に担当する利用者の立場に立って業務を行う。

2　国民の保健医療の向上及び福祉の増進を図る。

3　利用者を心身共に健やかに育成する責任を負う。

4　利用者の心身の健康の保持のために必要な措置を講じる。

5　利用者が安心して暮らすことのできる地域社会の実現に寄与する。

第35回問題66

　社会福祉士及び介護福祉士法に規定されている介護福祉士の責務として，最も適切なものを1つ選びなさい。

1　地域生活支援事業その他の支援を総合的に行う。

2　介護等に関する知識及び技能の向上に努める。

3　肢体の不自由な利用者に対して必要な訓練を行う。

4　介護保険事業に要する費用を公平に負担する。

5　常に心身の健康を保持して，社会的活動に参加するように努める。

第31回問題18

　社会福祉士及び介護福祉士法における介護福祉士の義務として，適切なものを1つ選びなさい。

1　家族介護者の介護離職の防止

2　医学的管理

3　日常生活への適応のために必要な訓練

4　福祉サービス関係者等との連携

5　子育て支援

　まずは，改正部分を押さえる。2007 年（平成 19 年）の社会福祉士及び介護福祉士法の改正では，介護福祉士に関連して①誠実義務と②資質向上の責務が新設された。

　①**誠実義務の新設**　→　「誠実にその業務を行わなければならない」

　②**資質向上の責務の新設**　→　「知識及び技能の向上に努めなければならない」

　第 28 回問題 18 は誠実義務の改正部分を問う問題である。法第 44 条の 2 は，「その担当する者が個人の尊厳を保持し，自立した日常生活を営むことができるよう，常にその者の立場に立って，誠実にその業務を行わなければならない」と規定している。選択肢 1 は条文そのままではないが，「常に担当する利用者の立場」は，「常にその者の立場」と同じ意味と解すれば 1 が正解となる。念のために，ほかの選択肢について，2 は介護保険法第 1 条，3 は児童福祉法第 2 条，4 は老人福祉法第 1 条，5 は障害者総合支援法第 1 条となる。これらの条文は，過去ほとんど出題されていないので，まずは，介護福祉士の「義務等」の条文にしぼって勉強すればよい。

　次に，第 35 回問題 66 は，「介護福祉士の責務」とあるが，新設された「資質向上の責務」を問うものである。選択肢 2 は「介護等に関する知識及び技能の向上に努める」とあり，法第 47 条の 2 に該当する。その他の選択肢は，新設条文とは全く関係のない内容である。

　最後に，第 31 回問題 18 をみてみよう。介護福祉士の「義務等」は新設部分と，一部が追加されたり，条文が改められた部分がある。その部分改正は，以下のとおりである。

　③**定義規定の見直し**　→　「心身の状況に応じた介護」の追加。

　④**連携規定の見直し**　→　「福祉サービス関係者等との連携」と広く改釈した。

　第 31 回問題 18 は，④の連携規定を問うものである。その他の選択肢は，

介護福祉士の義務とは関係のない内容である。

　次の記述は，2011年（平成23年）の定義規定の改正部分である。

　第2条第2項の定義規定は，「心身の状況に応じた介護」の後のかっこ部分が追加された。「（喀痰（かくたん）吸引その他のその者が日常生活を営むのに必要な行為であって，医師の指示の下に行われるもの（厚生労働省令で定めるものに限る。以下「喀痰吸引等」という）を含む）」と改められた。

解き方 👉 WEB版で問題をCHECK！

繰り返し出題される問題の解法テクニック

●定義を丸暗記しないで，別の簡単な言葉に置き替えると解答がみえてくる

　ICF（国際生活機能分類）は，毎年出題される定番問題である。過去5年間では，第31回で「構成要素」，第32回で「環境因子」と「心身機能」の関連，第33回で「環境因子」と「国際障害分類」，第34回で「環境因子」が出題されている。出題形式は，それぞれに該当する事例を選択するものが多い。

　まずは，ICFの定義をしっかりと押さえておくことが大切となる。

■ ICFの定義

◆健康状態：病気（疾病），変調，傷害など。加齢，妊娠，ストレスなども含む
◆活動：課題や行為の個人による遂行（すいこう）のこと
◆参加：生活・人生場面へのかかわりのこと
◆活動制限：個人が活動を行うときに生じる難しさのこと
◆参加制約：個人が何らかの生活・人生場面にかかわるときに経験する難しさのこと
◆環境因子：人々が生活し，人生を送っている物的な環境や社会的環境（例えば，自宅周辺の坂道や段差も含まれる），人々の社会的な態度による環境を構成する因子のこと
◆個人因子：性別，年齢，性格，生活歴など，個人の生活や人生に特有な背景であり，健康状態（病気・失調・障害）や健康状況以外のその人の特徴のこと

しかし，受験としてはもう少し簡単なテクニックを伝授しておこう。

> 心身機能・身体構造＝「生命レベル」
> 活動＝「生活レベル」
> 参加＝「人生レベル」
> 「環境因子」＝環境に相当する文章や事柄
> 「個人因子」＝個人の特徴

このように区分できればよい。

では，これを念頭に，少し古いが基本的な内容を含む問題として，第27回の問題を解いてみよう。

解き方 ☞ WEB 版で問題を CHECK ！

難しい日本語や英語は，まず，やさしい言葉に自分なりに翻訳する
―問題文のなかから解答を見つけ出すテクニック―

定義型の問題は，問われている内容に対する十分な知識がなかったとしても，定義に相当する言葉が後に出てくれば「正しい」，出てこなければ「誤り」ということである。したがって，たとえ知らない内容であっても，落ち着いてわかりやすい日本語に置き換えたり，類似の言葉を探したりすることで解けることもある。

適応機制の問題は，第30回問題94・問題98，第31回問題27，第34回問題72など繰り返し出題されている。代表的なものとして「抑圧」「逃避」「退行」「同一化（同一視）」「置き換え」「反動形成」などがある。これらは定義型の問題でもあり，その言葉が選択肢のなかで説明されていれば「正しい」ということになる。やや古いが，典型的な問題なのでそれらの問題を解いてみよう。

解き方 ☞ WEB 版で問題を CHECK ！

「空海」は「テンサイ」か？
―自分でゴロ合わせをつくろう―

　筆者が中学生のとき，最澄と空海の宗派を答える問題を反対に答えてしまった経験がある。天台宗の最澄と真言宗の空海を逆にしてしまったのである。そこで，自己流の暗記法として，「テンサイ」と「シンクウ」と覚えることにした。「天台宗＝テン，最澄＝サイ」「真言宗＝シン，空海＝クウ」である。それ以来2人を取り違えることはなくなった。皆さんのなかには年号をゴロ合わせで覚えた方もいるだろう。特に【こころとからだのしくみ】は医学用語が多く，間違えやすい。医師の国家試験対策では，先輩から後輩に伝えられた膨大なゴロ合わせがあり，友人に言わせれば「恥ずかしくなるようなゴロ合わせ」もあるそうだ。なりふりかまわないという言葉もあるが，要は正解に達するためにはどんな言葉でもよい。自分なりのゴロ合わせをつくることである。以下，いくつかのヒントを示してみよう。

1　天才は努力の人―消化器をゴロ合わせで暗記するとどうなる―

　世の中には記憶力のすごい人もいるが，大多数の人はそれなりの覚える工夫をしている。第28回の問題で小腸の一部を答えさせる問題が出た。出題者としては，小腸と大腸を混乱していないか確認することを意図していたと思われるが，いずれも「腸」があるので迷う。そもそも人体の器官を覚えなければ手も足も出ない。

第28回問題105
　小腸の一部として，正しいものを1つ選びなさい。

1　盲腸

2　空腸

3　S状結腸

4　上行結腸

| 5 | 直腸 |

そこで，咽頭（いんとう）から回腸に至る小腸と大腸，肛門（こうもん）までの器官の覚え方をつくろう。

> **★咽頭から小腸**
>
> 飲み込んだ　食べ物で　胃は　小さいが　十二分に　食う　かい
> 　（咽頭）　　（食道）　　（胃）　（小腸）　　（十二指腸）（空腸）（回腸）

ここでは先ほどの空海ではないが，過去に「食うかい」（空腸・回腸）に関する問題も出ている。次が大腸である。

> **★大腸から肛門**
>
> 大ちゃんは，　もうちょっと　上背があれば　横綱に
> （大腸）　　　　（盲腸）　　　（上行結腸）　（横行結腸）
>
> 下から　　エースに　直　行
> （下行結腸）（S状結腸）（直腸－肛門）

これは大ちゃんという相撲取りが，背は小さいけれど，もう少し上背があれば（背が高ければ），横綱になれて，下のほうから相撲界のエースにすぐなれるという想定をしたゴロ合わせである。これを試験時に思い出せば正解は簡単である。

1は×で大腸，2は「食うかい」の空腸で正解，3は×で大腸，4も×で大腸，5も×で大腸ということになる。

> **第35回問題27**
> 　健康な成人の便の生成で，上行結腸の次に内容物が通過する部位として，正しいものを1つ選びなさい。
>
> 1　S状結腸
>
> 2　回腸
>
> 3　直腸
>
> 4　下行結腸

```
  5  横行結腸
```

　この問題もずばりゴロ合わせを覚えていれば,「上背があれば」(上行結腸)から「横綱に」(横行結腸)で正解は5ということになる。

　市販の暗記書のなかにはそのゴロ合わせを覚えるのに大変で苦労した割には試験で出ないなんてこともある。重要語句を暗記する能力があればもうそれは合格する力があるとみてよい。さて,関節リウマチはよく出るが,最近の出題は応用力をためすので,覚えた言葉がそのまま通用するとは限らない。しかし,何が要点か押さえておけばよい。まずは,ゴロ合わせ。

```
★関節リウマチ
　韓　　流　ドラマ
（関節）（リウマチ）

　み　　　　　　たいので　朝　　　　テ　　レ　ビ
（3か所以上の関節炎）（対称性関節炎）（朝のこわばり）（手関節炎）（レントゲン変化）
```

　「韓(関節の関)流(リウマチのリウ)」で関節リウマチであることをきっかけに,「みたい」の「み」は,3か所以上で腫れが出ることを理解し,「たい」で左右対称の関節炎,「朝」で試験に最もよく出る朝のこわばりを覚える。「テレビ」以下は,やや専門的で,介護ではあまり出ないが,念のため,「テ」は手首のは腫れ,「レ」はレントゲンによる変化となる。では,これらの知識をもとに過去の問題を解いてみよう。

解き方 ☞ WEB版で問題をCHECK！

　人の覚え方はさまざまである。「恥ずかしくなるようなゴロ合わせ」にしても,自分の頭のなかで覚えていれば,誰にもわからない。要は,自分だけわかればよいのである。

そこで，次のゴロ合わせを見てみよう。

★**肺循環**
　　はい　どう　じょう（はいどうぞ）
　　（肺）　（動脈）（静脈血）

　一瞬何のことかと疑問に思われるかもしれない。これは，肺循環と体循環のなかで，どの血管に動脈血または静脈血が流れているかを問うものである。まず，基本は，

　　　肺循環（小循環）＝静脈（**動脈血**）―動脈（**静脈血**）

　　　体循環（大循環）＝動脈（動脈血）―静脈（静脈血）

　動脈に動脈血，静脈に静脈血が一般だが，肺循環は**逆**となる。取り替え型の問題でも出題されたことがある。これもやや古いが，第 20 回で，

第 20 回問題 64 選択肢 2
　肺動脈には動脈血が流れている。

と出たが，×であり，動脈血ではなく，静脈血が正解となる。

解き方 ▶ **WEB 版で問題を CHECK ！**

　次に示したゴロ合わせは，体内をめぐってきた血液の流れがまた大動脈で全体に送り出される流れを覚えると，

★**大丈夫　右のぼうしを，　はいどうじょう，　さあ　　神経質な，**
　（大静脈）（右心房→右心室）　（肺動脈→肺静脈）　（左心房→左心室）
　　大ちゃんに
　　（大動脈）

となるが，どうもうまくない。あなた自身でもう少しわかりやすいものをひねり出そう。なお，過去に，

> ★心拍数・血液量
> 　心臓どきどき　　**なれ**　　　　**なれ**
> 　　　　　　　（心拍数70）　（血液量70）

と，心拍数と血液量に関する問題が出たことがある。「心拍数は1分間に60
〜70回，1回に拍出される血液量は70ml」もついでに覚えておこう。

4　空想をたくましくして覚えよう

> ★糖尿病
> 　糖尿病で，119番　　　　習慣　　に，　もう　　しん　　じん
> （空腹時血糖値110mg/dl）（生活習慣病）（2型）（網膜症）（神経障害）（腎症）
> 　＊ただし，最近は空腹時血糖値110mg／dlは，指標としなくなった。

　これは，糖尿病で体調が悪くなったと思い，救急車を呼ぶのであるが，何
度も呼ぶので，そんなに緊急事態ではないとみなされ，容体の悪さを信じて
もらえないことを想像してゴロ合わせにしたものである。

　糖尿病は，血液中の糖を細胞へ取り込むのに必要なインスリンの欠乏によ
り起こる糖代謝異常。生活習慣病とされるのは2型(インスリン非依存型)で，
網膜症，神経障害，腎症の3大合併症が特色となる。過去問を見てみよう。

解き方　WEB版で問題をCHECK！

5　関係のあることを織りこんで簡単にして覚える

　キューブラー・ロス（Kübler-Ross, E.）の終末期にある人の5つの心理
過程もこのところよく出題される。

> ★死を受容する過程
> 　キューちゃんは，ロスアンゼルスで，犯罪を否認したが
> 　（キューブラー・ロス）　　　　　　　　（否認−第1段階）
> 　警官にどなられ　　取り　　　　抑えを　　　　　受けた
> 　（怒り−第2段階）（取り引き−第3段階）（抑うつ−第4段階）（受容−第5段階）

6 マズローの欲求階層説を覚えよう

　キューブラー・ロスに続いて**マズロー**（Maslow, A. H.）の欲求階層説を取り上げてみよう。人間の欲求を５つの階層に分けたものであり，まずはこの５つを覚えよう。

★欲求階層説

　まずは，　事故を　　　認め，　　愛する人の　　安全と
（マズロー）（自己実現欲求）（承認欲求）（所属・愛情欲求）（安全欲求）

　生命を守ろう
（生理的欲求）

　これを教科書的に整理すると，次の図のようになる。

　事例形式の過去の問題をみてみよう。

解き方 WEB 版で問題を CHECK！

社会福祉年表

西暦，和暦は法や制度の成立年です。法律名については略称で表記しているものがあります。

諸外国	西暦	和暦	法・制度
アメリカ独立宣言	1776	安永5	
フランス人権宣言	1789	寛政元	
ワイマール憲法	1919	大正8	
	1922	大正11	健康保険法
	1938	昭和13	国民健康保険法
	1946	昭和21	旧生活保護法※1（注）
	1947	昭和22	・労災保険法 ・日本国憲法（施行） ・失業保険法（1975年（昭和50年）雇用保険法となり廃止） ・児童福祉法
世界人権宣言	1948	昭和23	医療法
	1949	昭和24	身体障害者福祉法
	1950	昭和25	・精神衛生法★1 ・生活保護法※2
児童憲章	1951	昭和26	社会福祉事業法◆1
	1954	昭和29	厚生年金保険法
	1958	昭和33	1938年（昭和13年）の国民健康保険法が全面改正
児童権利宣言	1959	昭和34	国民年金法
	1960	昭和35	精神薄弱者福祉法♣1
	1963	昭和38	老人福祉法
	1964	昭和39	母子福祉法♥1
知的障害者の権利宣言	1971	昭和46	

諸外国	西暦	和暦	法・制度
	1974	昭和49	雇用保険法
障害者の権利宣言	1975	昭和50	
国際障害者年	1981	昭和56	母子及び寡婦福祉法♥2
	1982	昭和57	老人保健法▼1
	1987	昭和62	・社会福祉士及び介護福祉士法 ・精神保健法★2
児童の権利に関する条約	1989	平成元	
障害をもつアメリカ人法	1990	平成2	
	1993	平成5	障害者基本法（心身障害者対策基本法の名称を改める）
	1995	平成7	精神保健福祉法★3
	1997	平成9	介護保険法
	1998	平成10	知的障害者福祉法♣2
	2000	平成12	社会福祉法◆2
	2004	平成16	発達障害者支援法
	2005	平成17	・障害者自立支援法♠1 ・高齢者虐待防止法
障害者の権利に関する条約	2006	平成18	高齢者医療確保法▼2
	2011	平成23	障害者虐待防止法
	2012	平成24	障害者総合支援法♠2
	2013	平成25	障害者差別解消法
	2014	平成26	母子及び父子並びに寡婦福祉法♥3
	2022	令和4	こども基本法
	2023	令和5	認知症基本法

（注）　法律名の後に，※，★，◆，♣，♥，▼，♠の記号が付いているものは，改正とともに法律名も変更されたもの。同じマークで数字が大きいほうが新しいもの。

（例）　旧生活保護法※1
　　　　生活保護法※2
　　　　旧生活保護法が1946年（昭和21年）に成立し，1950年（昭和25年）に現在の生活保護法が成立。

用 語 集

用語	読み	意味
斡旋	あっせん	両者の間に立って取りもつこと。
一過性	いっかせい	すっと通りすぎること。一時的であること。
陰圧	いんあつ	容器などの内部の圧力が，外部よりも小さくなっている状態のこと。
因子	いんし	ある物事の原因を分類した各要素のこと。
咽頭	いんとう	上は鼻腔，下は食道と喉頭，前は口腔に挟まれた部分。
うつ熱	うつねつ	体温調節中枢の失調が原因で体温が上昇し，発汗がない状態の熱。
運動性失語症	うんどうせいしつごしょう	運動性言語中枢（ブローカ中枢）の損傷による失語症。人の話は理解でき，話そうとする内容も頭のなかでまとまるが，言葉として構成できない。
腋窩	えきか	脇の下のくぼんだところ。
壊死	えし	生体の一部の組織や細胞が死ぬこと。
横溢	おういつ	水などが満ちあふれること。
悪寒	おかん	発熱により起きる，ぞくぞくする寒気。
咳嗽	がいそう	せき，しわぶき。
騙り	かたり	人をだまして物をうばうこと。
感覚性失語症	かんかくせいしつごしょう	感覚性言語中枢（ウェルニッケ中枢）の損傷による失語症。人の話は理解できず，自分は流暢に話せるものの，意味のある言葉を話せない状態。
眼瞼	がんけん	眼球の上下を覆う弁状の皮。まぶた。
緩徐	かんじょ	緩やかなこと。
管掌	かんしょう	取り締まること。取り扱うこと。
危惧	きぐ	心配し不安に思うこと。

用語	読み	意味
気質	きしつ	生まれつきの素質。
創	きず	切り傷，きず，できもの，かさ。
機制	きせい	しくみ，機構。
義務設置／任意設置	ぎむせっち／にんいせっち	義務設置の場合は，必ず設置しなければならない。任意設置の場合は，設置してもしなくてもよい。
狭窄	きょうさく	すぼまって狭いこと。
禁忌	きんき	ある事柄をしてはならないこととして禁じること。
蹴上げ	けあげ	踏んで上がるところ。階段の1段の高さ。
契約締結能力	けいやくていけつのうりょく	日常生活自立支援事業では，「契約により自分がどんなサービスを受けることができるか」「サービスを利用することで利用料を支払う必要があること」を理解できる能力をいう。名前等の基礎的なことが理解できているか，自分の現状がわかっているかなどについて判断する。
欠格事由	けっかくじゆう	欠格とは，法律用語では，要求されている資格を欠くことをいい，欠格事由とは欠格となる事柄をいう。
欠陥	けっかん	不完全なもの。
研鑽	けんさん	学問を深くきわめること。研究。
見当	けんとう	めあて。方向。見当識は，自分が今どんな状況にいるかという認識などをいう。
権利	けんり	法律用語で，一定の利益を主張・享受することのできる法律上の力。
行為	こうい	行い
後見	こうけん	未成年者などを監護教育し，その財産を管理し，法律行為についてこれを代表する法律上の職務をいう。
拘縮	こうしゅく	関節の動きが制限された状態。
亢進	こうしん	高ぶり進むこと。
更生＊更正	こうせい	新しく生まれかわること。＊「更正」は，改め正すこと。
公正証書	こうせいしょうしょ	人の依頼に応じて公証人が作成した民事上の証書。

用語	読み	意味
梗塞	こうそく	ふさがって通じないこと。
喉頭	こうとう	上は咽頭に，下は気管に連なる呼吸器の一部。
荒廃	こうはい	荒れ果てたさま。
綱領	こうりょう	物事の大切な点。団体の方針・主義などを箇条書きで示したもの。
採択	さいたく	選びぬいて登用すること。選びとること。
作用	さよう	ほかに影響を及ぼすこと。はたらき。
残渣	ざんさ	残りかす
自我	じが	自己。個人が自ら意識する自分という観念。自分自身に関する意識。
失墜	しっつい	落としてなくすこと。失うこと。
社会資源	しゃかいしげん	社会福祉援助の目的を効果的に達成するために必要なものとして社会に存在し，それを利用することができる人，物，金，施設，制度，情報などをいう。
償還	しょうかん	金銭などを返すこと。
常在菌	じょうざいきん	人の身体に存在する微生物で，多くの人に共通してみられ，病原性をもたない細菌のこと。
職権	しょっけん	命令または処分する官職上の権力，権限。
振戦	しんせん	ある種の不随意なふるえのこと。
浸透	しんとう	しみとおること。
尖足	せんそく	つま先が伸びた状態の変形。立ったり歩くときもかかとを地面につけることができず，足先で歩く状態になる。
蠕動	ぜんどう	腸が食物を下に送るときの，くびれが徐々に伝わる運動。
繊毛	せんもう	細胞の表面に突出している細毛状の構造。
戦慄	せんりつ	ふるえること。
側索	そくさく	脊髄の側面の部分のこと。
蘇生	そせい	生き返ること。生き返ったように元気になること。
措置	そち	物事を適切に処理すること。行政処分の意で用いられる。

用語	読み	意味
代謝	たいしゃ	新しいものと古いものの入れかわり。
橈骨	とうこつ	前腕にある2つの骨の1つで親指側にある。
洞察力	どうさつりょく	物事を観察し，見とおす力，見ぬく力。特に介護者に相手（利用者）のこころのなかを見ぬく力が求められる意で用いられる。
疼痛	とうつう	うずき，痛むこと。
認知	にんち	認め知ること。わきまえること。
腓	ひ	ふくらはぎ。腓骨は，下腿骨を形づくっている細長い骨。
鼻腔	びくう・びこう	鼻の穴から奥に入った，真ん中に仕切りのある広いところ。鼻孔（はなのあな）と区別して「びくう」とも読む。
批准	ひじゅん	条約などを国として最終的に承認すること。条約は，署名を行った後，議会の同意を得て批准書を交換する。日本国憲法第73条は，国によって結ばれた事前か事後に国会の承認を経ることを必要とすると規定している。
不感蒸泄	ふかんじょうせつ	汗や尿などと異なり，呼気や皮膚から感知されずに水分が蒸発すること。
輻輳	ふくそう	人や物などが1か所に集まること。シュテルンの輻輳説は，独立した遺伝的要因と環境的要因が寄り集まって1つの発達として現れるとする考え方。
浮腫	ふしゅ	腫れ，むくみ。
扶助	ふじょ	力を貸し，助けること。
不随意	ふずいい	意志の支配を受けないこと。
平滑筋	へいかつきん	血管，気管，腸管，胃などの臓器壁を構成している筋肉の一種。不随意筋。
膨満感	ぼうまんかん	おなかが張って苦しい状態。
保全	ほぜん	損害を受けないように守ること。
紛い	まがい	偽物。本物に似せてつくったもの。
擁護	ようご	まもること。
罹患	りかん	病気などにかかること。

出題基準や試験問題などに みられるカタカナ語

カタカナ語は試験でも頻繁(ひんぱん)に出題される。試験では，文章のなかにその用語の訳語として適切な言葉が挿入されているか確認しながら解いていこう。

用語	意味	出題実績
アドバンス・ケア・プランニング (advance care planning)	万一のときに備え，本人の望む医療や介護について，事前に家族や介護・医療チームと繰り返し話し合うこと。	35-68 33-58
アドボカシー (advocacy)	代弁者，権利擁護。	33-122 32-2
アパルトヘイト (apartheid)	人種隔離政策	
インテーク (intake)	利用者との初期段階での面接（受理面接）。	29-66
インテグレーション (integration)	統合教育	25-88
インフォームドコンセント (informed consent)	説明に基づく同意。近年，十分な説明や情報提供に基づく協働作業への自己決定を得る意味のインフォームドコオペレーション (informed cooperation) という考え方もある。	35-68 32-2 32-107 29-66
ウェルビーイング (well-being)	世界保健機関（WHO）憲章草案で健康を定義するために用いられた。身体的，精神的，社会的に良好な状態を指す。	
エイジズム (ageism)	年齢による差別，特に高齢者に対する差別。	36-34 31-70
エコマップ (eco-map)	社会資源，利用者やその周囲の人々等について図式化したもの。	34-93
エンパワメント (empowerment)	利用者などが自身の力を自覚して行動できるように援助を行うこと。	35-68 33-122 32-2
カウンセリング (counseling)	心理的支援	

カンファレンス (conference)	会議	29-66
グリーフケア (grief care)	死別により悲嘆（グリーフ）にくれる人を そばで支えること。	35-29 32-107 29-108
ケアマネジメント (care management)	支援を必要とする人が適切なサービスを利 用できるよう，調整を行うこと。	
コーピング (coping)	問題に対応するという意味の「cope」か ら派生。問題に対して自身の努力や周囲の 協力によって解決・対策に取り組む行動。 ストローブ（Stroebe, M.S.）らによる悲 嘆モデルには，喪失志向のコーピング（悲 しい気持ちを語る）と回復志向のコーピン グ（問題の所在を突き止め解決しようとす る）の2種類がある。	35-3 35-34
コンサルテーション (consultation)	隣接関連領域の専門家の助言。	
サーカディアンリズム (circadian rhythm)	概日リズム＝おおよそ24時間周期で繰り 返される生体リズム。	36-29 29-59
ジョブコーチ (job coach)	職場適応援助者	
スーパービジョン (supervision)	従事者に対し，教育・管理・支援の面から 行う訓練。	33-117
スクリーニング (screening)	条件に合うものを選び出すこと。	29-66
スタンダードプリコーション (standard precautions)	標準予防策	
ストレンジ・シチュエーショ ン法 (strange situation procedure)	エインズワース（Ainsworth, M.D.）らに よって開発された乳児の母子分離場面にお いて母親が戻ってくるとその子どもがどの ような反応を示すか観察する方法。回避型 （親との再会時無関心），安定型（再会時に 身体的接触を求め，安心して遊びはじめ る），抵抗型（再会時に身体的接触を求め， 怒りや攻撃を示す）などのタイプがある。	34-69
スピリチュアル (spiritual)	霊的であること。終末医療では人の幸せや 生活の質と関連してスピリチュアリティと いう言葉も用いられている。	35-29

セツルメント (settlement)	貧困地域に住み込んで実態調査を行いながら住民への教育や生活上の援助を行う組織。	36-9
セミファーラー位 (semi-Fowler's position)	ベッドの頭部を15〜30度挙上した体位（半座位）。ファーラー位は45度挙上した体位（半座位）。	
セルフヘルプグループ (self-help group)	自分で自分を助ける。同じ障害や疾病のある者同士が，情報を交換して助け合うグループや団体。	36-7 31-122
ソーシャルインクルージョン (social inclusion)	社会で暮らすすべての人々を，孤立や孤独，排除，摩擦から援護し，社会の一員として包み，支え合うという理念。	30-89
ソーシャルサポートネットワーク (social support network)	社会支援組織網	
ダブルケア (double care)	育児と親の介護の時期が重なっている状態。	
デスカンファレンス (death conference)	かかわった利用者の亡くなった後に，その介護などを振り返り，その経験を生かして，ケアの質の向上や終末期に関する知識などを増やすために行う事例検討。	36-103 33-60
ナショナルミニマム (national minimum)	国家の責任において，国民に最低限度の生活水準を保障すること。イギリスのウェッブ夫妻（Webb, S. & B.）が提唱。	35-8
ノーマライゼーション (normalization)	障害の有無にかかわらず，同じ社会の一員として当たり前の生活が送れるよう条件を整えること。	36-49 33-12 33-122
バーンアウト (burnout)	燃え尽き症候群。無気力状態。	36-5
バリアフリー (barrier-free)	「障壁を取り除く」という意味で，1960〜70年代に提唱された。	35-8
バリデーション (validation)	検証・証明などの意味を有し，介護では，認知症の人とのコミュニケーション技法として用いられる。認知症による言動などには理由があると考え，寄り添い共感することを原則とする。	36-46 34-82
フレイル (frailty)	加齢に伴い身体の予備力が低下し，健康障害を起こしやすい状態のこと。	33-114

プロダクティブ・エイジング (productive aging)	高齢者であっても生産的，創造的な生き方をするべきであるという考え方。ロバート・バトラー（Butler, R.N.）が提唱した。	
モニタリング (monitoring)	利用者の状況や支援の実施状況を確認すること。	29-66
ユニバーサルデザイン (universal design)	すべての人に使いやすいデザイン。1970〜80年代に提唱された。	35-68
リハビリテーション (rehabilitation)	心身に障害のある人々の**全人間的復権**を目標とする。医学的，教育的，社会的，職業的分野等で行われる。	33-88
リビングウィル (living will)	事前指示書ともいう。意思疎通が困難になったときのために，希望する医療ケアを書面に示しておくもの。	35-29 35-68 32-107
リワークプログラム (rework program)	うつ病などにより休職している人が円滑に職場復帰をするための専門的な援助。	31-122
レストレスレッグス症候群 (restless legs syndrome)	むずむず脚症候群。睡眠中の不随意運動がひどくなり，下肢を中心にむずむずする感覚があり，寝つくことができなくなる。	31-107 31-120
レスパイトケア (respite care)	障害児などをもつ親や家族を一時的に一定期間介護などから解放し，**休息（レスパイト）**を与え，心身の回復などを図ることができるよう援助を行うこと。	33-95 31-122
ロコモティブシンドローム (locomotive syndrome)	運動器の障害により，要介護になるリスクが高い状態のこと。運動器症候群。	
ワーカビリティ (workability)	問題解決に取り組む利用者自身の力のこと。パールマン（Perlman, H.）によって提示された。「**能力 (ability)**」の「アビリティ」から「〜ビリティ」という言葉の意味が見出せる。	
ワークシェアリング (work-sharing)	ワーク＝「**労働**」。シェアリング＝「**分かち合う**」。	
ワーク・ライフ・バランス (work-life balance)	ワーク（仕事）とライフ（生活）のバランス（つりあい，均衡）がとれた人生を実現すること。	

【ポイント】

　カタカナ語は，自分なりに訳してみて，問題文に類語があるか否かを探す。

索　引

た

ら

わ

■本書に関する訂正情報等について
弊社ホームページ（下記 URL）にて随時お知らせいたします。
https://www.chuohoki.co.jp/foruser/care/

■本書へのご質問について
下記の URL から「お問い合わせフォーム」にご入力ください。
https://www.chuohoki.co.jp/contact/

介護福祉士国家試験
よくでる問題 総まとめ 2025

2024 年 7 月 10 日　発行

編　　集 ── 中央法規介護福祉士受験対策研究会
発　行　者 ── 荘村明彦
発　行　所 ── 中央法規出版株式会社
　　　　　　　〒 110-0016　東京都台東区台東 3-29-1　中央法規ビル
　　　　　　　TEL 03-6387-3196
　　　　　　　https://www.chuohoki.co.jp/

印刷・製本 ── 株式会社太洋社
本文デザイン ── 株式会社ジャパンマテリアル
装幀デザイン ── 二ノ宮匡（ニクスインク）
装幀キャラクター ── 坂木浩子

定価はカバーに表示してあります。
ISBN978-4-8243-0047-8

A047